Arbeitsrecht: Was Angestellte wissen müssen

Von der Bewerbung bis
zum Arbeitszeugnis.
Mit Fallbeispielen, Tipps
und Musterbriefen

D1725422

Autoren

Thomas Gabathuler, Rechtsanwalt, Zürich
René Schuhmacher, Rechtsanwalt, Zürich
Hans-Ulrich Stauffer, Advokat, Basel
Hanspeter Thür, Fürsprecher, Aarau

© Konsumenteninfo AG, Zürich
Alle Rechte vorbehalten
9. Auflage, August 2021

Produktion: Jürg Fischer
Layout: Silvio Lötscher
Korrektorat: Esther Mattille
Titelfoto: Alamy

Bestelladresse:
Saldo-Ratgeber
Postfach, 8024 Zürich

ratgeber@saldo.ch
www.saldo.ch

ISBN: 978-3-907955-74-1

Vorwort

Kompetenz hilft, Konflikte zu vermeiden

Wir verbringen einen sehr grossen Teil des Lebens am Arbeitsplatz. Die Arbeit hat aber nicht nur zeitlich grosses Gewicht, sie bestimmt die Lebenqualität vor allem auch in finanzieller Hinsicht. Das Erwerbseinkommen ist für fast alle Angestellten von existenzieller Bedeutung.

Umso wichtiger sind Kenntnisse über die Rechte und Pflichten am Arbeitsplatz. Wer Bescheid weiss, kann die wichtigen Punkte schon bei den Vertragsverhandlungen ansprechen. Das verhindert spätere Konflikte. Und im Streitfall lässt sich durch geschicktes Verhalten meist eine unnötige Eskalation vermeiden. Davon profitieren in erster Linie die Beschäftigten. Sie und ihre Familien sind Monat für Monat auf Arbeit und Lohn angewiesen.

Dieser Ratgeber informiert umfassend von A wie Arbeitsvertrag bis Z wie Zeugnis. Auch den Sozialversicherungsfragen ist der nötige Platz eingeräumt. Alle Gesetzesänderungen bis und mit Mitte 2021 sind in dieser Auflage berücksichtigt.

Zürich, Juli 2021
Die Autoren

Inhalt

1
Richtig
bewerben

2
Arbeits-
verträge

3
Arbeitszeit
Überstunden

4
Lohn
Spesen
Gratifikation

5
Ferien
Feiertage

6
Krankheit
Unfall
Mutterschaft

Persönlich- 7
keitsrecht
Schaden-
ersatz

8
Kündigung

9
Fristlose
Kündigung

10
Arbeits-
zeugnis

11
Rechtsmittel

12
Adressen

7 Persönlichkeitsrecht, Schadenersatz

8 Kündigung

9 Fristlose Kündigung

10 Arbeitszeugnis

11 Rechtsmittel

12 Nützliche Adressen

1 Richtig bewerben
2 Arbeitsverträge
3 Arbeitszeit Überstunden
4 Lohn Spesen Gratifikation
5 Ferien Feiertage
6 Krankheit Unfall Mutterschaft
7 Persönlichkeitsrecht Schadenersatz
8 Kündigung
9 Fristlose Kündigung
10 Arbeitszeugnis
11 Rechtsmittel
12 Adressen

1 Richtig bewerben
Bessere Chancen dank sicherem Auftreten

Wer einen Job sucht, muss seine Fähigkeiten ins richtige Licht setzen und seine Persönlichkeit möglichst gut verkaufen. In den meisten Branchen drängen sich heute viele Bewerber. Absagen sind deshalb häufig und nicht unbedingt ein Zeichen für mangelnde Qualifikation. Wer auf gewisse Vorgaben achtet, hat bessere Erfolgschancen.

Meistens wird in Stelleninseraten klar umschrieben, welche Qualifikationen für den Job verlangt werden, welche Unterlagen der Arbeitgeber als Entscheidungsgrundlage haben möchte. Sind die Formulierungen des Inserats unklar, erkundigen Sie sich telefonisch nach den Details. Läuft die Ausschreibung unter Chiffre, sprechen Sie die Unklarheiten in Ihrer Bewerbung schriftlich an.

Schriftgutachten nur mit Einwilligung der Bewerber

Oft werden von den Stellenbewerbern handschriftliche Bewerbungsschreiben verlangt. Aus verschiedenen Gründen: Einerseits will der Arbeitgeber aus der Art der Darstellung erste Anhaltspunkte über Sorgfalt und Ernsthaftigkeit des Interessenten gewinnen. Andere nehmen die Bewerbungsschreiben näher unter die Lupe und legen handschriftliche Bewerbungen Grafologen vor. Schriftgutachten werden vor allem dann erstellt, wenn es um verantwortungsvolle Stellen geht.

Das Einholen eines grafologischen Gutachtens hinter dem Rücken von Bewerbern ist jedoch unzulässig. Nach dem Erstellen eines Berichts haben die Begutachteten das Recht, das Papier einzusehen. Wer eine Stelle nicht erhält, kann verlangen, dass das Gutachten vernichtet wird. Dasselbe gilt für jene, die eine Stelle verlassen, wenn der Arbeitgeber bei Jobbeginn ein solches Gutachten einholte.

Die Motivation für die freie Stelle ist wichtig

Neben der formalen Seite des Bewerbungsschreibens sollte man vor allem auf den Inhalt achten:

■ Das Schreiben darf nicht zu geschwätzig sein, umgekehrt zeugt ein einziger Satz nicht gerade von der grossen Motivation eines Bewerbers.

■ Das Bewerbungsschreiben soll in knappen Ausführungen darüber Auskunft geben, warum man sich gerade für diese bestimmte Stelle interessiert, was man bisher gemacht hat und weshalb man die jetzige Stelle verlassen will.

■ Handelt es sich um eine spezielle Stelle, sollte die Motivation ausführlicher beschrieben werden.

In der Regel wird mit der Bewerbung ein Lebenslauf verlangt. Er muss in erster Linie lückenlos sein. Denn Lücken lassen die Frage offen, ob der Bewerber etwas zu verbergen hat.

Für Arbeitgeber ist der berufliche Werdegang sehr wichtig, weil er Auskunft über praktisches Wissen gibt – sowie darüber, wie häufig jemand eine Stelle wechselt. Wer in der Vergangenheit einen neuen Job oft schnell wieder aufgab, sollte dies im Bewerbungsschreiben ansprechen und eine plausible Erklärung geben. Auch Mutterschaftspausen sind zu erwähnen sowie Auslandaufenthalte, besonders wenn sie der sprachlichen Fortbildung dienten. Zum Lebenslauf gehören selbstverständlich alle besuchten Weiterbildungskurse, selbst wenn sie dem Bewerber bedeutungslos erscheinen.

Keine Referenzen ohne Zustimmung der Bewerber

Zu den vollständigen Bewerbungsunterlagen gehören Berufsdiplome und die Arbeitszeugnisse der früheren Arbeitgeber. Auch hier gilt: Die Zeugnisse möglichst vollständig beilegen. Sonst kommt der Verdacht auf, einzelne Zeugnisse würden fehlen, weil sie nicht besonders positiv waren.

Einen guten Eindruck machen auch Referenzen: Wer damit einverstanden ist, dass ein potenzieller Arbeitgeber zusätzliche Erkundigungen einholt, sollte diese Referenzadressen bereits in der Bewerbung angeben. Allerdings sollte nicht vergessen werden, die dort genannten Personen vorgängig zu kontaktieren und zu Aussagen zu bevollmächtigen.

Unzulässig ist es, wenn sich Arbeitgeber bei anderen als den angegebenen Personen über die Qualitäten und die Person eines Bewerbers erkundigen. Solche Informationen ohne Zustimmung der Betroffenen einzuholen, ist durch das Datenschutzgesetz untersagt.

Inhalt der Referenzauskünfte dürfen grundsätzlich nur Leistung und Verhalten im früheren Betrieb sein. Die Angaben des ehemaligen Arbeitgebers müssen mit dem Arbeitszeugnis übereinstimmen. Wahrheitswidrige Auskünfte sind verboten. Ebenso Informationen, die sich nicht auf Leistung und Verhalten des früheren Arbeitnehmers beschränken.

Auch über die Bedingungen des Arbeitsvertrags oder den Lohn darf der frühere Arbeitgeber nichts verraten. Denn dies würde die Verhandlungsposition des Bewerbers beeinträchtigen.

Es kommt immer wieder vor, dass ein abgewiesener Stellenbewerber das Gefühl hat, er habe eine bestimmte Stelle wegen einer unzulässigen Referenzauskunft nicht erhalten. Grundsätzlich könnte ein solcher Arbeitnehmer Schadenersatz von seinem Ex-Arbeitgeber fordern. In der Regel scheitert ein solches Vorhaben aber an den Beweisregeln. Wer klagt, muss nämlich nachweisen können, dass erstens die fragliche Referenz überhaupt erteilt wurde, und zweitens, dass die falsche Auskunft Grund für die Absage für den Job war.

Wichtig: Wer einen Arbeitsplatz im Streit verlassen hat, kann dem Ex-Arbeitgeber jede Auskunft gegenüber Drittpersonen verbieten. Aus Beweisgründen macht man das am besten per Einschreiben.

Bewerbungsgespräche gut vorbereiten

Wer die erste Hürde geschafft hat und zu einem Bewerbungsgespräch eingeladen wird, sollte sich vorher über den zukünftigen Arbeitgeber und seine Geschäftstätigkeit informieren. Es macht keinen guten Eindruck, wenn jemand beim Bewerbungsgespräch keine Ahnung vom potenziellen Arbeitgeber hat.

Das Verhalten während des Bewerbungsgesprächs ist entscheidend: Der Bewerber sollte nicht nur in einer passiven Rolle verharren und nur die gestellten Fragen beantworten. Ebenso wichtig ist es, selbst Fragen zur ausgeschriebenen Stelle zu formulieren. Daraus sieht der Gesprächspartner, wie weit jemand fähig ist, Eigeninitiative zu entwickeln, und wie stark sich jemand für die zu besetzende Stelle wirklich interessiert.

Ein Bewerbungsgespräch planen heisst auch, sich überlegen, welche Erwartungen man selbst an

---

Grafologie: Mit Schriftgutachten so klug als wie zuvor

Grafologen geht davon aus, dass sich Charakter und Fähigkeiten in der Handschrift einer Person widerspiegeln. Sie behaupten, aus Merkmalen der Schrift auf Eigenschaften der schreibenden Person schliessen zu können.

In der Schweiz können grafologische Gutachten bei der Besetzung von Kaderstellen eine Rolle spielen – allerdings je länger je weniger.

1998 wurde eine Stichprobe bei fünf Gutachtern durchgeführt, welche alle mit denselben handschriftlichen Proben konfrontiert wurden. Der Auftraggeber stellte den Experten neun konkrete Fragen. So wollte er etwa von den Gutachtern wissen, ob der Bewerber teamfähig sei, ob es sich bei ihm um eine ausgeglichene Person handle, ob er rational oder intuitiv entscheide und ob er selbständig arbeiten könne. Das Resultat fiel sehr unterschiedlich aus. Bei einem männlichen Bewerber beispielsweise waren sich die Gutachter in keiner einzigen der neun Fragen einig. Mit anderen Worten: Das Resultat eines einzigen Schriftgutachtens ist sehr zufällig. Und wer mehr als ein Gutachten über eine Person einholt, erhält unterschiedliche Resultate und ist so klug wie zuvor.

Wissenschaftliche Untersuchungen zeigen, dass die Trefferquote von grafologischen Untersuchungen nur geringfügig grösser als beim reinen Zufallsergebnis ist. In einem wissenschaftlichen Test schnitten Laien bei der Beurteilung einer Persönlichkeit nach der Vorlage einer Handschrift sogar besser ab als die Grafologen.

die Stelle und den Arbeitgeber hat. Dazu gehören Fragen zu Lohnhöhe, Arbeitszeit, Sozialleistungen und generell zur Betriebskultur.

Angaben über branchenübliche Löhne erhält man über die Gewerkschaft oder Berufsverbände. Nützlich sind zum Beispiel die Lohnrechner des Bundesamts für Statistik (www.bfs.admin.ch, in der Suchmaske «Lohnrechner» eingeben) oder des Schweizerischen Gewerkschaftsbundes (www.lohnrechner.ch). Minimallöhne können beim Staatssekretariat für Wirtschaft unter www.entsendung. admin.ch abgefragt werden.

Bewerber müssen nicht alle Fragen beantworten

Ein neuer Arbeitgeber hat das Recht, sich umfassend über die berufliche Laufbahn und die Person eines Bewerbers zu informieren. Die Auskunftspflicht hat aber Grenzen. Stellenbewerber müssen nur Fragen beantworten, die mit dem konkreten Arbeitsverhältnis in Zusammenhang stehen. Fragen aus den Bereichen Politik, Religion, Sexualität oder Gesundheit sind nur dann zulässig, wenn ein Zusammenhang mit dem Arbeitsverhältnis ersichtlich ist. Ist dies nicht der Fall, darf der Bewerber mit einer Notlüge ausweichen. Generell sind Fragen zur privaten Lebensgestaltung und zum persönlichen Umfeld unzulässig.

Umstritten ist, ob der künftige Arbeitgeber eine Stellenbewerberin fragen darf, ob sie schwanger sei. Das Bundesgericht hat diese Frage in einem Fall aus dem Jahr 1996 bejaht. Das deutsche Bundesarbeitsgericht wiederum hat eine solche Frage für generell unzulässig erklärt. Es folgte dem Europäischen Gerichtshof, der die Frage eines Arbeitgebers nach einer Schwangerschaft im Bewerbungsgespräch als Geschlechtsdiskriminierung bezeichnete. Die gleiche Ansicht vertrat auch das Arbeitsgericht Zürich in einem Urteil des Jahres 2002. Fragen nach künftigen militärischen Dienstleistungen verstossen gleichermassen gegen das Diskriminierungsverbot.

Wichtig: Allgemein gehaltene Fragen nach dem Gesundheitszustand eines Stellenbewerbers sind generell nicht zulässig. Auch indirekt darf der Gesundheitszustand nicht ausgeforscht werden, etwa mit Fragen nach eventuellen Rentenbezügen.

Fragen betreffend Gesundheit sind nur gestattet, wenn eine bestimmte Tätigkeit eine spezielle körperliche oder psychische Konstitution erfordert. Die Fragen müssen sich aber auf die Eignung für die spezifische Funktion beschränken, für die sich der Kandidat bewirbt – beispielsweise für den Job als Flugbegleiter.

Von sich aus informieren muss ein Stellenbewerber über alle Umstände, die dazu führen könnten, dass er die in Aussicht stehende Arbeit nicht oder nicht uneingeschränkt leisten kann. Dazu gehören fehlende Ausbildung und Berufspraxis, aber auch chronische Leiden, welche die Erbringung der Arbeitsleistung gefährden. Wer chronisch an Rückenbeschwerden erkrankt ist, darf dies in der Bewerbung für eine Stelle als Bauarbeiter nicht verschweigen. Nicht offenlegen muss hingegen ein Bewerber, dass er HIV-positiv ist. Denn eine Virusinfektion beeinträchtigt grundsätzlich die Arbeitsfähigkeit nicht. Anders wäre es, wenn jemand bereits an Aids erkrankt ist und seine Arbeitsfähigkeit deshalb eingeschränkt wäre. Im Übrigen ist es Sache des künftigen Arbeitgebers, sich durch Fragen und Einholen von Referenzauskünften ein Bild zu machen.

Vorstrafen dürfen verschwiegen werden, wenn sie mit der angestrebten Stelle in keinerlei Zusammenhang stehen. Ein Buchhalter, der wegen Trunkenheit am Steuer verurteilt worden ist, braucht seinen Arbeitgeber darüber nicht zu informieren. Wäre er hingegen wegen Veruntreuung oder Betrug bestraft worden, müsste er diese Verurteilung offenlegen. Über Vorstrafen, die im Strafregister gelöscht sind, muss man keine Auskunft geben.

Wer in eine Strafuntersuchung verwickelt ist und mit einer unbedingten Freiheitsstrafe zu rechnen hat, muss dies im Bewerbungsgespräch von sich aus angeben. Denn eine Gefängnisstrafe kann ohne Zweifel die künftige Arbeitsleistung gefährden, auch wenn im Übrigen kein Zusammenhang mit der Berufstätigkeit besteht. Keine Auskunft geben über laufende Strafverfahren müssen Stellenbewerber laut Bundesgericht, wenn keine unbedingte Gefängnisstrafe in Aussicht steht und die Straftat nicht im Zusammenhang mit dem Arbeitsplatz steht.

Wer wesentliche Tatsachen verschweigt, die hätten offengelegt werden müssen, riskiert die fristlose Kündigung des Arbeitsverhältnisses. In der Regel unzulässig

---

Bewerbungen per E-Mail

Bewerbungen per E-Mail sind je nach Arbeitgeber erwünscht oder ungern gesehen. Deshalb sollte man bei den Inseraten der ausgeschriebenen Stellen darauf achten, in welcher Form die Bewerbungen eingereicht werden sollen.

Wichtig ist, dass digital eingereichte Bewerbungen genauso sorgfältig und umfassend abgefasst werden wie solche, die per Post übermittelt werden. Die Bewerbung sollte auch online vollständig sein, das heisst:

- die Stelle benennen, für die man sich bewirbt
- die Gründe nennen, weshalb man sich gerade für diese Stelle interessiert
- Lebenslauf mit Foto, Arbeitszeugnisse und Diplome beilegen.

Untersuchungen ergaben, dass bei elektronischen Bewerbungen oft gepfuscht wird. Schlecht gemachte Online-Bewerbungen mindern jedoch die Chancen, eine Stelle effektiv zu erhalten. Vergessen Sie nicht zu kontrollieren, an wen innerhalb des Unternehmens die Bewerbung zu richten ist.

Bekanntlich hat das Internet auch seine Gefahren. Wenn Sie Ihr Privatleben auf Facebook oder auf anderen Internetplattformen verbreiten und dabei mit Ihren persönlichen und politischen Meinungen wenig zurückhaltend sind, müssen Sie sich nicht wundern, wenn Personalverantwortliche «fündig» werden, indem sie im Bewerbungsverfahren ein bisschen «googeln». Je nachdem kann dies die Bewerbungschancen reduzieren.

wäre es hingegen, die Entlöhnung bereits geleisteter Arbeit zu verweigern. Denn der Arbeitsvertrag fällt selbst im Fall einer Täuschung durch den Arbeitnehmer nur in seltenen Ausnahmefällen rückwirkend dahin.

Vertrauensärztliche Untersuchung

Der künftige Arbeitgeber darf den Bewerber auch zu einer vertrauensärztlichen Untersuchung auffordern. Für gewisse Berufe ist diese sogar gesetzlich vorgeschrieben.

Die ärztliche Untersuchung kann ein Betriebsarzt, ein Vertrauensarzt des Arbeitgebers oder der Hausarzt des Bewerbers durchführen. Sie hat sich aber auf die Frage zu beschränken, ob der Bewerber für den in Frage stehenden Arbeitsplatz aus gesundheitlicher Sicht geeignet ist. Der künftige Arbeitgeber darf dem untersuchenden Arzt keine anderen Fragen stellen. Die Fragen an den Arzt sollten auch dem Bewerber bekanntgegeben werden – und zwar im Voraus.

Das Gesetz schreibt vor, dass der untersuchende Arzt durch den Bewerber vom Arztgeheimnis entbunden werden muss, bevor der Arzt sich gegenüber dem Arbeitgeber äussern darf. Wichtig deshalb: Wer die Einwilligung erteilt, sollte sie beschränken auf Fragen, die sich auf den Arbeitsplatz beziehen. Der Vertrauensarzt darf dem Arbeitgeber dann nur mitteilen, ob der Bewerber für den zur Diskussion stehenden Job «geeignet», «unter Vorbehalt geeignet» oder «nicht geeignet» ist. Eine medizinische Diagnose darf nicht weitergegeben werden.

Nach dem Bundesgesetz über die genetischen Untersuchungen beim Menschen dürfen weder Arbeitgeber noch der Vertrauensarzt genetische Untersuchungen verlangen oder bereits bekannte Untersuchungen verwerten, ohne dass konkrete Krankheitssymptome vorliegen. Es dürfen generell auch keine genetischen Abklärungen durchgeführt werden, die nicht die Gesundheit betreffen, sondern persönliche Eigenschaften eines Arbeitnehmers erkennen sollen.

Sind Führungspositionen zu besetzen, werden oft gründliche Eignungstests durchgeführt. Das Unternehmen will wissen, wie es um die Belastungsfähigkeit, die Führungseigenschaften, die charakterliche Zuverlässigkeit der Kandidaten steht. Solche Tests sind zulässig, selbstverständlich aber nur mit Einwilligung des Stellenbewerbers. Es darf aber nur danach geforscht werden, ob die Eignung für die zu besetzende Stelle gegeben ist. Ein weitergehendes Persönlichkeitsprofil darf nicht erhoben werden. In der Regel hat die politische Gesinnung keinen Bezug zur Stelle und darf deshalb kein Thema sein.

Oft kommt es auch vor, dass nicht der neue Betrieb, sondern dessen Pensionskasse eine Eintrittsuntersuchung verlangt. Im Bereich der obligatorischen beruflichen Vorsorge ist dies zwar kraft des Gesetzes nicht zulässig. Viele Betriebe haben jedoch Pensionskassen, die über das Obligatorium hinausgehen. Hier sind Eintrittsuntersuchungen üblich. Wer im Zeitpunkt des Stellenantritts bereits krank ist, wird dann nur mit einem Vorbehalt in die überobligatorische Versicherung aufgenommen.

Eine ähnliche Situation besteht bei der Krankentaggeldversicherung. Viele Kollektivversicherungen verzichten zwar auf eine Gesundheitsprüfung der neu Eintretenden, aber nicht alle. Auch hier gilt, dass die Versicherung den medizinischen Befund dem Arbeitgeber aus Gründen des Datenschutzes nicht bekannt geben darf. Vor allem bei kleineren Firmen ist der Personalchef jedoch häufig auch für die Pensionskasse zuständig, und er erfährt auf diese Weise, wenn ein neu eingetretener Mitarbeiter gesundheitliche Probleme hat.

Leider besteht heute bei vielen Arbeitgebern die Tendenz, gesundheitlich angeschlagene Arbeitnehmer so schnell wie möglich wieder loszuwerden. Der Datenschutz allein kann dieses Problem nicht lösen. Nötig wäre eine Verbesserung beim Kündigungsschutz.

Bewerbungen können ohne Begründung abgelehnt werden
Die Zusendung eines Bewerbungsdossiers ist nichts anderes als eine unverbindliche Offerte zu einem Bewerbungsgespräch. Weder der Bewerber noch der Arbeitgeber ist verpflichtet, einen Vertrag abzuschliessen oder eine Ablehnung zu begründen. Der Arbeitgeber hat nur die Pflicht, ein-

gesandte Bewerbungsunterlagen zu retournieren.

Unzulässig ist allerdings eine Ablehnung der Bewerbung allein aufgrund des Geschlechts. Denn eine Ablehnung darf nicht diskriminierend sein. Aufgrund des Gleichstellungsgesetzes könnte ein Arbeitgeber zu einer Entschädigung von bis zu drei Monatslöhnen verurteilt werden, wenn er die Ablehnung allein mit der Geschlechtszugehörigkeit begründet. Die Entschädigung bemisst sich nach dem zu erwartenden Lohn. Werden mehrere Bewerber bei der Anstellung diskriminiert, darf die Entschädigung für alle zusammen drei Monatslöhne nicht übersteigen.

Wer eine solche Diskriminierung befürchtet, kann vom potenziellen Arbeitgeber eine schriftliche Begründung der Absage verlangen. Die Frist zur Einreichung der Klage läuft dann drei Monate ab dem Datum der Ablehnung.

Eine Diskriminierung von Ausländern ist verboten, auch jene aufgrund der ethnischen Zugehörigkeit. Die Arbeitsgerichte von Zürich und Lausanne verurteilten Arbeitgeber, die gegen das Diskriminierungsverbot verstiessen, zur Zahlung einer Genugtuung wegen Verletzung der Persönlichkeit. Im einen Fall wurde eine Bewerberin wegen ihrer Hautfarbe nicht angestellt, im anderen Fall erfolgte die Ablehnung auf Grund der Tatsache, dass der Bewerber ursprünglich aus dem Balkan stammt.

2 Arbeitsverträge
Klare Vereinbarungen verhindern Konflikte

Die meisten Arbeitsverträge werden schriftlich abgeschlossen. Aus rechtlichen Gründen wäre das nicht nötig: Auch ein mündlicher Vertrag stellt eine rechtsverbindliche Übereinkunft dar. Ein Vertrag kann sogar stillschweigend abgeschlossen werden. Schriftlichkeit ist trotzdem unbedingt zu empfehlen: Ein Dokument klärt Unsicherheiten.

Ein Arbeitsverhältnis liegt dann vor, wenn jemand für einen anderen Arbeit leistet, die nur gegen Lohn zu erwarten ist. Wenn der Vertrag zwischen einem Arbeitgeber – meist einem Unternehmen – und einem einzelnen Arbeitnehmer geschlossen wird, spricht man von einem Einzelarbeitsvertrag.

Grundsätzlich gilt im Bereich des Arbeitsvertrags die Vertragsfreiheit. Das heisst: Die Vertragsbedingungen können frei ausgehandelt werden. Es gibt in der Schweiz im Prinzip keine festgelegten Minimallöhne – ausgenommen sind Branchen mit Gesamtarbeitsverträgen.

Die meisten Arbeitsverträge regeln nur die wichtigsten Punkte. Viele Unternehmen verweisen jedoch auf Reglemente, welche die Verträge ergänzen und deshalb unbedingt vor der Unterzeichnung des Arbeitsvertrags gelesen werden sollten.

Falls der Vertrag keine Regeln enthält, gilt das Gesetz

Auch wenn es sich um mehrseitige Verträge oder Reglemente handelt, bleiben praktisch immer ungeregelte Fragen. Für diese ist das Obligationenrecht (OR) beizuziehen. In den Artikeln 319 ff. sind die im schweizerischen Arbeitsvertragsrecht geltenden gesetzlichen Bestimmungen aufgeführt. Sie sind gewissermassen das Auffangnetz für alle im Vertrag nicht ausdrücklich geregelten Fragen. Etwa die Lohnzahlungen bei Krankheit, die Kündigungsfristen, die Sorgfaltspflichten und die Überstundenregelungen.

Wichtig: Diese Gesetzesartikel gelten in der Regel dann, wenn im Vertrag nichts anderes abgemacht wurde. Sonst gilt der Vertrag. Zum Schutz der schwächeren Partei – der Angestellten – dürfen jedoch einige Gesetzesbestimmungen nicht zu deren Nachteil abgeändert werden.

So kann kein Arbeitnehmer vertraglich auf das Minimum von vier Wochen Ferien verzichten. Eine solche Vertragsbestimmung wäre ungültig. Auch bei der Lohnzahlung im Krankheitsfall und beim Kündigungsschutz darf nicht zuungunsten der Angestellten vom gesetzlichen Minimalstandard abgewichen werden. In den Artikeln 361 und 362 des Obligationenrechts wird im Einzelnen aufgezählt, auf welche Ansprüche kein Arbeitnehmer während der Dauer des Arbeitsverhältnisses sowie einen Monat nach dessen Beendigung gültig verzichten kann. Bei einigen weiteren Artikeln, die in OR 361 und 362 nicht aufgeführt sind, geht die Unabänderbarkeit aus dem Wortlaut selbst hervor.

Mündliche und schriftliche Vereinbarungen

Als Grundsatz gilt, dass Arbeitsverträge auch mündlich abgeschlossen werden können. Es gibt jedoch Ausnahmen: Der Lehrvertrag muss schriftlich abgefasst und zudem vom Berufsbildungsamt genehmigt werden.

Auch der sogenannte «Handelsreisendenvertrag» erfordert zumindest teilweise Schriftlichkeit. Ein «Handelsreisender» im Sinne des Obligationenrechts ist, wer mindestens 50 Prozent im Aussendienst arbeitet. Grundlohn, Provision und Spesenersatz müssen schriftlich vereinbart werden. Dies ist vor allem ein Schutz der Arbeitnehmer, falls der Arbeitgeber behaupten sollte, der Vertrag sei nachträglich mündlich abgeändert worden.

Allgemein sieht das OR für verschiedene Klauseln vor, dass sie nur gelten, wenn sie schriftlich abgefasst wurden. Dies gilt zum Beispiel für den Verzicht auf Überstundenentschädigung oder für die Verkürzung der gesetzlichen Kündigungsfristen.

Egal ob schriftlich oder mündlich, in jedem Fall gelten für den Arbeitgeber die Informationspflichten von Art. 330b OR. Gemäss dieser Bestimmung muss der Arbeitgeber den Arbeitnehmer spätestens einen Monat nach Beginn des Arbeitsverhältnisses schriftlich über folgende Punkte informieren: Namen der Vertragsparteien, Datum des Beginns des Arbeitsverhältnisses, Funktion des Arbeitnehmers, Lohn und allfällige Lohn-

zuschläge sowie die wöchentliche Arbeitszeit. Bei befristeten Arbeitsverhältnissen, die nicht mehr als einen Monat dauern, entfällt diese Pflicht. Hingegen besteht sie auch bei Vertragsänderungen: Ist zumindest eines der aufgezählten Vertragselemente betroffen, hat die schriftliche Mitteilung durch den Arbeitgeber spätestens einen Monat nach Inkrafttreten der Änderung zu erfolgen.

Die ausdrückliche Nennung des Namens der Vertragsparteien mag auf den ersten Blick als nebensächlich erscheinen. Es gibt aber immer wieder Arbeitgeber, die auf mehreren Hochzeiten tanzen und zum Beispiel in den gleichen Betriebsräumlichkeiten mehrere Firmen unterhalten. Es kommt vor, dass sich diese nicht einmal dem Namen nach sichtbar unterscheiden. Auch in verschachtelten Konzernen treten manchmal Unklarheiten auf, welche Gesellschaft Arbeitgeberin ist. Die Bezeichnung in schriftlicher Form, wie sie Artikel 330 b OR vorschreibt, kann hier Klarheit schaffen.

Das Gesetz lässt offen, in welcher Form der Arbeitgeber seiner Informationspflicht nachkommt. Dies muss nicht in einem schriftlichen Arbeitsvertrag geschehen, die notwendigen Angaben können auch in einem separaten Dokument erwähnt sein. Viele Arbeitgeber kennen auch ihre diesbezüglichen Pflichten nicht. Tipp: Alle Angestellten sollten sich die wichtigen Punkte des Vertrags vor Beginn des Arbeitsverhältnisses schriftlich bestätigen lassen.

Gesamtarbeitsverträge sind für Angestellte oft vorteilhafter

In einigen Branchen oder einzelnen Betrieben gelten sogenannte Gesamtarbeitsverträge (GAV), die zwischen den Arbeitgeber- und Arbeitnehmerorganisationen abgeschlossen worden sind. Solche GAVs ersetzen oder ergänzen die Einzelarbeitsverträge.

Gesamtarbeitsverträge garantieren meist bessere Arbeitsbedingungen und ein höheres Lohnniveau als einzeln ausgehandelte Verträge, weil sie durch Gewerkschaftsvertreter professionell ausgehandelt wurden.

Der Einzelarbeitsvertrag kann nur zugunsten des Arbeitnehmers, nicht aber zu seinen Ungunsten vom GAV abweichen. Das heisst: Im persönlichen Arbeitsvertrag können etwa längere Ferien abge-

---

CHECKLISTE

Die wichtigsten Punkte eines Arbeitsvertrags

■ **Arbeitszeit:** Die normale Arbeitszeit pro Woche.

■ **Höhe des Lohns:** Nach Möglichkeit Monatslohn festlegen. Stunden- oder Taglöhne sind bei Absenzen unvorteilhaft.

■ **13. Monatslohn:** Das Gesetz sieht keinen 13. Monatslohn vor, deshalb muss er unbedingt vertraglich vereinbart werden. Möglichst keine unbestimmten Begriffe wie «Gratifikation» im Vertrag verwenden.

■ **Lohnfortzahlung bei Krankheit und Unfall:** Wenn immer möglich sollte vom Betrieb eine Krankentaggeldversicherung abgeschlossen werden.

■ **Teuerungsausgleich:** Das Gesetz sieht keinen Teuerungsausgleich vor. Wenn im Arbeitsvertrag dazu nichts vereinbart ist, besteht kein Anspruch auf eine Teuerungszulage.

■ **Ferienanspruch:** Sofern nichts anderes abgemacht wird, gilt das gesetzliche Minimum von vier Wochen.

■ **Länge der Kündigungsfrist:** Im Gesetz sind nur die Mindestkündigungsfristen festgelegt. Längere Kündigungsfristen müssen per Vertrag vereinbart werden.

■ **Konkurrenzverbotsklausel vermeiden:** Ohne ein vertragliches Konkurrenzverbot ist jeder Arbeitnehmer nach Vertragsende bei der Stellensuche frei. Ein Konkurrenzverbot schränkt ihn in seinem beruflichen Fortkommen stark ein.

macht werden, aber nicht kürzere als im GAV. Der Gesamtarbeitsvertrag enthält also Minimalvorschriften, die der Arbeitgeber auf jeden Fall einhalten muss.

Die Gesamtarbeitsverträge gelten in der Regel nur für die in den Gewerkschaften und Berufsverbänden organisierten Arbeitnehmer. Wer also nicht Mitglied einer vertragsschliessenden Gewerkschaft ist, kann sich nicht auf die Geltung eines GAV berufen. Ausnahme: In einem Einzelarbeitsvertrag wurde die Anwendung eines bestimmten GAV vereinbart. Keine Bindung an den GAV besteht auch, wenn der Arbeitgeber nicht Mitglied des Arbeitgeberverbandes ist, der den GAV unterzeichnet hat.

Wann Gesamtarbeitsverträge für eine ganze Branche gelten

Einige GAVs gelten für die ganze Branche, egal, ob die Beschäftigten oder die Arbeitgeber in Verbänden organisiert sind. Dies ist dann der Fall, wenn ein GAV für «allgemein verbindlich» erklärt wird. Die bekanntesten der allgemein verbindlichen Gesamtarbeitsverträge sind jene für das Gastgewerbe und für das Bauhauptgewerbe.

Es gibt in der Schweiz eine grosse Zahl von Gesamtarbeitsverträgen. Rund 1,7 Millionen Beschäftigte unterstehen einem GAV, was einem GAV-Abdeckungsgrad von etwa 50 Prozent entspricht. Deshalb der Tipp: Wer eine neue Stelle antritt, sollte sich unbedingt erkundigen, ob für seine Branche ein GAV existiert und ob er auf sei-

ne Stelle anwendbar ist. Gewerkschaften oder Arbeitgeberverbände der betreffenden Branche können darüber Auskunft geben:

■ Das Bundesamt für Statistik führt ein Verzeichnis der Gesamtarbeitsverträge (www.bfs.admin .ch, in der Suchmaske «Verzeichnis Gesamtarbeitsverträge» eingeben).

■ Das Staatssekretariat für Wirtschaft (Seco) führt eine Liste der allgemeinverbindlichen GAVs. Im Internet ist sie zu finden unter www.seco.admin.ch → Arbeit → Gesamtarbeitsverträge → Gesamtarbeitsverträge Bund → Allgemeinverbindlich erklärte GAV.

In allen GAVs sind nur Lohnminima angegeben, häufig gegliedert nach Arbeitnehmerkategorien (zum Beispiel Arbeitnehmer mit oder ohne Berufsabschluss).

Die Bedeutung der Normalarbeitsverträge

Neben den Einzel- und den Gesamtarbeitsverträgen gibt es auch noch sogenannte Normalarbeitsverträge (NAV). Sie kommen nicht häufig vor. Normalarbeitsverträge werden von Kantonen oder vom Bund erlassen, um einzelne Berufsgruppen zu schützen. So gilt etwa bundesweit ein Vertrag für Assistenzärzte in privaten Anstellungsverhältnissen, einer für Erziehungspersonal in Heimen und Internaten, für das Pflegepersonal oder für Privatgärtner. Die Kantone haben Normalarbeitsverträge für hauswirtschaftliche und landwirtschaftliche Arbeitnehmer erlassen. Die Bestimmungen in diesen Verträgen gelten dann, wenn zwischen Arbeitgebern und den Angestellten nichts anderes vereinbart wurde.

Die Behörden können in Normalarbeitsverträgen Mindestlöhne festsetzen. Voraussetzung ist, dass in der betreffenden Branche die berufsüblichen Löhne zuvor wiederholt und in missbräuchlicher Weise unterboten wurden. Diese Möglichkeit geht auf das Abkommen mit der Europäischen Union über die Personenfreizügigkeit zurück. Gewerkschaften und kleine Unternehmen befürchten nämlich ein «Lohndumping», wenn ausländische Arbeitskräfte aus dem ganzen EU-Raum freien Zugang zum Schweizer Arbeitsmarkt haben.

Minimallohnvorschriften sollen Lohndumping verhindern

Durch Minimallohnvorschriften in den Gesamt- und Normalarbeitsverträgen soll dem Lohndumping ein Riegel geschoben werden. Zu Überwachungszwecken müssen der Bund und die Kantone Kommissionen einsetzen. Diese Kommissionen setzen sich zusammen aus Vertretern der Arbeitnehmer- und Arbeitgeberverbände und des Staates:

■ Sie haben die Aufgabe, den Arbeitsmarkt zu beobachten und Lohnmissbräuche festzustellen.

■ Sie haben das Recht, von den Betrieben Auskünfte und Einsicht in Dokumente zu verlangen. Falls Missbräuche festgestellt werden, beantragt die Kommission einen Normalarbeitsvertrag mit Mindestlöhnen oder die Allgemeinverbind-

licherklärung des in der betreffenden Branche geltenden GAVs.

Für öffentliche Angestellte gelten besondere Vorschriften

Obligationenrecht, Gesamtarbeits- und Normalarbeitsverträge gelten nicht automatisch auch für öffentliche Angestellte oder Beamte von Gemeinden, Bund und Kantonen. Ihre Arbeitsbedingungen sind in Personalgesetzen und Angestelltenreglementen geregelt, die von Bund, Kantonen und Gemeinden einseitig erlassen werden.

Diese öffentlich-rechtlichen Personalvorschriften haben sich teilweise den im privaten Recht geltenden Vorschriften angeglichen. Vor allem wurde die Möglichkeit der Kündigung durch den Arbeitgeber erleichtert. Dennoch bleiben in wichtigen Belangen grosse Unterschiede. Viele Ausführungen in diesem Ratgeber haben deshalb für die Arbeitsverhältnisse im öffentlichen Dienst keine Gültigkeit.

Wer in einem öffentlich-rechtlichen Anstellungsverhältnis steht, sollte sich bei Beginn des Arbeitsverhältnisses vergewissern, welche gesetzlichen Vorschriften massgebend sind. Die anstellende Behörde muss darüber Auskunft geben können.

Auch wenn der Beamtenstatus inzwischen fast überall abgeschafft wurde, ist die Rechtsstellung der öffentlichen Angestellten in vielen Bereichen nach wie vor besser als die der nach dem Obligationenrecht privatrechtlich angestellten Arbeitnehmer. Dies betrifft vor allem das Kündigungsrecht:

Bei den öffentlichen Angestellten braucht es in der Regel einen «sachlichen Grund», damit eine Kündigung ausgesprochen werden darf. Die Kündigung muss also begründet werden. Fehlen triftige Gründe, kann die Kündigung angefochten werden. Dies im Unterschied zu den privatrechtlichen Arbeitsverhältnissen, wo nur sogenannt «missbräuchliche Kündigungen» verboten sind (siehe dazu Kapitel 8). Der Nachweis eines Missbrauchs ist in der Praxis nur sehr selten möglich. Doch auch im öffentlich-rechtlichen Arbeitsverhältnis ist es meist so, dass das Arbeitsverhältnis gegen den Willen des Arbeitgebers nicht weitergeführt werden kann, egal ob die Kündigung wirklich «sachlich begründet» ist.

In diesen Fällen gibt es lediglich einen Anspruch auf finanzielle Entschädigung. Diese fällt aber meistens höher aus als bei den missbräuchlichen Kündigungen im privaten Arbeitsrecht.

Das Arbeitsgesetz regelt den Schutz der Beschäftigten

Neben dem OR und den Bestimmungen für Angestellte des öffentlichen Dienstes gibt es in der Schweiz auch ein Arbeitsgesetz. Es enthält keine Artikel über Vertragsinhalte, es regelt vielmehr den Schutz der Beschäftigten bei der Arbeit.

Das Arbeitsgesetz enthält Vorschriften über: Unfallverhütung, Gesundheitsvorsorge, Lohnzuschlag bei Überzeitarbeit, Nachtarbeit, Sonntagsarbeit, Höchstar-

beitszeiten, obligatorische Pausen, Schichtbetrieb, Sonderschutzvorschriften für jugendliche Angestellte, Gesundheitsschutz bei Schwangerschaft und Mutterschaft usw.

Mehrere Verordnungen zum Arbeitsgesetz enthalten Detailregelungen, aber auch Einschränkungen beim Arbeitnehmerschutz für bestimmte Branchen/Betriebe.

«Freie Mitarbeit» kann vieles bedeuten

Selbständigerwerbende profitieren nicht vom Arbeitnehmerschutz gemäss OR und Arbeitsgesetz. Allerdings ist längst nicht jeder «freie Mitarbeiter» auch ein Selbständigerwerbender im Rechtssinn. Die Grenze zwischen selbständiger Tätigkeit und Angestelltendasein ist nicht immer so klar, wie es auf Anhieb scheint. Freie Mitarbeiter können sich sowohl in einem Arbeits- wie in einem Auftrags- oder Werkvertragsverhältnis oder sogar in einem Agenturverhältnis befinden.

Eine Arbeitsleistung, die rechtlich in Form eines Auftrags, eines Werk- oder Agenturvertrags geleistet wird, ist nicht dem Arbeitsvertragsrecht unterstellt. Die meisten Selbständigerwerbenden arbeiten in solchen Vertragsformen. Sie haben das Risiko des Verdienstausfalls selbst zu tragen, haben keinen Anspruch auf Sozialversicherungen, bezahlte Ferien usw.

Ein Arbeitsvertrag liegt in der Regel dann vor, wenn ein klares Unterordnungsverhältnis zum Arbeitgeber besteht. Wenn ein Beschäftigter in einem Betrieb nach den Weisungen eines Chefs arbeitet, handelt es sich in der Regel um einen Arbeitsvertrag – egal, wie der Titel des schriftlichen Vertrags lautet.

Ein Maurer hingegen, der zum Beispiel regelmässig für ein Bauunternehmen als Unterakkordant arbeitet und seine Leistung für eine Pauschale anbietet, ist kein Arbeitnehmer. Ein Grafiker, der täglich Illustrationen für verschiedene Zeitungen erstellt, arbeitet genauso auf eigenes Risiko wie der Treuhänder, der im Auftrag eines Betriebs mit der Vermögensverwaltung beschäftigt ist.

Typische Kennzeichen des Arbeitsvertrags sind nach der Gerichtspraxis die Einordnung des Arbeitnehmers in die Arbeitsorganisation des Betriebs sowie das Weisungsrecht des Arbeitgebers. Letzteres bedeutet, dass der Arbeitnehmer seine Arbeit gemäss Vorgaben des Arbeitgebers zu verrichten hat.

Die Beispiele zeigen, dass die Abgrenzung in der Praxis manchmal nicht so einfach ist. Grundsätzlich gilt: Wenn ein Arbeitgeber die Arbeitszeiten und den Arbeitsplatz bestimmt, wenn er das Arbeitsmaterial zur Verfügung stellt und zudem Weisungen erteilt, wie die Arbeit zu erledigen ist, so wird man regelmässig von einem Arbeitsverhältnis und nicht von einer selbständigen Tätigkeit sprechen können.

Es gibt immer mehr Arbeitgeber, die versuchen, ihr Unternehmerrisiko auf die Arbeitnehmer abzuwälzen, und sie deshalb kurzerhand zu «Selbständigen» erklären, um ihnen ihre Rechte vorzuenthalten. In vielen derartigen Fällen handelt es sich aber tatsächlich um gewöhnliche Arbeitsverträge, und die Beschäftigten haben ihre vollen Arbeitnehmerrechte.

Entfernte Parallelen gibt es zwischen Agentur- und Arbeitsvertrag: Ein Agent, der ausschliesslich für ein einziges Unternehmen tätig ist, hat beispielsweise für eine kurze Zeit Anspruch auf eine angemessene Entschädigung bei Krankheit und Militärdienst. Für den Agenten gelten allerdings besondere Bestimmungen des OR (Artikel 418).

Wichtig: Ob jemand sozialversicherungsrechtlich als selbständig oder unselbständig gilt, hat auf die Art des Vertrags keinen Einfluss. So kann ein freier Mitarbeiter AHV-rechtlich sehr wohl wie ein Angestellter behandelt werden, während er vertragsrechtlich dem Auftrag unterstellt ist. Die Sozialversicherungen behandeln Selbständige in der Regel nur dann als frei Erwerbende, wenn sie von mehreren Auftraggebern abhängig sind. Besteht eine einseitige Abhängigkeit von einem Auftraggeber, ist dieser AHV-pflichtig.

Will jemand als Selbständigerwerbender tätig sein und sind die Verhältnisse nicht von vornherein klar, empfiehlt es sich in jedem Fall, bei der Sozialversicherungsanstalt nachzufragen, ob die Selbständigkeit AHV-rechtlich akzeptiert wird. Dies hilft, spätere Überraschungen bei den AHV-Beiträgen zu vermeiden.

Teilzeitarbeitende haben gleiche Rechte

Immer mehr Angestellte arbeiten Teilzeit. Trotzdem werden im Gesetz Teilzeit- und Aushilfsarbeitende mit keinem Wort erwähnt. Deshalb gilt grundsätzlich die Regelung: Wer Teilzeit arbeitet, hat genau die gleichen Rechte wie Arbeitnehmer, die eine Vollzeitstelle haben. Auch sie haben Anspruch auf Ferien, Freizeit, Lohn bei Krankheit usw. im gesetzlich vorgeschriebenen Umfang.

Trotzdem ergeben sich immer wieder Fragen rund um die Teilzeit. So zum Beispiel bei den Ferien: Ferientage müssen tatsächlich in natura bezogen und dürfen nicht mit Bargeld abgegolten werden. Arbeitgeber, die das Verbot der Auszahlung von Ferien missachten, tun dies auf eigenes Risiko.

Ausnahmen sind nur zulässig, wenn die Arbeitseinsätze eines Beschäftigten derart unregelmässig sind, dass es kaum möglich wäre, den Ferienanteil zu berechnen (Einzelheiten siehe Kapitel 5).

Bei krankheitsbedingter Abwesenheit von Teilzeitlern hat der Arbeitgeber für eine bestimmte Zeit den Lohn weiter zu zahlen, wenn das Arbeitsverhältnis mehr als drei Monate gedauert hat.

Bei der «normalen» Teilzeitarbeit ist das Arbeitspensum von vornherein festgelegt. Die teilzeitbeschäftigte Person weiss, wie viel und wann sie arbeiten muss und wie viel sie verdient. Dies schliesst eine gewisse Flexibilität bei der Arbeitszeit nicht aus, etwa in Form der Verpflichtung zur Ferienvertretung. Wenn hingegen das Arbeitspensum einseitig vom Willen des Arbeitgebers abhängig ist, handelt es sich um weniger vorteilhafte «Arbeit auf Abruf».

Teilzeitverträge mit kleinem Arbeitspensum

Wer weniger als acht Stunden pro Woche im gleichen Betrieb arbeitet, ist nur für Unfälle bei der Arbeit und auf dem Arbeitsweg obligatorisch versichert. Für Unfälle, die sich in der Freizeit ereignen, besteht kein Obligatorium. Das heisst, eine Versicherung besteht nur, wenn der Arbeitgeber freiwillig eine solche abschliesst oder der Arbeitnehmer sich privat versichert.

Wer im Jahr nicht mindestens 21 530 Franken verdient (Stand 2021), bezahlt keine Pensionskassenbeiträge, ist aber bei der Pensionskasse auch nicht gegen das Risiko einer Invalidität versichert und bildet kein Alterskapital bei der 2. Säule. Auch bei der AHV wird sich die Teilzeitarbeit im Alter in Form von niedrigeren Renten niederschlagen. Die AHV-Minimalrente beträgt zurzeit nur 1195 Franken. Um die Maximalrente von 2390 Franken zu erreichen, muss man einen durchschnittlichen Jahresverdienst von 86 040 Franken erreichen (Zahlen: Stand 2021).

Aushilfs- und Gelegenheitsarbeit

Bei der Aushilfs- oder Gelegenheitsarbeit werden für einzelne, kurze Arbeitseinsätze jeweils neue Arbeitsverträge geschlossen. Solche Arbeitsverträge sind befristet. Sie enden ohne Kündigung und ohne Einhaltung von Kündigungsfristen mit dem Ablauf der vereinbarten Einsatzzeit. Anspruch auf weitere Einsätze gibt es bei diesen Verträgen nicht. Wegen der kurzen Vertragsdauer entfällt auch meistens der Schutz im Krankheitsfall.

Manchmal ist es nicht einfach, die Aushilfs- von der Teilzeitarbeit abzugrenzen. Der Unterschied liegt darin, dass das Arbeitsverhältnis der Teilzeitangestellten auf Dauer angelegt ist, das heisst, dass über eine längere Zeit immer wieder Arbeitseinsätze geleistet werden. Die einzelnen Arbeitseinsätze können dabei durchaus von unterschiedlichem Umfang sein. Auch wenn ein Arbeitnehmer regelmässig nur vier oder fünf Tage im Monat während einigen Stunden arbeitet, kann von einem Teilzeitarbeitsverhältnis – und nicht von Gelegenheitsarbeit – gesprochen werden.

Die Regeln bei der Arbeit auf Abruf

Arbeit auf Abruf ist meist in einem Rahmenvertrag geregelt, der die Anstellungsbedingungen festlegt. Es besteht häufig kein Anspruch auf eine Beschäftigung. Relativ unproblematisch sind jene Verträge, die es den Beschäftigten freistellen, ein Einsatzaufgebot anzunehmen oder abzulehnen. Meist ist es aber der Arbeitgeber, der sich die alleinige Entscheidung über den Umfang und den Termin des Einsatzes vorbehält.

Solche Verträge sind für die Arbeitnehmer mit grossen Nachteilen verbunden. Am negativsten fällt ins Gewicht, dass man nie im Voraus weiss, wie viel man am Ende des Monats im Portemonnaie hat. Man hat also nie die Gewissheit, ob das erzielte Einkommen zur Deckung der Lebenskosten reicht. Trotzdem ist die Arbeit auf Abruf in vielen Betrieben – etwa im Detailhandel – populär geworden. Deshalb gilt: Wenn möglich sollten nur Arbeitsverträge mit einer bestimmten Mindeststundenzahl pro Woche – und damit einem voraussehbaren Verdienst – abgeschlossen werden.

Temporär Angestellte sind kein Freiwild

Für temporär Arbeitende ist das Arbeitsvertragsrecht genauso anwendbar wie für andere Beschäftigte. Arbeitgeber ist dabei die Temporärfirma. Gegen sie richten sich die Ansprüche der temporären Arbeitnehmer, nicht gegen die Einsatzfirma. Allerdings sind im Temporärarbeitsvertrag kürzere Kündigungsfristen zulässig. Unbefristete Einsätze können in den ersten zwei Monaten mit einer Frist von nur zwei Tagen, vom vierten bis sechsten Monat mit einer Frist von sieben Tagen auf jeden beliebigen Tag gekündigt werden. Temporärarbeitsverträge sehen oft auch für langjährige Einsätze bei einem Vertragsunternehmen eine Kündigungsfrist von nur einem Monat auf jeden beliebigen Tag vor. Das ist nach Gesetz zulässig. Selbstverständlich können im Vertrag längere Kündigungsfristen vereinbart werden. Die Spezialregeln für die temporären Arbeitsverhältnisse sind im Arbeitsvermittlungsgesetz (AVG) geregelt.

Nachdem es jahrelang zu Missbräuchen bei Temporär-Arbeitgebern gekommen ist, müssen solche Unternehmer beim Kanton eine Bewilligung einholen. Zur Sicherung der Lohnansprüche der Temporärarbeiter müssen diese Betriebe zudem beim Kanton eine Kaution hinterlegen.

Wenn der Einsatzbetrieb einem allgemein verbindlichen Gesamtarbeitsvertrag untersteht, muss der Personalverleiher die Bestimmungen dieses GAVs einhalten, soweit sie Lohn und Arbeitszeit betreffen. Verboten sind alle Bestimmungen, die einen Übertritt des Temporärarbeitnehmers in den Einsatzbetrieb nach Beendigung des vertraglich vereinbarten Einsatzes verunmöglichen oder erschweren. Einen gewissen Schutz für Temporärangestellte grösserer Personalverleihfirmen stellt der allgemeinverbindlich erklärte GAV für den Personalverleih dar.

**Für Ausländer gelten
besondere Vorschriften**
Bei Ausländern, die in der Schweiz arbeiten oder arbeiten wollen, ist entscheidend, ob sie aus einem EU-Mitgliedstaat stammen und damit unter das Personenfreizügigkeitsabkommen fallen oder nicht.

Die Rechtsstellung von Ausländern mit einem EU-Bürgerrecht ist ähnlich wie jene von Schweizer Bürgern und unterscheidet sich stark von der Rechtsstellung der Ausländer aus Nicht-EU-Staaten.

Für EU-Angehörige gilt das Recht auf vollständige Gleichbehandlung mit den Schweizern, und zwar in Bezug auf den Zugang zu einer Erwerbstätigkeit und die Lebens-, Beschäftigungs- und Arbeitsbedingungen. Jegliche Diskriminierung von EU-Angehörigen ist verboten.

Wer mit einem befristeten Arbeitsvertrag von weniger als einem Jahr Dauer in die Schweiz kommt, erhält eine Kurzaufenthaltsbewilligung («Ausweis L EU/Efta»). Die Gültigkeitsdauer entspricht der Dauer des Arbeitsvertrags. Sie kann für maximal zwölf Monate ausgestellt werden.

Eine Aufenthaltsbewilligung («Ausweis B EU/EFTA») erhält, wer einen unbefristeten oder mindestens zwölf Monate dauernden Arbeitsvertrag vorlegen kann. Die Aufenthaltsbewilligung hat eine Gültigkeitsdauer von fünf Jahren und wird ohne weitere Formalitäten um fünf Jahre verlängert.

Die Niederlassungsbewilligung («Ausweis C EU/Efta») wird nach einem ordentlichen und ununterbrochenen Aufenthalt von fünf Jahren in der Schweiz erteilt.

Wer nicht mehr als drei Monate in der Schweiz arbeitet, braucht keine Aufenthaltserlaubnis.

Die Familienangehörigen der EU-Ausländer dürfen ebenfalls in der Schweiz wohnen. Zu ihnen gehören der Ehegatte, die Nachkommen, die noch nicht 21 Jahre alt sind oder denen Unterhalt gewährt wird, die Eltern, falls ihnen Unterhalt gewährt wird, und schliesslich auch der Ehegatte und die unterhaltsberechtigten Kinder von Studenten. Der Arbeitnehmer, der seine Familie nachziehen will, muss lediglich nachweisen, dass er über eine Wohnung verfügt, um die Familienangehörigen unterzubringen.

Familienangehörige, die selbst ein EU-Bürgerrecht haben, dürfen in der Schweiz auch ohne Weiteres arbeiten. Bei Ehegatten und Kindern, die noch nicht 21-jährig oder sonst unterhaltsberechtigt sind, ist dies auch dann der Fall, wenn sie selbst nicht EU-Bürger sind.

Auch wenn die Erwerbstätigkeit beendet ist, dürfen die EU-Bürger und ihre Familienangehörigen in der Schweiz bleiben. Es ist nicht mehr zulässig, Arbeitnehmer aus der Schweiz abzuschieben, wenn sie arbeitslos oder invalid geworden sind. Auch in Bezug auf die Sozialversicherungen, die Sozialleistungen und die Steuern müssen EU-Staatsangehörige vollständig gleich behandelt werden wie Schweizer.

Regeln für Ausländer ohne EU-Staatsangehörigkeit

Ausländer ohne die Niederlassungsbewilligung (Bewilligung C) dürfen nur arbeiten, wenn ihnen der Aufenthalt zum Stellenantritt bewilligt worden ist. Diese Bewilligung darf nur erteilt werden, wenn der Arbeitgeber die orts- und berufsüblichen Lohn- und Arbeitsbedingungen vertraglich zusichert und ausserdem eine genügende Vorsorge gegen die wirtschaftlichen Folgen von Krankheit vorhanden ist. Die in der Branche geltenden Gesamt- und Normalarbeitsverträge müssen eingehalten werden.

Bewilligungen werden nur erteilt, wenn der Arbeitgeber keine einheimische Arbeitskraft findet, die die betreffende Arbeit zu den orts- und berufsüblichen Lohn- und Arbeitsbedingungen zu leisten bereit ist.

Vorrang haben auch Angehörige der EU- und Efta-Staaten. Ausnahmen von diesen Beschränkungen gelten für Führungskräfte und qualifizierte Fachleute internationaler Unternehmen und ausländische Arbeitnehmer, die in der Forschung tätig sind.

Wer als Ausländer in der Schweiz arbeitet, ohne im Besitz einer Bewilligung zu sein, macht sich strafbar – wie auch sein Arbeitgeber. Ein Arbeitsvertrag mit einem Ausländer ohne Arbeitsbewilligung ist aber zivilrechtlich dennoch gültig. Der Arbeitgeber muss auch in diesem Fall den vereinbarten Lohn zahlen. Der ausländische Arbeitnehmer kann sich auch auf die vom Arbeitgeber gegenüber der Migrationsbehörde gemachten Zusicherungen berufen, selbst wenn im Vertrag etwas anderes steht. Wenn also zum Beispiel ein Arbeitgeber bei der Bewilligungserteilung die Einhaltung des Lohns laut Gesamtarbeitsvertrag verspricht, dann aber mit dem Ausländer einen tieferen Lohn im individuellen Vertrag vereinbart, so kann er das Gericht anrufen und die Lohndifferenz einklagen.

**Schärfere Vorschriften
gegen Schwarzarbeit**

Das Bundesgesetz gegen die Schwarzarbeit erlaubt Betrieben mit geringer Lohnsumme, die Sozialversicherungsbeiträge sowie die Steuern ihrer Arbeitnehmer in einem vereinfachten Verfahren abzurechnen. Einziger Ansprechpartner ist in diesem Fall die AHV-Ausgleichskasse (Adressen siehe Kapitel 12). Andererseits sind verschärfte Kontrollen zur Aufdeckung von Schwarzarbeit vorgesehen. Die Kantone sind verpflichtet, Kontrollorgane einzusetzen. Die mit der Kontrolle betrauten Personen haben Zutritt zu den Betrieben, dürfen von Angestellten Auskünfte verlangen, die erforderlichen Unterlagen konsultieren und kopieren, die Identität der Arbeitnehmer überprüfen und sich deren Aufenthalts- und Arbeitsbewilligungen vorweisen lassen. Alle involvierten Behörden – von Polizei und Migrationsamt über Arbeitsinspektorat, Steueramt bis hin zur Arbeitslosenkasse – müssen mit diesem Kontrollorgan zusammenarbeiten. Es findet ein weitgehender Datenaustausch statt.

Das Gesetz gegen die Schwarzarbeit verschärft auch die Sanktionen, die gegenüber fehlbaren Arbeitgebern und Arbeitnehmern verhängt werden können. Neuerdings kann ein Arbeitgeber, der wegen schwerwiegender oder wiederholter Missachtung seiner Melde- und Bewilligungspflichten verurteilt wird, von Aufträgen im öffentlichen Beschaffungswesen und von Subventionen ausge-schlossen werden. Das Seco führt eine öffentlich zugängliche Liste dieser Arbeitgeber.

Geringfügige Einkommen von bis zu 2300 Franken (Stand 2021) unterliegen der AHV-Beitragspflicht nur, wenn Angestellte es verlangen. Diese Regel gilt aber nicht für in Privathaushalten geleistete Arbeit. Dort sind auch tiefere Beträge AHV-pflichtig.

**Rechte der Angestellten bei
Betriebsübernahmen**

Wird ein Betrieb verkauft, übernimmt das neue Unternehmen die Rechte und Pflichten und somit die Arbeitsverträge. Wer nicht für den neuen Arbeitgeber arbeiten will, kann unter Berücksichtigung der Kündigungsfristen des Obligationenrechtes das Vertragsverhältnis auflösen, selbst wenn im einzelnen Arbeitsvertrag eine längere Kündigungsfrist vereinbart worden ist.

Haben Eigentümerwechsel Folgen für die Belegschaft, muss dies rechtzeitig mit den Personalvertretern besprochen werden. Kommt es dabei zu Massenentlassungen, müssen die Arbeitnehmervertreter schriftlich über die Gründe informiert werden.

Auch wenn Arbeitnehmerverbände und Gewerkschaften kaum Einfluss auf eine Fusion oder einen Verkauf des Unternehmens nehmen können, verbleiben ihnen einige spärliche Rechte: So darf ein neuer Arbeitgeber den Arbeitsvertrag nicht einseitig abändern. Er muss sich an den übernommenen Vertrag halten. Will er einen bestimmten Arbeitsvertrag nicht akzeptieren, bleibt ihm nur die Möglichkeit, zu kündigen oder im Zusammenhang mit einer Änderungskündigung einen neuen Arbeitsvertrag anzubieten.

Auch ein Gesamtarbeitsvertrag muss vom neuen Betrieb noch ein Jahr lang eingehalten werden, es sei denn, der GAV laufe ohnehin vorher aus.

Immer öfter versuchen Unternehmen, die in wirtschaftlichen Schwierigkeiten stecken, sich auf Kosten der Belegschaft und der Sozialversicherungen zu sanieren. Sie gründen dann ein Nachfolgeunternehmen, das zwar Maschinen, Lagerbestände und Aufträge, aber keine oder nur einen Teil der Arbeitsverträge übernimmt. Während die neue Firma sofort tätig wird, meldet der alte Betrieb Konkurs an. Das Nachsehen haben die Gläubiger. Oft drücken die Konkursämter bei solchen Machenschaften beide Augen zu. Für offene Lohnansprüche muss dann die Arbeitslosenversicherung mit der sogenannten Insolvenzentschädigung einspringen.

Ist allerdings eine eigentliche Betriebsübernahme erfolgt, haben die Arbeitnehmer des alten Betriebs die Möglichkeit, den Lohn vom neuen Arbeitgeber einzufordern. Ob ein Betriebsübergang im Sinn von Artikel 333 OR vorliegt, ist häufig nicht leicht zu beurteilen. Übernimmt die neue Firma Betriebsräumlichkeiten, Maschinen, Mobiliar, einen Teil des Personals, Kunden und Aufträge, spricht dies für eine Betriebsübernahme. Noch stärker lässt sich auf eine Übernahme schliessen, wenn der gleiche Personenkreis an der alten und an der neuen Firma beteiligt ist, wie dies häufig der Fall ist.

Forderungen gegen die neue Firma durchzusetzen, mit der Begründung, es handle sich um eine Betriebsübernahme, ist meist eine komplizierte Aufgabe. In solchen Fällen ist die Vertretung durch einen spezialisierten Anwalt zu empfehlen.

Bei Betriebsübergängen im Rahmen eines Konkurses oder einer Nachlassstundung erfolgt keine automatische Übertragung der Arbeitsverhältnisse auf das übernehmende Unternehmen. Damit entfällt auch die Haftung des neuen Arbeitgebers für die offenen Lohnforderungen des in Konkurs gefallenen alten Arbeitgebers.

3 Arbeitszeit und Überstunden
Das Gesetz regelt die maximale Arbeitszeit

In der Schweiz wird nach wie vor überdurchschnittlich viel gearbeitet. Die übliche Arbeitszeit beträgt heute im Durchschnitt 41,7 Stunden – Überstunden nicht eingerechnet. In den umliegenden Ländern arbeitet man deutlich weniger. Noch mehr als die Schweizer müssen US-Amerikaner und Briten arbeiten.

Einige Unternehmen ziehen es vor, Überzeit arbeiten zu lassen, statt mehr Angestellte einzustellen. Das ist für sie besonders dann lohnend, wenn die Mehrarbeit nicht entschädigt wird. Dies ist oft der Fall in Arbeitsverhältnissen, bei denen entweder jegliche Überstundenentschädigung vertraglich ausgeschlossen wird oder aber gar keine vertragliche Arbeitszeit festgesetzt oder diese nicht kontrolliert wird. Die Abschaffung der Stempeluhren hat in vielen Fällen zu einer schleichenden Verlängerung der Arbeitszeit geführt.

Die Forderung nach mehr Flexibilität

Im Allgemeinen ist die Normalarbeitszeit in Einzel- oder Gesamtarbeitsverträgen festgehalten. Angestellte und Arbeitgeber sollten sich an diese vereinbarten Zeiten halten. Überstunden dürfen nur unter besonderen Umständen angeordnet werden.

Heutzutage werden allerdings von allen Seiten flexiblere Arbeitsverhältnisse gefordert. Von Seiten der Angestellten ist Flexibilität erwünscht, um die Arbeit besser mit Familienpflichten oder mit Freizeitaktivitäten in Einklang bringen zu können. Die Arbeitgeber verstehen unter Flexibilisierung meistens etwas anderes. Sie wollen die Angestellten dann im Einsatz haben, wenn Arbeit vorhanden ist. Oder sie fordern Flexibilität, um ihre Maschinen besser auslasten zu können.

Diese Flexibilisierung nimmt verschiedene Formen an. Ausschlaggebend ist, wem die sogenannte Zeitautonomie zukommt, das heisst, wer bestimmen darf, wann gearbeitet wird.

Bei der Gleitzeit liegt diese Zeitautonomie in einem gewissen Ausmass beim Arbeitnehmer. Er muss zwar die Blockzeiten einhalten, kann aber im Rahmen der vereinbarten Gleitzeit die Soll-Arbeitszeit über- oder unterschreiten. Er ist verpflichtet, die Minusstunden innert nützlicher Frist aufzuholen und die Mehrstunden abzubauen.

Das Bundesgericht hat entschieden, dass der Arbeitnehmer selber dafür sorgen muss, dass die Mehrstunden kein solches Ausmass annehmen, dass sie bei einer Kündigung innerhalb der Kündigungsfrist nicht mehr abgebaut werden können. Eine Entschädigung durch den Arbeitgeber kommt nur in Frage, wenn der Ausgleich des Zeitguthabens aus betrieblichen Gründen nicht möglich ist.

Überstunden sind eine Form von Flexibilisierung im Interesse der Arbeitgeber. Immer öfter streben Arbeitgeber an, im Arbeitsvertrag gar keine Wochenarbeitszeit mehr zu definieren, sondern nur noch die Anzahl der zu leistenden Stunden pro Jahr festzuhalten. Das Unternehmen bestimmt dann, an welchen Tagen wie viel gearbeitet wird. Perioden mit starker Belastung können mit Tagen wechseln, an denen nur wenige Stunden oder überhaupt nicht gearbeitet werden muss. Eine Grenze ist nur die Höchstarbeitszeit gemäss Arbeitsgesetz. Bei einem solchen Vertrag liegt die Zeitautonomie einseitig beim Arbeitgeber.

Es gibt auch Gesamtarbeitsverträge, die Jahresarbeitszeiten vorsehen. Der Landesmantelvertrag für das Bauhauptgewerbe setzt zum Beispiel die Jahresarbeitszeit auf 2112 Stunden fest, abzüglich Ferien, Feiertage, Krankheitsabsenzen usw. Dieser GAV definiert jedoch wöchentliche Bandbreiten und schreibt die Erstellung eines Arbeitszeitkalenders vor. Dadurch wird das freie Bestimmungsrecht der Arbeitgeber im Interesse der Arbeitnehmer eingeschränkt.

**Arbeitspausen
sind Pflicht**

Arbeitet jemand mehr als neun Stunden pro Tag, muss der Arbeitgeber eine Pause von mindestens einer Stunde möglich machen. Bei sieben Stunden Arbeit schreibt das Gesetz eine halbstündige Pause vor, bei fünfeinhalb Stunden Arbeit eine viertelstündige Pause.

Darf ein Arbeitnehmer den Arbeitsplatz während der Pause nicht verlassen, gilt auch diese kleine Erholung als Arbeitszeit. Nicht unter die Arbeitszeit fällt ge-

mäss einem Entscheid des Bundesgerichts, wenn die Pause obligatorisch in einem Pausenraum im Betriebsgebäude zu verbringen ist, solange sich der Arbeitnehmer dort nicht für die Arbeit zur Verfügung halten muss. Auch wenn der Arbeitnehmer die Pause freiwillig an seinem Arbeitsplatz verbringt, dort etwa sein Sandwich isst, wird diese Zeit nicht zur Arbeitszeit gezählt.

Diese Auflage ist vor allem in industriellen Betrieben üblich, wenn sich Beschäftigte wegen des Produktionsverlaufs arbeitsbereit halten müssen. Wer eine Maschine oder andere Angestellte überwachen muss, kann wohl in der «Pause» ein Sandwich essen, er kann aber die Arbeit nicht wirklich unterbrechen.

Pausen, die nicht zur Arbeitszeit zählen, müssen nicht bezahlt werden. Bezahlte Pausen kann es aber aufgrund einer entsprechenden Vertragsbestimmung im Einzel- oder Gesamtarbeitsvertrag geben.

Arbeitszeit und Arbeitsweg

Wer einen festen Arbeitsplatz hat, kann nicht davon ausgehen, dass das Unternehmen die Zeit für einen langen Arbeitsweg bezahlt, nur weil das Häuschen im Grünen dem Arbeitnehmer als ideales Domizil erscheint. Die Arbeitszeit beginnt nach dem Gesetz, wenn sich die Beschäftigten am Arbeitsplatz eingefunden haben.

Anders stellt sich die Situation dar, wenn die Arbeit an unterschiedlichen Orten verrichtet werden muss. Wer zum Beispiel im Dienst eines Grossunternehmens unterschiedliche Firmen an verschiedenen Standorten in den Gebrauch von Telefonanlagen einweist, hat ein Anrecht darauf, dass die Anfahrtszeiten automatisch entschädigt werden. Ein Arbeiter, der auf unterschiedlichen Baustellen eingesetzt wird, braucht ebenso keine stundenlangen Anfahrtswege ohne Bezahlung auf sich zu nehmen. Im allgemein verbindlichen GAV für das Bauhauptgewerbe ist festgeschrieben, dass ein Anfahrtsweg, der über 30 Minuten Reisezeit verlangt, als Arbeitszeit gilt. Die Fahrzeit wird allerdings ohne Überstundenzuschlag vergütet.

In der Verordnung 1 zum Arbeitsgesetz steht: «Ist die Arbeit ausserhalb des Arbeitsorts zu leisten, an dem der Arbeitnehmer normalerweise seine Arbeit verrichtet, und fällt dadurch die Wegzeit länger als üblich aus, so stellt die zeitliche Differenz zur normalen Wegzeit Arbeitszeit dar.»

Beim Pikettdienst gilt Folgendes: Muss das Pikett im Betrieb geleistet werden, ist die gesamte dafür verwendete Zeit bezahlte Arbeits-

---

FRAGE

Muss ich von Montag bis Samstag arbeiten?

«Mein Chef verlangt, dass ich von Montag bis Freitag sieben und am Samstag fünf Stunden arbeite. So bleibt nur der Sonntag frei. Ist das überhaupt zulässig?»

Ja, sofern die gesetzlichen Ruhezeiten eingehalten werden. Der Sonntag muss frei sein, und zudem haben Sie Anspruch auf einen weiteren freien Halbtag pro Woche. Das bedeutet eine arbeitsfreie Zeit von acht Stunden – entweder von 6 bis 14 Uhr oder von 12 bis 20 Uhr. Die Arbeitswoche darf nicht mehr als fünfeinhalb Tage umfassen. Es spielt keine Rolle, ob der Halbtag unter der Woche oder – wie bei Ihnen – am Samstag gewährt wird.

Die Regelung Ihres Chefs hält vor dem Arbeitsgesetz stand, wenn Sie am Samstag entweder nur bis 12 Uhr oder erst ab 14 Uhr arbeiten müssen. Wenn Ihr Vertrag jedoch die 5-Tage-Woche von Montag bis Freitag vorsieht, kann der Chef keine regelmässige Arbeit an Samstagen verlangen.

zeit. Wird der Pikettdienst ausserhalb des Betriebs geleistet, zählt nur die tatsächliche abgerufene Zeit als Arbeitszeit, allerdings inklusive Wegzeit. Unter Umständen muss jedoch auch für den Bereitschaftsdienst etwas bezahlt werden (siehe «Arbeit auf Abruf», Seite 55).

Pikettdienst darf höchstens an sieben aufeinander folgenden Tagen verlangt werden, dann zwei Wochen lang nicht mehr. Eine Erhöhung auf 14 Tage ist zulässig bei Kleinbetrieben und dann, wenn der Pikettdienst durchschnittlich übers Jahr nicht häufig vorkommt.

Das Gesetz bestimmt auch ausdrücklich, dass Weiterbildung, die vom Arbeitgeber angeordnet wird, zur Arbeitszeit zu zählen ist.

Höchstarbeitszeit muss eingehalten werden

Die angeordneten oder genehmigten Überstunden dürfen die gesetzlichen Höchstarbeitszeiten, die im Arbeitsgesetz verankert sind, nicht überschreiten. Das Arbeitsgesetz erlaubt 45 Wochenstunden für die Industrie und den Dienstleistungssektor sowie für das Verkaufspersonal in Detailhandelsbetrieben mit 50 oder mehr Angestellten. In den übrigen Bereichen beträgt die Höchstarbeitszeit 50 Stunden pro Woche.

Ausnahmen bestätigen die Regel: Eine Reihe von Gesetzesbestimmungen machen einen wöchentlichen Höchstarbeitseinsatz von mehr als 50 Wochenstunden möglich. Jedenfalls gewährt das schweizerische Gesetz – im Ge-

FRAGE

Muss ich «nachsitzen»?

«Die Computeranlage in der Firma hatte wieder einmal den Geist aufgegeben. Deshalb wurde die Belegschaft am Mittag nach Hause geschickt. Am nächsten Tag wurde uns mitgeteilt, wir müssten den halben Tag nachholen. Ist das in Ordnung?»

Nein. Der Arbeitgeber muss die betrieblichen Voraussetzungen für das Arbeiten gewährleisten und trägt die Folgen von Betriebsstörungen selber. Das heisst: Der Arbeitgeber darf weder den Lohn kürzen noch die Arbeitnehmer zum Nachholen der verlorenen Stunden verpflichten. Dies gilt auch für Teilzeitangestellte.

gensatz zu den EU-Ländern – grosszügige Ausweitungen der Arbeitszeiten. Die EU-Richtlinien gehen von einem wöchentlichen Höchsteinsatz von 48 Stunden aus – einschliesslich aller Überstunden.

Bei Saisonbetrieben und bei wetterbedingtem Arbeitsausfall kann die Arbeitszeit um 4 Stunden auf 54 beziehungsweise 49 Stunden pro Woche verlängert werden. Die 50- bzw. 45-Stunden-Woche muss aber im Durchschnitt eines halben Jahres eingehalten werden. In Betrieben mit 5-Tage-Woche kann ebenfalls eine Verlängerung von 45 auf 49 Stunden angeordnet werden, wenn der Durchschnitt von 45 Stunden in einer Periode von vier Wochen eingehalten wird. Auch wenn die Arbeit wegen Störungen des Betriebs ausfällt, darf die gesetzliche Höchstarbeitszeit von 45 beziehungsweise 50 Stunden überschritten werden, und zwar um maximal 2 Stunden.

Ausnahmen gibt es auch für Schichtbetriebe: Diese dürfen 52 Stunden an 7 Tagen arbeiten lassen – in Ausnahmefällen sogar 60 Stunden. Voraussetzung ist aber, dass die wöchentliche Höchstarbeitszeit im Durchschnitt von 16 Wochen insgesamt eingehalten wird.

Die Höchstarbeitszeiten müssen auch eingehalten werden, wenn eine Teilzeitbeschäftigte mehrere Jobs hat. Gibt es in einem Betrieb Arbeitnehmer mit unterschiedlichen Höchstarbeitszeiten – zum Beispiel solche mit 45 und solche mit 50 Stunden –, gilt für alle Kategorien die jeweils höhere Arbeitszeit.

Nicht vom Arbeitsgesetz erfasst werden Beschäftigte im öffentlichen Dienst, in der Landwirtschaft und Angestellte in privaten Haushaltungen. Das Arbeitsgesetz gilt auch nicht für leitende Angestellte, ebenso wenig für Erzieher und Lehrer. Hingegen können sich Assistenzärzte seit einiger Zeit auf das Arbeitsgesetz berufen.

Überstunden: Darauf müssen Sie achten

■ Nehmen Sie Ihren Arbeitsvertrag und allfällige zusätzliche Reglemente und prüfen Sie, was zwischen Ihnen und dem Arbeitgeber vereinbart wurde.

■ Ist nichts anderes abgemacht, gilt das Gesetz. Dann muss jede Überstunde mit einem Lohnzuschlag von 25 Prozent oder einer zeitlichen Kompensation abgegolten werden.

■ Überstunden müssen vom Arbeitgeber angeordnet oder genehmigt werden. Arbeiten Sie heimlich über das vertraglich abgemachte Pensum hinaus, haben Sie keinen Anspruch auf eine Entschädigung. Wenn keine Stempeluhr vorhanden ist, die Ihre Überstunden registriert, sollten Sie jeden Tag aufschreiben, wie viel Sie gearbeitet haben. Die Überstundenbuchhaltung sollte monatlich vom Vorgesetzten unterschrieben werden.

■ Arbeitsrechtliche Forderungen verjähren erst nach fünf Jahren. Warten Sie aber auf keinen Fall mit der Geltendmachung der Überstunden unnötig zu. Es ist generell wenig sinnvoll, über das Jahr Überstunden um Überstunden aufzustocken. Wenn der Arbeitgeber nicht informiert wird, hat er auch keine Gelegenheit, die Verteilung der Arbeit besser zu organisieren.

Überzeit: Die Überschreitung der Höchstarbeitszeit

Besondere Umstände lassen besondere zeitliche Arbeitseinsätze zu. Wenn eine Lawinenverbauung vor Wintereinfall von einem Team fertiggestellt werden muss oder eine Maschinenfabrik ihre Existenz nur mit einem terminlich kurz gefassten Auftrag sichern kann, dürfen die Höchstarbeitszeiten des Arbeitsgesetzes überschritten werden.

Im Gegensatz zu den Überstunden, die über die vertraglich vereinbarte Arbeitszeit hinausgehen, sprechen Juristen in diesem Fall von Überzeit. Der gesetzliche Lohnzuschlag von 25 Prozent ist zwingend. Das heisst: Er kann vertraglich nicht wegbedungen werden – dies im Gegensatz zum Lohnzuschlag für Überstunden.

Bei Angestellten, beim Büropersonal und beim Verkaufspersonal in Grossbetrieben ist der Zuschlag aber nur von Gesetzes wegen obligatorisch, wenn die Überzeitarbeit mehr als 60 Stunden im Jahr ausmacht.

Wenn der Arbeitnehmer einverstanden ist, kann die Überzeit auch durch Freizeit kompensiert werden, dies allerdings ohne Zuschlag, ausser ein solcher sei vertraglich abgemacht.

Der Überzeitarbeit hat das Arbeitsgesetz fast keine Grenzen gesetzt. Bei einer Höchstarbeitszeit von 45 Wochenstunden sind nämlich nicht weniger als 170 Überzeitstunden pro Jahr zulässig, bei 50 Wochenstunden immer noch 140 Überzeitstunden.

Für Beschäftigte in industriellen Betrieben, das Büropersonal, technische Angestellte oder für Verkäufer bei Grossverteilern beträgt die maximal zulässige Arbeitszeit inklusive Überzeit 2330 Stunden im Jahr – wovon noch die Ferien und Feiertage abzuziehen sind. Für alle anderen Arbeitnehmer beträgt die Arbeitszeit 2540 Stunden im Jahr.

Mehr als zwei Stunden Überzeit pro Tag sind nicht erlaubt. Ausnahmen gelten bei – an und für sich – arbeitsfreien Werktagen und ausgesprochenen Notfällen. Von einigen Ausnahmen abgesehen, darf die Überzeitarbeit nicht nachts

---

TIPP

Überstunden: So wird gerechnet

So berechnet sich Ihr Lohn für eine Überstunde: Teilen Sie Ihr Monatsgehalt – ohne Kinderzulagen – durch 21,75 (durchschnittliche Anzahl Arbeitstage pro Monat). Teilen Sie dann das Resultat durch die vereinbarten täglichen Arbeitsstunden (bei einer 40-1Stunden-Woche also durch 8), rechnen Sie weitere 25 Prozent dazu und addieren Sie zusätzlich 8,33 Prozent, wenn Sie Anspruch auf einen 13. Monatslohn haben.

---

oder an Sonntagen verlangt werden. Eine Bewilligungspflicht für Überzeitarbeit gibt es nicht.

Überstunden: Mehr Arbeit als im Vertrag vereinbart

Wer länger arbeitet als vertraglich abgemacht, leistet Überstunden. Ganz gleich, ob im Vertrag von 40 Wochenstunden oder bei einem teilzeitigen Engagement etwa nur von 20 Wochenstunden ausgegangen wird.

Die Leistung von notwendigen Überstunden darf nicht verweigert werden. Wirtschaftliche und organisatorische Gründe geben dem Arbeitgeber das Recht, längere Arbeitszeiten anzuordnen.

Muss ein Auftrag genau auf einen bestimmten Termin ausgeführt sein, kann der Arbeitgeber Überstunden verlangen. Man sollte aber vom Arbeitgeber fordern

Aufzeichnungen über die Arbeitszeit aufbewahren

Zum Streit über die Abgeltung von Überstunden kommt es häufig erst nach einer Kündigung. Meldet ein Arbeitnehmer seine Überstundenforderung an, bekommt er nicht selten zu hören, er habe freiwillig zu viel gearbeitet, die Überstunden seien vom Arbeitgeber nicht angeordnet gewesen.

In Betrieben mit exakter Arbeitszeiterfassung (Stempelkarten, computermässige Zeiterfassung usw.) wird dieser Einwand leicht zu entkräften sein. Nach der Gerichtspraxis braucht es nämlich keine ausdrückliche Anordnung der Überstunden durch den Arbeitgeber. Es genügt, wenn der Arbeitgeber weiss oder aufgrund der Arbeitszeitkontrolle wissen kann, dass der Arbeitnehmer Überstunden leistet. Unternimmt er nichts dagegen, akzeptiert er die Überstunden – und muss sie bezahlen.

Heikler ist es in Betrieben ohne Arbeitszeitkontrolle. Grundsätzlich ist der Arbeitnehmer für die Überstunden beweispflichtig. Dann helfen allenfalls Zeugen, eigene Aufzeichnungen, Arbeitsrapporte und dergleichen. Wer jedoch allein für sich am Abend weiterarbeitet, wird ein grosses Beweisproblem haben. Vielleicht gelingt es nachzuweisen, dass der Chef einen speziellen Auftrag erteilt hat, der in der normalen Arbeitszeit nicht erfüllt werden kann.

Dabei reicht der Nachweis nicht, dass man ausserhalb der Bürozeiten gearbeitet hat. Gerade bei Arbeitnehmern, die ihre Arbeitszeit selber einteilen können, kann es ja sein, dass die Arbeitszeit lediglich verschoben, eine Mehrleistung aber gar nicht erbracht wurde. Prozesse mit solchen Beweisthemen sind auf jeden Fall aufwendig, teuer und unsicher. Man sollte von Anfang an für klare Abmachungen und für Aufzeichnungen sorgen.

Der Grundsatz, dass der Arbeitnehmer beweispflichtig für die Überstunden ist, wird durch eine Bestimmung der Verordnung 1 zum Arbeitsgesetz relativiert: Artikel 73 verlangt, dass der Arbeitgeber die geleistete Arbeitszeit inklusive Ausgleichs- und Überzeitarbeit dokumentiert. Unterlässt er dies, kann ihm das in einem Überstundenprozess zum Verhängnis werden. In einem solchen Fall wird der Richter möglicherweise auf die Aufzeichnungen des Arbeitnehmers über seine Arbeitszeit als Beweismittel zurückgreifen.

Bei Angestellten, die ihre Arbeitszeiten mehrheitlich selber festsetzen können und die mehr als 120 000 Franken pro Jahr verdienen, kann ein Verzicht auf die Dokumentation der Arbeitszeit in einem GAV vorgesehen werden. Die betroffenen Angestellten müssen zudem noch schriftlich zustimmen, dass sie auf die Arbeitszeiterfassung verzichten. Bei Angestellten, die ihre Arbeitszeiten zu einem namhaften Teil selber festsetzen können, kann in Betrieben bis zu 50 Angestellten individuell und bei grösseren Betrieben durch Vereinbarung mit der Arbeitnehmervertretung vereinbart werden, dass lediglich die geleistete tägliche Arbeitszeit erfasst wird und nur bei Nacht- und Sonntagsarbeit auch Anfang und Ende der Arbeitseinsätze.

In Prozessen wegen Überstunden taucht häufig das Argument auf, der Arbeitnehmer handle rechtsmissbräuchlich, wenn er mit der Anmeldung von Überstundenforderungen während langer Zeit und bis zum Ende des Arbeitsverhältnisses zuwarte. In neuerer Zeit lässt das Bundesgericht dieses Argument nicht mehr gelten – oder höchstens ausnahmsweise, wenn ganz besondere Umstände vorliegen.

dürfen, dass er die Arbeit möglichst so organisiert, dass Überstunden vermieden werden. Das Gesetz auferlegt dem Arbeitgeber bei der Anordnung von Überstunden eine Einschränkung: Sie müssen für den Arbeitnehmer zumutbar sein. Ein Arbeitnehmer kann die Mehrarbeit verweigern, wenn zwingende Gründe vorliegen.

Bleiben zum Beispiel Kinder unter 15 Jahren ohne Aufsicht, muss der Arbeitgeber Zugeständnisse machen. Auch wenn ein Teilzeitbeschäftigter noch eine zweite Stelle hat, sind dem Arbeitgeber bei der Anordnung von Überstunden relativ enge Grenzen gesetzt.

Abgeltung der Überstunden: Mehr Geld oder mehr Freizeit
Überstunden müssen mit einem Lohnzuschlag von mindestens 25 Prozent abgegolten werden (siehe Kasten Seite 34). Ein Betrieb kann sich die Vergütung der Überstunden samt Zuschlag nur sparen, wenn ein Verzicht auf Mehrlohn schriftlich im Vertrag vereinbart ist. Die Gerichtspraxis lässt es auch gelten, wenn die Wegbedingung der Überstundenentschädigung in allgemeinen Arbeitsbedingungen beziehungsweise einem Reglement enthalten ist. Der schriftliche Arbeitsvertrag muss aber ausdrücklich auf diese allgemeinen Arbeitsbedingungen verweisen. Eine zeitliche Kompensation kann ohne andere Abmachung nicht einseitig durch den Arbeitgeber angeordnet werden.

Allerdings gibt es Ausnahmen: Hat ein Betrieb etwa nach einer

hektischen Phase keine Aufträge mehr, müssen sich die Arbeitnehmer nach einem Urteil des Arbeitsgerichts Zürich auf eine zeitliche Kompensation der Überstunden einlassen. Ausserdem kann im Arbeitsvertrag festgelegt werden, dass der Arbeitgeber die Kompensation von Überstunden verlangen darf. Zulässig ist auch eine vertragliche Regelung, dass der Arbeitgeber die Überstunden zwar vergütet, aber ohne Zuschlag. Auch dies muss schriftlich festgehalten sein.

Für die Angestellten ungünstig sind Verträge, in denen die Arbeitsstunden pro Woche nicht genau bestimmt sind. In diesen Fällen ist es nämlich nicht einmal klar, wo die normale Arbeitszeit aufhört und wo die Überstunden anfangen. Solche Probleme werden durch klare vertragliche Regelungen von vornherein vermieden.

Viele Gesamtarbeitsverträge enthalten genaue Vorschriften zur Arbeitszeit. Kommt ein solcher GAV zur Anwendung, müssen diese Vorschriften beachtet werden.

Hat der Arbeitnehmer weniger als die vertragliche Arbeitszeit gearbeitet, aber dennoch den vollen Lohn erhalten, kann der Arbeitgeber nicht nachträglich einen Lohnabzug für die Minderarbeitszeit machen. Erbringt der Arbeitnehmer seine vertragliche Arbeitszeit schuldhaft nicht, könnte der Arbeitgeber allerdings den Lohn anteilmässig kürzen. Er müsste dies aber sofort tun.

Aber aufgepasst: Das Bundesgericht schützte einen Arbeitgeber,

Nachtarbeit: Sonderregelung für Schwangere und Jugendliche

Acht Wochen vor der Niederkunft können Nacht- und Schichtarbeiterinnen auf Beschäftigung während der normalen Arbeitszeiten bestehen. Ist eine Verlagerung der Arbeitszeit nicht möglich, haben sie Anspruch auf eine Freistellung bei Überweisung von 80 Prozent des Gehalts.

Jugendliche bis zu 16 Jahren dürfen höchstens bis 20 Uhr, Jugendliche zwischen 16 und 18 Jahren bis 22 Uhr beschäftigt werden. Ausnahmen sind möglich, wenn Jugendliche im Interesse ihrer Ausbildung zur Nachtarbeit herangezogen werden.

der einen Lohnabzug für nicht geleistete Arbeitsstunden vorgenommen hatte. Der betroffene Arbeitnehmer konnte nicht nachweisen, dass er die fehlenden Stunden aus vom Arbeitgeber zu vertretenden Gründen nicht leistete. Man verlangte vom Arbeitnehmer ein beweisbares Arbeitsangebot für die Fehlstunden. Diese Betrachtungsweise verschiebt die Beweislast einseitig auf den Arbeitnehmer, der sich nicht mehr allein auf die vertraglich zugesicherten Arbeitsstunden oder den vertraglich vereinbarten Monatslohn berufen kann. Es ist deshalb zu empfehlen, bei Fehlstunden, die vom Arbeitgeber veranlasst wurden, sofort in beweiskräftiger Form zu protestieren. Das gilt nicht für Angestellte, die auf Abruf angestellt sind und keinen Anspruch haben auf eine bestimmte Zahl von Arbeitsstunden.

Keine Entschädigung für Kader

Leitende Angestellte mit Entscheidungsbefugnissen haben grundsätzlich nur Anspruch auf eine Überstundenentschädigung, wenn dies vertraglich ausdrücklich festgehalten ist oder wenn die Arbeitszeit vertraglich genau fixiert ist (zum Beispiel «45-Stunden-Woche»), was bei Kaderangestellten verhältnismässig selten der Fall ist. Das Bundesgericht ist nämlich der Meinung, dass Kaderleute in der Regel für ihre Mehrarbeit bereits mit einem höheren Grundsalär entschädigt seien.

Als leitende Angestellte, die ohne Sonderbezahlung länger arbeiten müssen, stufen die Gerichte nicht nur Beschäftigte mit hohem Lohn ein: Sie berücksichtigen auch, wie weit die Arbeitnehmer ihre Zeit frei einteilen können. Unstimmigkeiten wegen der Bezahlung hoher Überstundenzahlen können vermieden werden, wenn im Vertrag festgelegt wird, wann Überstundenbezahlung entfällt.

Keine Chance vor Gericht hatte ein Mittelschullehrer, der geltend machte, mehr als die 42 Arbeitsstunden gemäss Personalverordnung gearbeitet zu haben. Das Zürcher Verwaltungsgericht befand, die Lehrer seien selbst verantwortlich für ihre Arbeitseinteilung sowie die Gestaltung des Unterrichts und müssten dem Arbeitgeber keine Rechenschaft über ihre Arbeitszeit ablegen. Sie könnten deshalb keine Kompensation oder Vergütung für Überstunden beanspruchen.

Abend- und Nachtarbeit

Das geltende Arbeitsgesetz definiert den Begriff der Nachtarbeit sehr unternehmerfreundlich. Das Nachtarbeitverbot für Frauen wurde 1998 abgeschafft. Nach der Definition des Arbeitsgesetzes gilt nur noch die Zeit von 23 Uhr bis 6 Uhr morgens als Nachtarbeit. Zwischen 20 Uhr und 23 Uhr wird sogenannte «Abendarbeit» geleistet, und dafür brauchen die Betriebe keine Bewilligung beim Staatssekretariat für Wirtschaft (Seco) einzuholen. Der Gesetzgeber gewährt den Arbeitgebern noch weitere Bonuspunkte: Schichtpläne können – mit Zustimmung der Belegschaft – so konzipiert werden, dass die Nachtarbeit erst um Mitternacht anfängt oder schon um 5 Uhr früh beendet wird.

Für Nachtarbeit braucht die Firma eine Bewilligung

Die eigentliche Nachtarbeit muss nach wie vor vom Seco bewilligt werden. Gestattet wird sie nur, wenn technische oder wirtschaftliche Gründe den Einsatz rund um die Uhr unentbehrlich machen.

Solche Bewilligungen sind relativ leicht erhältlich. Hat ein Unternehmen grosse Investitionen getätigt und arbeitet die Konkurrenz nachts ebenfalls, wird sich das Bundesamt einem Gesuch für Nachtarbeit kaum verschliessen. Der Bundesrat hat in seiner Verordnung zum Arbeitsgesetz den Rahmen sehr weit gesteckt. Wegen «wirtschaftlicher Unentbehrlichkeit» ist Nachtarbeit (oder auch Sonntagsarbeit) zu bewilligen, wenn der Verzicht zu einer merklichen Schwächung des Betriebs gegenüber der Konkurrenz führen könnte oder wenn hohe Investitionen ohne Nacht- oder Sonntagsarbeit nicht amortisiert werden könnten.

Wirtschaftliche Überlegungen werden gegenüber dem Gesundheitsschutz der betroffenen Arbeitnehmer eindeutig höher bewertet. Sogar sogenannte «besondere Konsumbedürfnisse» werden als ausreichender Grund anerkannt, Nacht- und Sonntagsarbeit zuzulassen. Immerhin hat das Bundesgericht einmal entschieden, dass blosse Rentabilitätsüberlegungen für ein Abweichen vom Nachtarbeitsverbot (und auch vom Sonntagsarbeitsverbot) nicht genügen.

Nur vorübergehende Nachtarbeit kann von der kantonalen Behörde bewilligt werden, wenn ein dringendes Bedürfnis nachgewiesen wird. Als «vorübergehend» wird Nachtarbeit von bis zu 25 Nächten pro Kalenderjahr definiert. Werden 25 oder mehr Nächte gearbeitet, liegt «dauernde Nachtarbeit» vor.

Wichtig: Angestellte dürfen nicht gezwungen werden, Nachtarbeit zu leisten.

Fällt Nachtarbeit an, darf sie pro Tag 9 Stunden und mit Arbeitspausen 10 Stunden nicht überschreiten. Wer vorübergehend Nachtarbeit leistet, hat Anspruch auf einen Lohnzuschlag von 25 Prozent. Wer regelmässig nachts arbeitet, hat Anspruch auf eine Kompensation von 10 Prozent der nächtlichen Arbeitszeit. Für sieben

Stunden Nachtarbeit müssen also 42 Minuten gutgeschrieben werden. Diese Zeitguthaben müssen innerhalb eines Jahres ausgeglichen werden. Allerdings kommt diese Kompensation nur zum Tragen, wenn mehr als vier Nächte pro Woche (zu maximal 9 Stunden) gearbeitet werden muss und wenn die betriebliche Schichtdauer inklusive Pausen 7 Stunden überschreitet. Bei Schichtarbeitern mit kürzerer Arbeitsdauer ist ein Ausgleich nicht notwendig.

Arbeitnehmern, die abends oder morgens nur während höchstens einer Stunde Nachtarbeit leisten, kann der Ausgleich auch als Lohnzuschlag – also in Geld – gewährt werden.

Arbeitnehmer, die über längere Zeit Nachtarbeit verrichten, haben Anspruch auf eine ärztliche Untersuchung. Spricht ihr gesundheitlicher Zustand gegen den Einsatz zu später Stunde, muss der Arbeitgeber, sofern es ihm möglich ist, sie während der normalen Zeit beschäftigen.

Die Behörden können die Arbeitgeber mit dem Erteilen der Bewilligung dazu verpflichten, den Transport der Nachtarbeiter zwischen Wohnung und Arbeitsort zu gewährleisten, ihnen Verpflegungsmöglichkeiten zur Verfügung zu stellen oder die Betreuung von Kindern zu sichern.

Sonntagsarbeit statt Wochenendvergnügungen
Arbeitgeber, die ihre Belegschaft regelmässig am Sonntag antreten lassen wollen, brauchen eine Sonderbewilligung des Staatssekretariats für Wirtschaft (Seco). Die Bewilligung für die Sonntagsarbeit kann unter den gleichen Voraussetzungen erteilt werden wie jene für die Nachtarbeit, das heisst: Sie muss «aus technischen oder wirtschaftlichen Gründen unentbehrlich» sein. Doch ein Lohnzuschlag ist bei regelmässiger Sonntagsarbeit vom Gesetz nicht vorgeschrieben.

Wird Sonntagsarbeit nur ausnahmsweise angeordnet, müssen kantonale Instanzen ihren Segen dazu erteilen. In diesen Fällen ist ein Lohnzuschlag von 50 Prozent zwingend. Als «dauernde Sonntagsarbeit» wird eine Arbeit an mehr als sechs Sonntagen definiert.

Wer sonntags arbeiten muss, hat Anspruch auf einen Ersatzruhetag und einen arbeitsfreien Sonntag in zwei Wochen. Auch von dieser Regel gibt es wieder Ausnahmen, vor allem für Unternehmen mit Schichtbetrieb, wo die Zahl der arbeitsfreien Sonntage herabgesetzt werden kann.

Allgemein gilt, dass der Arbeitgeber neben dem Sonntag (beziehungsweise dem Ersatzruhetag) von Gesetzes wegen noch einen weiteren freien Halbtag gewähren muss. Die 5-Tage-Woche ist also nicht gesetzlich vorgeschrieben.

Die Angestellten können sich weigern, am Sonntag zum Einsatz zu erscheinen. Quittiert der Arbeitgeber dieses Nein mit einer Kündigung, ist die Entlassung rechtsmissbräuchlich. Natürlich ist eine solche Weigerung dann nicht mehr

möglich, wenn sich der Arbeitnehmer vertraglich verpflichtet hat, am
Sonntag zu arbeiten.

Ganze Branchen sind durch eine
Verordnung des Bundesrats von
der Bewilligungspflicht für Nacht-
und Sonntagsarbeit ausgenommen worden – zum Beispiel Heime,
Spitäler, Apotheken, das Gastgewerbe, Überwachungsbetriebe, Te-
lekommunikationsunternehmen
usw. Zu dieser Kategorie gehören
auch kleingewerbliche Betriebe
mit bis zu vier Beschäftigten, bei
denen Nacht- und Sonntagsarbeit
betriebsnotwendig sind. Meistens
ist es in diesen Branchen auch gestattet, die Zahl der arbeitsfreien
Sonntage zu reduzieren.

Die gesetzlichen Regeln zur Arbeitszeit sind kompliziert und stellen eine weitgehende Flexibilisierung im Interesse der Arbeitgeber
dar. Allerdings verpflichtet das Arbeitsgesetz die Betriebe, bei der
Planung der Arbeitszeit die Angestellten beizuziehen. Dies betrifft
vor allem die Einsatz- und Schichtpläne sowie die Einteilung zum
Pikettdienst. Werden die Arbeitszeiten geändert, muss darüber
möglichst frühzeitig informiert werden, spätestens zwei Wochen im
Voraus.

Lohn, Spesen, Gratifikation
Höhe des Lohns ist frei verhandelbar

In der Schweiz gilt in Sachen Lohn Vertragsfreiheit. Das heisst: Der Gegenwert der Arbeit – das Gehalt – wird von Arbeitgebern und Angestellten gemeinsam ausgehandelt, gesetzliche Vorgaben gibt es praktisch nicht. Die Höhe des Lohns hängt vor allem von der aktuellen Situation auf dem Arbeitsmarkt und der konkreten Branche ab.

Gesetzliche Minimallöhne existieren für die privaten Arbeitsverhältnisse nur in den Kantonen Jura, Genf und Tessin. Bei den öffentlichen Angestellten ist das anders. Bei ihnen gibt es betreffend Lohn klare gesetzliche Vorgaben, die allerdings auch immer einen Spielraum offenlassen. Minimallöhne finden sich auch in Gesamtarbeitsverträgen. Diese gelten aber nur, wenn sowohl Arbeitgeber als auch Arbeitnehmer Mitglieder ihres Verbands (Arbeitgeberverband oder Gewerkschaft) sind oder der GAV von der Behörde allgemeinverbindlich erklärt wurde. Manchmal ist der GAV-Minimallohn auch so tief angesetzt, dass er für das individuelle Arbeitsverhältnis keinen Nutzen bringt. In einigen GAV fehlen Lohnbestimmungen ganz. Wer einem Gesamtarbeitsvertrag untersteht, sollte aber auf jeden Fall abklären, ob dieser Richtlinien für einen Mindestlohn enthält. Eine Abweichung von solchen Bestimmungen ist nur zulässig, wenn sie zum Vorteil für den Arbeitnehmer ist. Wichtig sind Gesamtarbeitsverträge oft auch, weil sie zusätzliche verbindliche Leistungen, etwa für Schicht, Nacht- und Sonntagsarbeit enthalten.

Neuerdings kann der Staat Minimallöhne in Normalarbeitsverträgen festsetzen, wenn in einer Branche Lohnmissbrauch betrieben wird. Solche Minimallohnbestimmungen haben aber nur in Tieflohnbranchen eine Bedeutung.

Für die meisten Arbeitnehmer gilt: Der Lohn ist so gut, wie er individuell ausgehandelt wurde. Es kommt auf das Verhandlungsgeschick an, aber noch mehr auf den Arbeitsmarkt. In Branchen, in denen die Arbeitskräfte knapp sind, lässt sich ein guter Lohn viel leichter aushandeln.

Gesucht sind vor allem hochqualifizierte Arbeitnehmer und solche mit Spezialkenntnissen. Wer zu diesen Kategorien gehört, hat bei den Lohnverhandlungen gute Karten in der Hand.

Immer mehr unter Druck kommt dagegen das Lohnniveau bei den Hilfsarbeiten und anderen wenig qualifizierten Tätigkeiten. Hier –

Sozialabzüge: Anteil der Belastung für Angestellte

Alters- und Hinterlassenenversicherung AHV	**4,35 %**
Invalidenversicherung IV	**0,70 %**
Erwerbsersatzordnung EO	**0,25 %**
Arbeitslosenversicherung ALV	**1,10 %** [1]
Pensionskasse	**Variabel**
Unfall	**Variabel**
Krankentaggeld	**Variabel**

1 Bis zu einem Jahreslohn von 148 200 Franken. Für Lohnbestandteile ab 148 200 Franken beträgt der Beitragssatz der Arbeitnehmer 0,5 Prozent.

Stand 2021

und in weiten Teilen der eigentlichen Tieflohnbranchen wie Gastgewerbe, Detailhandel, persönliche Dienstleistungen, Landwirtschaft – fällt der Lohn leicht auf ein so tiefes Niveau, dass er nicht reicht für den Lebensunterhalt und der Gang zum Sozialamt unausweichlich wird. Dies unterstreicht die Bedeutung einer guten Ausbildung – und der ständigen Weiterbildung.

Monatslohn am besten schriftlich fixieren

Wer mit seinem künftigen Chef den Lohn für den neuen Job aushandelt, sollte sich nach Möglichkeit nicht auf einen Stundenlohn einlassen. Wer nämlich mit einem Monatslohn entlöhnt wird, kann sicher sein, dass Kurzabsenzen, zum Beispiel Arztbesuche, bezahlt sind. Ist die Höhe des Gehalts nicht schriftlich fixiert, können leicht Unklarheiten entstehen. Eine Hilfe ist in solchen Fällen der Artikel 330b des Obligationenrechts, der die schriftliche Mitteilung des Lohns innert einem Monat nach Arbeitsantritt vorschreibt. Sind Arbeitnehmer so vertrauensselig, dass sie den Lohn nicht einmal mündlich vereinbaren, können sie grundsätzlich davon ausgehen, dass der nach Ort, Branche und Betrieb übliche Lohn entrichtet wird.

Lohnabrechnung ist obligatorisch

Arbeitnehmer haben einen gesetzlichen Anspruch auf eine schriftliche Lohnabrechnung. Diese Abrechnung muss nicht nur den

vereinbarten Bruttolohn enthalten, sondern sämtliche Zulagen, Überstundenentschädigungen (siehe Seite 35), Provisionen und Spesen (siehe Kasten Seite 46) sowie die Sozialabzüge.

Für ausländische Angestellte gilt: Haben sie keine Niederlassungsbewilligung und sind sie nicht mit einer Schweizerin beziehungsweise einem Schweizer verheiratet, wird die Quellensteuer direkt vom Lohn abgezogen. Auch dieser Betrag ist auf der Lohnabrechnung aufzuführen.

Lohnerhöhung rechtzeitig aushandeln

Während früher in den meisten Gesamtarbeitsverträgen nicht nur die Gehälter, sondern auch ihre alljährliche Anhebung festgehalten worden sind, tendieren heute immer mehr Arbeitgeberverbände dazu, die Lohnvereinbarungen aus den Gesamtarbeitsverträgen auszusparen und an die einzelnen Unternehmen zu delegieren. In vielen Branchen sind Lohnerhöhungen nicht das Ergebnis von Verhandlungen zwischen Arbeitgeber- und Arbeitnehmerverbänden, sondern werden einseitig von den Unternehmen bestimmt.

Auch innerhalb eines Unternehmens gibt es heute meistens nicht mehr eine generelle Lohnerhöhung um einen bestimmten Prozentsatz

AHV-Konto: Beitragszahlungen regelmässig überprüfen

■ Lohnabrechnungen behalten

Schludrigkeit oder ein finanzielles Debakel können zur Folge haben, dass ein Arbeitgeber AHV-Beiträge vom Lohn abzieht, sie aber nicht an die Versicherung weiterleitet. Solange ein Arbeitnehmer per Lohnabrechnung belegen kann, dass er seine Beiträge entrichtet hat, haben die Verfehlungen des Arbeitgebers keinen Einfluss auf seinen Versicherungsanspruch. Damit dürfte klar sein: Lohnabrechnungen gehören nicht in den Papierkorb, auch wenn der Betrag korrekt ist und zusätzlich auf einem Bank- oder Postkonto verbucht wird. In grösseren Abständen lohnt sich eine Überprüfung des AHV-Kontos.

■ Kostenloser Kontoauszug

Sämtliche Versicherten können sich schriftlich an die letzte der AHV-Kassen wenden, die auf ihrem AHV-Ausweis eingetragen sind. Die Adressen der Ausgleichskassen sind nach Nummern geordnet in Kapitel 12 dieses Ratgebers zu finden. Jeder AHV-Versicherte kann einen Auszug aus dem persönlichen Konto – einen sogenannten Kontozusammenzug aller bisherigen Beiträge – kostenlos bestellen. Die Kontoauszüge der AHV sind nicht eben übersichtlich gestaltet. Sollten die Unterlagen nicht zu entschlüsseln sein, können Sie die entsprechende AHV-Zweigstelle um Erläuterungen bitten. Umfassendere Erklärungen können schriftlich eingefordert werden. Nach Vereinbarung ist zudem ein klärendes Gespräch mit dem zuständigen Sachbearbeiter der Zweigstelle möglich.

■ Vorsicht, Beitragslücken!

Oft wird bei grösseren Arbeitspausen oder Auslandaufenthalten vergessen, die Frage der AHV-Beiträge zu klären. Kommt bei der Kontrolle des Auszugs eine Beitragslücke zum Vorschein, besteht die Gefahr einer späteren Rentenkürzung. Rückwirkend auf fünf Jahre lassen sich AHV-Beiträge aber nachzahlen. Wer sichergehen will, kontrolliert sein AHV-Konto deshalb etwa alle fünf Jahre.

Das AHV-Konto muss unbedingt kontrolliert werden, bevor das Rentenalter erreicht ist. Sobald die Rentenverfügung in Kraft tritt, kann sie in der Regel nicht mehr korrigiert werden (siehe «Saldo»-Ratgeber **Die drei Säulen: Gut vorsorgen,** zu bestellen unter www.saldo.ch). Rechnerische Fehler lassen sich später noch beheben.

oder Frankenbetrag. Häufig stellt das Unternehmen einen gewissen Betrag für Lohnerhöhungen zur Verfügung. Dieser wird dann aufgeteilt für eine allgemeine Lohnerhöhung, von der alle profitieren, sowie für individuelle Lohnerhöhungen, von denen nur jene etwas haben, deren Leistung positiv beurteilt wird. Immer häufiger wird auch innerhalb des Unternehmens differenziert: In profitablen Abteilungen erhält man mehr als in Abteilungen, in denen nur Kosten verursacht werden.

Nur in wenigen individuellen Verträgen sind Lohnerhöhungen im Voraus vereinbart. Das bedeutet, dass auch der Teuerungsausgleich keine Selbstverständlichkeit mehr ist. Faire Arbeitgeber kürzen den Lohn nicht auf kaltem Weg, indem sie den Teuerungsausgleich verweigern. Der Prozentsatz der Teuerung wird häufig anhand des Landesindexes der Konsumentenpreise des Bundesamts für Statistik bestimmt (www.bfs.admin.ch/bfs/de/home). Es ist darauf zu achten, dass immer der gleiche Monatsindex als Basis genommen wird, zum Beispiel der Novemberindex. Die durchschnittliche Jahresteuerung ist weniger geeignet, weil sie erst im folgenden Jahr definitiv feststeht. Doch auch der Teuerungsausgleich garantiert nicht, dass effektiv gleich viel Geld zur Verfügung steht, denn bestimmte Ausgaben – vor allem die Krankenkassenprämien – sind im Landesindex der Konsumentenpreise nicht voll berücksichtigt. Es kommt sogar vor, dass der Netto-lohn trotz Teuerungsausgleich kleiner wird. Dies ist dann der Fall, wenn die Beiträge für die Sozialversicherungen steigen, wie dies zurzeit bei den Pensionskassenprämien festzustellen ist. In den langen Jahren der Rezession ist das Lohnniveau praktisch eingefroren worden. Viele haben verloren, während vor allem die Kader von Grossunternehmen massiv zulegen konnten.

Wer eine Lohnerhöhung anstrebt, sollte sich für die Verhandlungen mit dem Chef gut vorbereiten und sich möglichst über die im Betrieb bezahlten Löhne informieren.

Mindestens so wichtig sind die eigenen Leistungen und Erfolge, mit denen man Vorgesetzte zu einer Lohnerhöhung motivieren kann. Grundsätzlich wissen nämlich Arbeitgeber: Die Leistungen der Angestellten sind sehr unterschiedlich, unterschiedlicher jedenfalls als die Löhne. Deshalb sind Arbeitgeber bereit, besondere Leistungen besonders gut zu entlöhnen. Ausserdem sind objektive Gründe für eine Gehaltsaufstockung nicht zu vergessen, etwa die seit der letzten Lohnerhöhung eingetretene Teuerung.

Drohen Sie bei einem Lohngespräch nicht gleich mit einer Kündigung, falls Ihrem Begehren nicht entsprochen wird.

Andererseits bedeutet natürlich die Gewissheit, leicht einen anderen – eventuell sogar besser bezahlten – Job zu finden, eine nicht zu verachtende Stärkung der eigenen Verhandlungsposition.

Spesen: Auszahlung mit nächstem Lohn vorgeschrieben

■ Spesen müssen vom Arbeitgeber bezahlt werden. Vertragliche Abmachungen, die den Angestellten einen Teil der Spesen überwälzen, sind ungültig.

■ Die Vergütung der Spesen hat spätestens bei der Auszahlung des Lohnes zu erfolgen.

■ Geben Angestellte regelmässig Barbeträge für den Arbeitgeber aus, haben sie das Recht, eine regelmässige Vorauszahlung zu verlangen.

■ Wenn Angestellte eigenes Arbeitsmaterial einsetzen, können sie nur dann auf eine Entschädigung pochen, wenn sie das vorgängig mit dem Arbeitgeber abgesprochen haben.

■ Ist vertraglich vereinbart, dass ein Arbeitnehmer sein Auto während der Arbeit benutzt, hat der Arbeitgeber für Benzin und Unterhaltskosten aufzukommen und einen angemessenen Beitrag an die Amortisation des Fahrzeuges, die Haftpflichtversicherungsprämie und die Steuern zu leisten.

■ Die Kosten für den Arbeitsweg muss der Arbeitgeber nur übernehmen, wenn das ausdrücklich vereinbart wurde.

■ Wer allmonatlichen Abrechnungen entgehen möchte, kann auch Spesenpauschalen vereinbaren. Diese Pauschalen müssen allerdings die durchschnittlich anfallenden Kosten abdecken.

■ Ist eine Pauschale für auswärtige Verpflegung eingesetzt worden, spielt es keine Rolle, ob es die Angestellten wirklich fürs Essen ausgeben oder ob sie eine Fastenkur einlegen. Ihr Anspruch auf die Ausrichtung des fixen Betrages bleibt bestehen.

■ Wer krank ist oder in den Ferien weilt, hat keinen Anspruch auf die vereinbarte Auslagenpauschale. Das Gegenteil müsste ausdrücklich im Vertrag festgehalten sein.

■ Es kommt häufig vor, dass eine Spesenentschädigung vertraglich vereinbart wurde, obwohl eigentlich gar keine Spesen anfallen. In solchen Fällen sind meistens steuerliche Überlegungen im Spiel. Solche «Spesen» sind ein Lohnbestandteil und somit vom Arbeitgeber auf jeden Fall geschuldet.

■ Viele Betriebe verweisen in ihren Einzelarbeitsverträgen auf Spesenreglemente. Im Gegensatz dazu sind in vielen Gesamtarbeitsverträgen die Bestimmungen über die Spesen verankert.

■ Die gleichen Grundsätze gelten auch beim Homeoffice, soweit dieses für Angestellte nicht freiwillig ist, sondern vom Arbeitgeber angeordnet wird – zum Beispiel weil im Betrieb kein Arbeitsplatz mehr zur Verfügung steht.

■ In diesen Fällen können Angestellte verlangen, dass sich der Arbeitgeber an den Kosten für die private Büroeinrichtung und die Miete beteiligt. Es braucht jedoch eine Vereinbarung zwischen Arbeitgeber und Angestellten über diese Kostenbeteiligung an der Infrastruktur. Es geht nicht, einfach nachträglich dem Arbeitgeber eine Rechnung zu schicken.

■ Der Arbeitgeber kann auch Computer, Drucker, Telefon usw. leihweise zur Verfügung stellen. Er muss aber für die laufenden Kosten von Internet und Telefon aufkommen, soweit diese Kosten bei der Arbeitstätigkeit anfallen.

■ Oft sind die Mehrkosten für das Homeoffice schwer zu beziffern und zu belegen. Deshalb ist es sinnvoll, eine Pauschale zu vereinbaren.

Auch an den umgekehrten Fall ist zu denken: Das Unternehmen kann oder will den bisherigen Lohn nicht mehr bezahlen und verordnet eine Lohnkürzung. Solange nicht Minimallohnvorschriften verletzt werden, ist dies grundsätzlich nicht verboten. Allerdings braucht es das Einverständnis des betroffenen Arbeitnehmers – oder die Lohnkürzung muss auf dem Weg der sogenannten «Änderungskündigung» unter Einhaltung der Kündigungsfrist durchgesetzt werden.

Häufig kommt es vor, dass die Lohnkürzung umstritten ist, der Arbeitgeber aber einfach eines Tages weniger Lohn bezahlt. Wer damit nicht einverstanden ist, darf nicht zu lange zuwarten: Das Zürcher Obergericht hat nämlich schon entschieden, dass ein Angestellter, der dreimal den reduzierten Lohn entgegennimmt, ohne – in beweiskräftiger Form – zu protestieren, mit der Lohnkürzung «stillschweigend» einverstanden sei. Andere Gerichte sind zwar zurückhaltender bei der Annahme solcher «stillschweigender Vertragsänderungen». Um sicherzugehen, muss man aber gegen einseitige Änderungen der Vertragsbedingungen sofort Einspruch erheben.

Die obligatorischen Sozialabgaben

Arbeitgeber sind verpflichtet, den Arbeitnehmeranteil für die Sozialversicherungen regelmässig vom Lohn abzuziehen. Beiträge an AHV, IV, Erwerbsersatz (EO), Pensionskasse und Arbeitslosenversicherung müssen von Arbeitnehmern und Arbeitgebern grundsätzlich je zur Hälfte entrichtet werden.

Wer mindestens 21 530 Franken im Jahr verdient (Stand 2021), muss einer Pensionskasse beitreten. Beträgt der Lohn zwischen 21 530 und 25 095 Franken, so ist der fixe Betrag von 3555 Franken zu versichern. Ab der Schwelle von 25 095 Franken sind die Pensionskassenbeiträge auf dem sogenannten «koordinierten Lohn» zu bezahlen. Den Betrag des koordinierten Lohns erhält man, indem man vom Bruttojahreslohn 25 095 Franken abzieht.

Wer mehr als 86 040 Franken verdient, muss den 86 040 Franken übersteigenden Lohnbestandteil nicht mehr obligatorisch versichern (alle Zahlen Stand 2021). Dies sind die gesetzlichen Minimalvorschriften. Viele Arbeitnehmer haben eine Pensionskasse, die höhere Leistungen verspricht als das gesetzliche Minimum – und entsprechend mehr Prämien kostet. Die Pensionskassenbeiträge sind von Kasse zu Kasse unterschiedlich, je nach versicherten Leistungen und Qualität der Pensionskasse.

Das Gesetz legt die Höhe der Beiträge nicht fest. Gesetzlich bestimmt sind nur die Minimalleistungen der Pensionskasse bei Alter, Tod und Invalidität. Die Reglemente der einzelnen Pensionskassen unterscheiden sich in vielen Belangen. Wenn Finanzierungslücken zu schliessen sind oder wenn die Pensionskasse vermehrt für Invaliditätsfälle aufzukommen hat, werden die Beiträge erhöht. Die BVG-Revision führte dazu, dass nunmehr auch kleinere Einkommen obligatorisch zu versichern sind. Die daraus resultierenden Renten werden häufig minimal sein, was den hohen finanziellen und administrativen Aufwand kaum rechtfertigt.

Einkommen über dem obligatorischen Höchstsatz von 86 040 Franken können von den Unternehmen freiwillig versichert werden.

Die Pflicht, einer Pensionskasse beizutreten, beginnt gleich mit dem Beginn des Arbeitsverhältnisses. Eine Ausnahme von der Versicherungspflicht besteht lediglich für befristete Arbeitsverhältnisse bis zu drei Monaten.

Wer zwar mehr als 21 530 Franken verdient, dies aber in mehreren Teilzeitstellen, kann sich ebenfalls bei der Pensionskasse seines Arbeitgebers versichern lassen, sofern deren Reglement es zulässt – andernfalls bei der Auffangeinrichtung. Wer bereits versichert ist, weil er beim ersten Arbeitgeber 25 095 Franken verdient, kann sich in gleicher Weise für den Mehrverdienst bei einem zweiten Arbeitgeber versichern.

Leider kommt es vor, dass sich Arbeitgeber trotz des Obligatoriums keiner Pensionskasse anschliessen und dennoch die Prämien vom Lohn abziehen. Wo ein solcher Verdacht vorliegt, empfiehlt sich eine Kontrolle, ob die Beiträge wirklich an die Pensionskasse bezahlt werden. Wenn nicht, ist es vielleicht besser, über einen schnellen Ausstieg bei diesem Ar-

beitgeber nachzudenken. Es gibt auch einen anderen, allerdings komplizierten Weg: Man kann über die AHV-Ausgleichskasse den Zwangsanschluss dieses Arbeitgebers bei einer Pensionskasse – meistens der Auffangeinrichtung – erwirken.

Arbeitslose sind obligatorisch für die Risiken Invalidität und Tod versichert. Eine obligatorische Altersvorsorge bei einer Pensionskasse besteht in diesem Fall nicht. Alles über die Kosten und Leistungen der Pensionskassen finden Sie im «Saldo»-Ratgeber **Die drei Säulen: Gut vorsorgen** (zu bestellen auf www.saldo.ch).

Die Abzüge für die obligatorische Unfallversicherung sind wie folgt geregelt: Gemäss Gesetz müssen die Arbeitgeber die Prämien für Berufsunfälle im Alleingang aufbringen. Dagegen gehen die Prämien für Freizeitunfälle allein zulasten der Arbeitnehmer.

Versichert ist der Lohn bis zu einem Höchstbetrag von 148 200 Franken (Stand 2021). Bei einem Unfall, der zu Arbeitsunfähigkeit führt, besteht ein Anspruch auf 80 Prozent des Lohns. Wer eine höhere Summe versichern will, muss seinen Arbeitgeber dazu bewegen, eine UVG-Zusatzversicherung abzuschliessen, oder er muss sich privat versichern. Achtung: Wer nicht mindestens acht Stunden pro Woche beim gleichen Arbeitgeber beschäftigt ist, ist nur für Berufsunfälle, jedoch nicht für Nichtberufsunfälle versichert.

Freiwillig ist eine Krankentaggeldversicherung. In den meisten

Naturallohn und Verpflegungsabzug

Der Naturallohn ist vor allem im Gastgewerbe und in der Landwirtschaft üblich. Arbeitnehmerinnen und Arbeitnehmer beziehen weniger Grundlohn, werden aber gleichzeitig vom Arbeitgeber verpflegt und untergebracht. Haben Arbeitnehmer triftige Gründe, «Kost und Logis» nicht in Anspruch zu nehmen, muss sie der Arbeitgeber entsprechend höher bezahlen.

Meistens wird jedoch kein Naturallohn entrichtet, sondern ein Abzug für die Verpflegung ausgewiesen. Fehlt eine klare Abmachung, wird die Höhe der Ansätze meist nach AHV-Normen berechnet. Zurzeit werden 33 Franken pro Tag für «Kost und Logis» berechnet (Stand 2019).

Das Bundesgericht hat entschieden, dass der Arbeitgeber einen solchen Abzug nur machen darf, wenn die betreffende Arbeitnehmerin die Mahlzeiten auch tatsächlich im Betrieb einnimmt. Dies gilt selbst dann, wenn im Vertrag das Gegenteil abgemacht worden ist. Der Grund dafür: Eine Vereinbarung, wonach ein Teil des Geldlohns für den Bezug von Waren und Dienstleistungen des Arbeitgebers verwendet werden muss, ist verboten.

Fällen werden die Prämien von Arbeitgebern und Arbeitnehmern hälftig bezahlt. Ein Betrieb ohne solche Versicherung muss den Lohn bei Krankheit einige Wochen – je nach Anzahl Dienstjahren – selbst bezahlen.

Gemäss dem Gesetz über die Familienzulagen besteht gesamtschweizerisch ein Anspruch auf eine Kinderzulage von mindestens 200 Franken pro Kind und Monat sowie auf eine Ausbildungszulage von monatlich mindestens 250 Franken.

Die Kantone können über diesen eidgenössischen Minimalstandard hinausgehen. Die Kinderzulage wird in der Regel bis zum vollendeten 16. Altersjahr ausgezahlt, die Ausbildungszulage bis zum vollendeten 25. Altersjahr. Vorausgesetzt natürlich, dass sich das Kind tatsächlich noch in Ausbildung befindet. Anspruchsberechtigt sind auch Stief- und Pflegekinder. Bei Kindern, die im Ausland wohnen, richtet sich die Höhe der Kinderzulagen nach der Kaufkraft des Wohnsitzstaats.

Auch wer in einem Teilpensum erwerbstätig ist, hat Anspruch auf volle Familienzulagen, sofern der jährliche Verdienst mindestens 7170 Franken beträgt (Stand 2021). Selbst Nichterwerbstätige haben das Recht auf Familienzulagen, wenn ihr steuerbares Einkommen gering ist und sie keine Ergänzungsleistungen beziehen. Die Kantone können zusätzlich Geburts- und Adoptionszulagen vorsehen.

Traditionellerweise werden die Beiträge an die Familienausgleichskassen allein von den Arbeitge-

49

bern bezahlt. Das Familienzulagengesetz gestattet es jedoch den einzelnen Kantonen, auch die Angestellten an der Finanzierung zu beteiligen.

13. Monatslohn statt Gratifikation

Der 13. Monatslohn ist fester Lohnbestandteil, eine Gratifikation aber nicht. Wird eine Stelle im Lauf des Jahres aufgegeben, muss der 13. Monatslohn deshalb anteilig ausbezahlt werden. Eine Gratifikation dagegen ist nichts weiter als eine freiwillige Sonderleistung des Arbeitgebers. Sie könnte jedoch zum Lohnbestandteil werden, wenn ein Unternehmen die Sondervergütung regelmässig während mehrerer Jahre ohne jeden Vorbehalt und in gleicher Höhe bezahlt hat. Dann könnte von einer «stillschweigenden Vertragsabrede» ausgegangen werden.

Die Höhe einer Gratifikation ist in der Regel abhängig vom Geschäftsgang oder dem guten Willen des Arbeitgebers. Er kann je nach Ausgestaltung der Gratifikationsklausel im Arbeitsvertrag ziemlich frei bestimmen, ob er eine Gratifikation auszahlen will – und allenfalls in welcher Höhe. Deshalb sollte unbedingt bei Vertragsabschluss darauf geachtet werden, dass im Vertrag nicht von einer Gratifikation, sondern von einem 13. Monatslohn die Rede ist.

Es ist zulässig, die Auszahlung der Gratifikation von Bedingungen abhängig zu machen. Oft heisst es in Arbeitsverträgen, dass die Gratifikation nur geschuldet ist, wenn sich der Arbeitnehmer am Jahresende in einem ungekündigten Arbeitsverhältnis befindet. In diesem Fall besteht kein Anspruch auf eine anteilige Auszahlung der Gratifikation bei Austritt im Lauf des Kalenderjahrs. Heisst es im Vertrag jedoch, dass der Anspruch auf die Gratifikation entfällt, wenn das Arbeitsverhältnis vor Ende des Jahres endet, bleibt das Recht auf die Gratifikation bestehen, wenn das Arbeitsverhältnis zwar vor dem Jahresende gekündigt wird, aber die Kündigungsfrist erst im neuen Jahr zu Ende geht.

Ab und zu ist unklar, ob der Arbeitsvertrag eine Gratifikation oder einen 13. Monatslohn meint. So wurde etwa in einem Arbeitsvertrag die Formulierung «Gratifikation: ein 13. Monatslohn» verwendet. Das Zürcher Arbeitsgericht entschied, dass dabei von einem 13. Monatslohn auszugehen ist, da die Höhe der Gratifikation bestimmt war und dies gegen eine freiwillige Sondervergütung spricht.

Der Bonus ist von Leistung und Geschäftsgang abhängig

Immer mehr Unternehmen teilen das Salär in einen fixen und einen variablen Bestandteil auf. Das gilt besonders für Kaderangestellte. Damit können die Lohnkosten vom Geschäftsergebnis abhängig gemacht werden. Läuft das Geschäft gut, profitieren die Angestellten. Läuft es schlecht, sinken auch die Lohnkosten. Für Arbeitnehmer kann dies nachteilig sein: Sie wissen während des Jahres nicht, wie hoch ihr Lohn am Ende sein wird.

Bei sehr gut Verdienenden, für die der Bonus nur ein «Zugeld» ist, mag das nicht schlimm sein. Weniger gut Entlöhnte jedoch, die das Verdiente für den Lebensunterhalt ausgeben müssen, sollten schon am Anfang des Jahres eine mehr oder weniger genaue Vorstellung über die Höhe ihres Einkommens haben.

Trotz der grossen Verbreitung existiert der Begriff «Bonus» im Obligationenrecht nicht. Je nach Arbeitsvertrag können sich die Bonusregelungen stark unterscheiden. Meistens wird der Bonus vom Geschäftsgang und der persönlichen Leistung der Mitarbeiter abhängig gemacht.

Es gibt vertragliche Klauseln, bei denen die Bonuszahlung ins freie Ermessen des Unternehmens gestellt wird. Dann besteht kein einklagbarer Anspruch der Mitarbeiter. In anderen Verträgen wird der Bonus ganz oder teilweise nach sachlich nachvollziehbaren Kriterien bestimmt – zum Beispiel Unternehmensgewinn, Erfolg der eigenen Abteilung, Bewertung in der Mitarbeiterqualifikation usw. Laut einem Bundesgerichtsurteil handelt es sich immer dann um einen variablen Lohnbestandteil, wenn die Vergütung für den Fall verbindlich vereinbart wurde, dass bestimmte Ziele erreicht werden. Trifft dies zu, ist die Zahlung des Bonus nicht mehr reine Ermessenssache des Arbeitgebers.

Für die Arbeitnehmer ist es vorteilhaft, eine möglichst klare und nachvollziehbare Bonusregelung im Vertrag zu haben, damit nicht am Ende des Jahres die Willkür des Arbeitgebers entscheidet.

Nicht selten gibt es nach einer Kündigung Streit über den Bonus. Einige Beispiele:

■ Das Zürcher Arbeitsgericht verweigerte einem Bankvizedirektor den Bonusanteil, weil dieser während des Jahres gekündigt hatte. Im Vertrag dieses Vizedirektors stand, dass kein Anspruch auf den Bonus bestehe, wenn der Arbeitnehmer im Zeitpunkt der Auszahlung in einem gekündigten Arbeitsverhältnis stehe. Das Arbeitsgericht stufte den Bonus rechtlich nicht als Lohnbestandteil, sondern als eine Form von Gratifikation ein. Der Mann hätte nur eine Chance auf den Bonus gehabt, wenn er nachgwiesen hätte, dass im Betrieb üblicherweise trotz gekündigtem Arbeitsverhältnis ein Bonus ausbezahlt wurde. Das Arbeitsgericht musste sich in diesem Fall nicht mit der Frage auseinandersetzen, ob der Bonus auch dann nicht geschuldet wäre, wenn das Unternehmen gekündigt hätte, vielleicht sogar aus wenig stichhaltigen Gründen.

■ In einem anderen Fall billigte das Bundesgericht einem Manager den Anspruch auf Mitarbeiteroptionen zu, obwohl dieser von der Bedingung abhängig war, dass das Arbeitsverhältnis zum Fälligkeitszeitpunkt fortbestehe, was nicht der Fall war. Grund: Das Arbeitsverhältnis des Managers war vom Betrieb missbräuchlich gekündigt worden.

■ Das Bundesgericht entschied, dass es nicht zulässig ist, im Arbeitsvertrag einen kleinen Lohn und eine grosse Gratifikation festzulegen. Die Gratifikation sei eine freiwillige Entschädigung, der Arbeitsvertrag aber definitionsgemäss entgeltlich. Dass der grösste Teil der Abgeltung der Arbeitsleistung ins Ermessen des Arbeitgebers gelegt werde, vertrage sich nicht mit dem Charakter des Arbeitsvertrags. Die vermeintlich freiwillige Gratifikation wird in einem solchen Fall – zumindest teilweise – zum verbindlichen Lohn. Eine feste Grenze zog das Bundesgericht nicht. Es hielt fest, dass bei einem niedrigen Einkommen schon ein kleiner Einkommensunterschied sehr viel mehr Bedeutung habe. Bei einem hohen Einkommen könne der als Gratifikation ausgerichtete Teil der Leistung prozentual grösser sein. Überdies komme es auf die Regelmässigkeit an: Bei einer einmaligen Zusatzvergütung werde der Charakter als Gratifikation gewahrt, auch wenn sie im Verhältnis zum Lohn sehr hoch sei. Im erwähnten Urteil hatte das Bundesgericht gegen eine Gratifikation von 30 000 Franken bei einem Lohn von 130 000 Franken nichts einzuwenden.

In den vergangenen Jahren beschränkte das Bundesgericht diese Rechtsprechung auf «normale» Löhne. Bei sehr hohen Gesamteinkommen dagegen ist die Höhe der Gratifikation im Verhältnis zum Lohn kein entscheidendes Kriterium mehr. Als sehr hohen Lohn betrachtet das Bundesgericht ein Salär, das den fünffachen Durchschnittslohn in der Schweiz übersteigt.

■ Einem anderen Arbeitgeber nützte es nichts, dass er den Vorbehalt anbrachte, der Bonus werde freiwillig bezahlt. Das Bundesgericht betrachtete den Bonus trotzdem als Lohnbestandteil und nicht als Gratifikation, weil er in der Vergangenheit regelmässig ausbezahlt worden war und der Arbeitnehmer die vorgegebenen Ziele erreicht hatte. Der Bonus wurde allerdings wegen des schlechteren Geschäftsgangs reduziert, und zwar im gleichen Ausmass wie bei anderen Mitarbeitern.

■ Oft wird der Bonus nicht in bar, sondern in Mitarbeiteraktien oder Optionen geleistet – zumindest teilweise. Fast immer ist eine Sperrfrist damit verbunden, während der die Wertpapiere nicht verkauft werden dürfen. Bei steigenden Aktienkursen ist dies ein gutes Geschäft, bei tauchenden Börsen schmilzt der Bonus wie Schnee im Frühling. Eine Angestellte, die sich gegen eine vertragliche Sperrklausel wehrte, blitzte vor Bundesgericht ab. Die Vertragsklausel besagte, dass das Recht auf Aktien verliere, wer nach Ablauf der Sperrfrist von drei Jahren nicht mehr im Unternehmen tätig ist. Die Angestellte hatte vor Ablauf der Sperrfrist gekündigt.

Ein besonderes Problem sind dabei die Steuern. Die Finanzwelt hat in den guten Börsenjahren durchgesetzt, dass die Besteuerung aufgrund des Werts im Zeitpunkt des Bezugs und nicht des Verkaufs vorgenommen wird. Bei sinkenden Börsenkursen wirkt sich dies verheerend aus, indem ein nicht vorhandenes Einkommen versteuert werden muss. Gemäss dem Bundesgesetz über die Besteuerung von Mitarbeiterbeteiligungen werden Mitarbeiterbeteiligungen mit Sperrfristen weiterhin im Zeitpunkt des Erwerbs besteuert. Der Sperrfrist wird mit einem Abzug von 6 Prozent pro Jahr Rechnung getragen. Optionen sind dagegen ohne Abzug im Zeitpunkt der Ausübung zu versteuern.

Vereinbarungen über eine Gewinnbeteiligung

Ist in einem Vertrag neben einem Grundlohn eine Gewinnbeteiligung vorgesehen, müssen Arbeitnehmer die Gewinn-und-Verlust-Rechnung des Unternehmens einsehen können. Die Auszahlung des Betrags ist spätestens sechs Monate nach Abschluss des Geschäftsjahres fällig.

Gewinnbeteiligungen können als fixe Prämie beim Erreichen eines bestimmten Betriebsergebnisses vereinbart oder als bestimmter Prozentsatz des Reingewinns ausgeschüttet werden. Gemessen werden kann die Gewinnbeteiligung je nach Vereinbarung am Ergebnis der Gesamtunternehmung oder auch nur des Profitcenters, bei dem der Lohnempfänger beschäftigt ist. Anstelle einer Barauszahlung kann die Übergabe von Aktien oder Partizipationsscheinen verabredet werden.

Wer sich auf eine Gewinnbeteiligung einlässt, sollte sich darüber im Klaren sein, nach welchen Kri-

terien der Geschäftsgewinn definiert wird (etwa nach Steuern und Abschreibungen oder vorher). Häufig wird nicht auf den Gewinn, sondern auf den Cashflow abgestellt. Auch der Cashflow ist vertraglich genauer zu umschreiben.

Pech hat allerdings, wer monatlich mit dem Lohn Akontozahlungen für eine Gewinnbeteiligung bezieht, wenn sich am Ende herausstellt, dass kein Gewinn erzielt wurde. In diesem Fall kann der Arbeitgeber die Rückzahlung fordern.

Provision als Lohnbestandteil

Häufig kommen auch Provisionen als Lohnbestandteil vor. Bei ihnen kommt es in der Regel nicht auf das Gesamtergebnis des Unternehmens an, sondern auf den individuellen Erfolg des Arbeitnehmers. Massgebend ist der vom Arbeitnehmer erzielte Umsatz. Es gibt mehrere Spielarten wie Abschlussprovision, Vermittlungsprovision, Gebietsprovision. Bei Letzterer ist die Provision bei jedem Abschluss innerhalb des vertraglich definierten Gebiets geschuldet, egal ob das Geschäft wegen des betreffenden Arbeitnehmers oder sonstwie zustande kam. Der Arbeitgeber kann aber selber entscheiden, ob er das Geschäft abschliessen will. Nur wenn er wider Treu und Glauben den Abschluss verhindert, schuldet er dem Arbeitnehmer die Provision, auch wenn das Geschäft nicht zustande kommt.

Stellt sich nachträglich heraus, dass der Kunde nicht zahlt – zum Beispiel, weil er Konkurs ging –, muss der Arbeitnehmer die Provision zurückerstatten. Der Arbeitgeber muss aber zuvor alles Notwendige unternommen haben, um die Forderung gegenüber dem Kunden einzutreiben.

Im Normalfall muss der Arbeitgeber monatlich eine Abrechnung erstellen, aus der die zur Provision berechtigenden Geschäfte genau ersichtlich sind. Diese Zusammenstellung sollte bei Erhalt überprüft werden. Der Arbeitgeber ist auch verpflichtet, dem Arbeitnehmer Einsicht in die Belege zu gewähren, damit dieser die Richtigkeit der Abrechnung überprüfen kann. Weigert sich der Arbeitgeber, kann vom Gericht die Einsetzung eines Sachverständigen verlangt werden. Der Arbeitnehmer muss die Abrechnungen überprüfen und dem Arbeitgeber innert nützlicher Frist mitteilen, falls er nicht einverstanden ist. Aus seinem Stillschweigen kann allenfalls geschlossen werden, dass er die Abrechnung genehmigt hat.

Bei Aussendienstmitarbeitern gilt noch Folgendes: Wird das Arbeitsverhältnis beendet, haben sie Anrecht auf die Provisionen für alle von ihnen vermittelten Bestellungen, die bis zum Ende des Arbeitsverhältnisses eingehen. Es kommt dabei nicht auf den Zeitpunkt der Ausführung der Bestellung an. Der Arbeitgeber soll sich nämlich nicht durch eine verzögerte Ausführung der Bestellung ungerechtfertigte Vorteile verschaffen können.

In einem Arbeitsvertrag kann verabredet werden, dass das Gehalt allein auf der Basis einer Gewinnbeteiligung oder einer Provision berechnet wird. Wenn damit der Arbeitseinsatz aber unangemessen tief bezahlt wird, sollte diese Übereinkunft vom Gericht für ungültig erklärt werden. Denn ein Arbeitgeber darf das unternehmerische Risiko nicht einfach an die Arbeitnehmer delegieren.

Besonders geschützt sind in diesem Fall die sogenannten «Handelsreisenden», also die Aussendienstler mit einer Reisetätigkeit von 50 oder mehr Prozent. Das Gesetz lässt eine reine Provisionsentlöhnung nur zu, wenn Handelsreisende damit für ihren Einsatz «angemessen» bezahlt werden. Allerdings lässt die Formulierung «angemessen» viel Raum für Interpretationen.

Diese Schutzbestimmung bezweckt laut Bundesgericht nicht, dem Handelsreisenden unbesehen seiner Leistung ein Mindesteinkommen zu verschaffen. Im beurteilten Fall musste sich der Aussendienstmitarbeiter einer Versicherung mit einem Lohn von 3600 Franken pro Monat zufriedengeben, weil ein höherer Lohn angesichts des ungenügenden Verkaufserfolgs nicht gerechtfertigt war. Der Spielraum für Missbrauch wird verringert, wenn klare Beträge festgehalten werden. Aussendienstler, die Vorschüsse auf ihre Provisionen beziehen, müssen diese zurückzahlen, wenn sich später herausstellt, dass der Provisionsanspruch niedriger ist als die Vorschüsse.

Vereinbarungen über einen Akkordlohn

Der Akkordlohn ist eine Form des Leistungslohns. Bezahlt wird nicht die Arbeitszeit, sondern die Arbeitsmenge. Arbeitet ein Arbeitnehmer ausschliesslich im Akkord, ist der Arbeitgeber verpflichtet, ihn ausreichend zu beschäftigen. Ist das nicht möglich, muss er ihm eine andere Arbeit zuweisen, die im Zeitlohn entschädigt wird. Haben Arbeitgeber und Arbeitnehmer keine anders lautenden Vereinbarungen getroffen, ist für diese Zwischenzeit der durchschnittlich bezahlte Akkordlohn zu entrichten.

Fringe-Benefits des Arbeitgebers

Unter Fringe-Benefits versteht man Lohnnebenleistungen aller Art. Darunter fallen zum Beispiel die Erlaubnis, ein Handy oder das Geschäftsauto auch privat zu nutzen, verbilligte Bahnabonnements, ein Gratisparkplatz, verbilligte oder unentgeltliche Produkte und Dienstleistungen des Arbeitgebers wie tiefere Hypothekarzinsen, unentgeltliche Kinderkrippen, Gratiseintritt in Sportanlagen usw. Solche Lohnnebenleistungen sind auch geschuldet, wenn das Arbeitsverhältnis gekündigt und der Arbeitnehmer freigestellt wird. Wenn im Arbeitsvertrag nichts anderes steht, darf ein freigestellter Arbeitnehmer das Geschäftsauto bis zum letzten Tag des Arbeitsverhältnisses privat nutzen, wenn dies schon vor der Freistellung erlaubt war.

Regeln bei der Arbeit auf Abruf

Immer häufiger tauchen Verträge ohne bestimmte Arbeitsdauer und deshalb ohne bestimmbaren Lohn auf – sogenannte Verträge auf Abruf. Hier stellt sich die Frage, ob und wie solche einseitige Abrufbereitschaft entschädigt werden muss.

Einige Gerichte haben erkannt, dass solche nur die Arbeitgeberinteressen berücksichtigenden Verträge den Schutz des Rechts nicht verdienen. Einige Arbeitsrechtler stellen in Frage, ob Verträge, bei denen der Arbeitgeber die Arbeitszeit einseitig festlegen kann, überhaupt gesetzeskonform sind. Und auch in der Gerichtspraxis tut sich etwas: Vor einiger Zeit verurteilte das Arbeitsgericht

Interlaken-Oberhasli BE die Firma Denner zur Bezahlung einer Entschädigung für Bereitschaftsdienst. Denner hatte den Teilzeitvertrag einer Arbeitnehmerin in einen Abrufvertrag umgewandelt, ihr aber gleichzeitig versprochen, die Beschäftigung im bisherigen Umfang beizubehalten. Dieses Versprechen wurde jedoch nicht eingehalten. Deshalb sprach das Gericht der Frau 25 Prozent der Differenz zwischen altem und neuem Lohn als Entschädigung zu.

Das Bundesgericht stellte sich in einem Urteil vom 6. Mai 1998 auf den Standpunkt, dass die Arbeit auf Abruf zwar nicht grundsätzlich gesetzwidrig sei. Es müsse aber geprüft werden, ob die Zeit, in welcher der Arbeitnehmer sich für allfällige Arbeitseinsätze bereithalten muss, zu entschädigen sei. Das Bundesgericht kam zum Schluss, dass auch ausserhalb des Betriebs geleisteter Bereitschaftsdienst als entgeltliche Arbeit zu betrachten und zu bezahlen sei. Der Bereitschaftsdienst müsse aber nicht gleich hoch entlöhnt werden wie die Haupttätigkeit, weil der Arbeitgeber ein geringeres Interesse daran habe und weil die Bereitschaftszeit auch für arbeitsfremde Verrichtungen genutzt werden könne. Über die Höhe der Entschädigung sprach sich das Bundesgericht jedoch nicht aus.

In einem Urteil aus dem Jahr 2017 bekräftigte das Bundesgericht die Entschädigungspflicht für geleisteten Bereitschaftsdienst. Es komme nicht darauf an, ob auf-grund des Bereitschaftsdiensts nur eine geringe Beschränkung der freien Zeitgestaltung entstehe. Allerdings ergeben sich auch aus diesem Urteil keine Hinweise auf die Art und Weise, wie diese Entschädigung zu berechnen ist. Und die Entschädigungspflicht gilt nur bei sogenannter echter Arbeit auf Abruf, das heisst, wenn eine vertragliche Verpflichtung des Arbeitnehmers besteht, einem Aufgebot des Arbeitgebers Folge zu leisten.

Lohngleichheit bei gleicher Arbeit

Bereits im Jahr 1981 wurde das Recht auf Lohngleichheit für Mann und Frau in die Verfassung aufgenommen. Haben Frauen das Gefühl, schlechter bezahlt zu werden als ihre männlichen Kollegen, die gleichwertige Arbeit verrichten, können sie die Lohndifferenz vor Gericht einklagen.

Aufsehen erregte die Klage, die sechs Zürcher Krankenschwestern im Oktober 1990 eingereicht haben: Sie machten – gegenüber vergleichbaren Männerberufen – Lohndiskriminierung geltend. Der Prozess zog sich über Jahre hin und wurde zu ihren Gunsten entschieden. Die Besoldungs- und Beförderungsordnung des Kantons musste abgeändert, die Krankenschwestern um zwei Lohnklassen höher besoldet werden.

Die Vorreiterrolle der Krankenschwestern zahlte sich aus. Im Jahr 1993 sorgte das Appellationsgericht des Kantons Basel-Stadt nach einer Klage dafür, dass Kindergärtnerinnen und Hauswirtschaftslehrerinnen um zwei Lohnstufen höher bewertet wurden. Eine Expertise hatte Diskriminierung gegenüber Kollegen ausgemacht.

Arbeitgeber, die heute gleichwertige Arbeit wegen des Geschlechts der Arbeitnehmer tiefer entlöhnen, verstossen gegen das Gleichstellungsgesetz. Erlaubt sind Lohndifferenzen wegen unterschiedlicher Ausbildung, Erfahrung, Verantwortung usw. Im Einzelfall ist es oft nicht ganz einfach, eine Diskriminierung nachzuweisen, weil häufig ganze Berufsgruppen miteinander verglichen werden müssen. Die Vergleichbarkeit «weiblicher» mit «männlichen» Berufen muss sorgfältig eruiert werden. Eine Diskriminierung kann auch vorliegen, wenn vorwiegend weibliche Teil-

STICHWORT

Lohngleichheit: Arbeitsmarktlage nur begrenzt zu berücksichtigen

In letzter Zeit ist die Frage umstritten, ob die Arbeitsmarktlage bei Lohndifferenzen ein zu berücksichtigender Faktor sein darf. Arbeitgeber argumentieren, dass sie einen besser entlöhnten Mann anstellen mussten, weil keine anderen Kandidatinnen und Kandidaten für den Job zur Verfügung standen.

Das Bundesgericht erachtete marktbedingte Lohnunterschiede als grundsätzlich zulässig, allerdings nur unter einschränkenden Voraussetzungen. Insbesondere muss das Unternehmen innert angemessener Zeit eine Überprüfung der Lohnstruktur vornehmen und die sachlich an sich nicht begründeten Differenzen beseitigen. Die Arbeitsmarktlage kann somit Lohnunterschiede nur begrenzt und nur vorübergehend rechtfertigen.

Wörtlich fügte das Bundesgericht bei: «Lohnunterschiede aufgrund unterschiedlicher Verhandlungsmacht sind – wie solche aufgrund von Konjunkturschwankungen – im Rahmen der periodischen Bereinigung der Lohnstruktur zu beseitigen, sobald dies möglich und zumutbar ist. Dabei gilt es mitzuberücksichtigen, dass im Hinblick auf das Betriebsklima und die Motivation der Mitarbeiter und Mitarbeiterinnen eine möglichst rasche Wiederherstellung der Lohngleichheit auch im wohlverstandenen Interesse des Unternehmens selbst liegt. Dieses muss daran interessiert sein zu verhindern, dass ungerechtfertigte Lohndifferenzen das Betriebsklima vergiften, Leistungsabfälle verursachen und Personalwechsel mit Leistungseinbussen während der Kündigungs- und Einarbeitungszeiten auslösen. Eine auf Dauer angelegte lohnmässige Ungleichbehandlung zwischen Arbeitskräften verschiedenen Geschlechts kann daher keinem wirklichen unternehmerischen Bedürfnis entsprechen.» (Bundesgerichtsurteil vom 14.9.1999) zeitangestellte pro Zeiteinheit weniger verdienen als Vollzeitbeschäftigte.

Lange Zeit waren es vor allem Frauen in staatlichen Arbeitsverhältnissen, die mit Lohnklagen wegen Geschlechtsdiskriminierung Erfolg hatten. Ende 2003 erstritt sich aber eine Juristin, die bei einer grossen Finanzgesellschaft angestellt gewesen war, vor Bundesgericht eine Lohnnachzahlung von über 200 000 Franken. Das Bundesgericht warf der ehemaligen Arbeitgeberin der Juristin vor, ein diskriminierendes Lohnsystem angewendet zu haben. Es stützte sich dabei auf eine Expertise von Professor Yves Flückiger von der Uni Genf. Flückiger hatte eine Methode entwickelt, mit der die Einhaltung der Lohngleichheit in Unternehmen von mindestens 30 bis 50 Mitarbeitern überprüft werden kann. Diese Methode wird auch vom Bund und im Beschaffungswesen angewandt.

Etwas komfortabler wird die Position der Frauen durch die Umkehr der Beweislast, die das Gleichstellungsgesetz vorsieht. Musste früher eine Klägerin nachweisen, dass ihr Arbeitgeber bei vergleichbaren Jobs Männern mehr zahlte, muss sie heute nur noch belegen, dass mit hoher Wahrscheinlichkeit von einer Diskriminierung ausgegangen werden kann. Ein beklagter Arbeitgeber muss dann objektive Gründe für die unterschiedliche Entlöhnung vor Gericht vorbringen können.

Das Gleichstellungsgesetz sorgt weiter dafür, dass sich diskriminierte Arbeitnehmerinnen nicht unbedingt in Einzelverfahren exponieren müssen. Es räumt allen Frauenorganisationen, Gewerkschaften sowie Verbänden das Recht ein, kollektiv zu klagen, ohne die eigentlichen Betroffenen zu nennen. Dieses Vorgehen funktioniert, wenn der Ausgang des Verfahrens voraussichtlich Breitenwirkung zeitigt und für viele Arbeitnehmerinnen Auswirkungen hat.

Klagende Arbeitnehmerinnen und Arbeitnehmer geniessen einen bestimmten Kündigungsschutz: Wer eine innerbetriebliche Beschwerde, ein Gerichts- oder Schlichtungsverfahren laufen hat, dem darf während der Auseinandersetzung und sechs Monate danach nicht gekündigt werden.

Gibt es ein allgemeines Gleichbehandlungsgebot?

Paradoxerweise lautet die Antwort auf diese Frage «nein». Verboten ist nur die Diskriminierung aufgrund des Geschlechts. Sonst aber ist es dem Arbeitgeber erlaubt, seine Arbeitnehmer ungleich zu behandeln. Dies, obwohl auch eine willkürliche Bevorzugung von Frauen gegenüber anderen Frauen oder Männern gegenüber anderen Männern das Betriebsklima vergiften kann.

Die Gesetzgebung hat indessen nur die Geschlechtsdiskriminierung verboten. Ausserhalb der Gleichbehandlung der Geschlechter gilt die Vertragsfreiheit mehr als das verfassungsmässige Gleichheitsgebot. Rein rechtlich gesehen wird sich ein Arbeitnehmer deshalb nicht beschweren können, dass Kollegen einer anderen Abteilung, die schlechter qualifiziert sind und erst noch weniger leisten, ein höheres Salär beziehen. Dieses rechtliche Argument schliesst natürlich nicht aus, dass ein sich benachteiligt fühlender Arbeitnehmer das Gespräch mit dem Chef sucht. Dass eine willkürliche Lohnstruktur «keinem wirklichen unternehmerischen Bedürfnis entspricht», wie es das Bundesgericht ausdrückte, kann wohl als allgemeiner Grundsatz gelten, der nicht nur bei der Geschlechtsdiskriminierung seine Richtigkeit hat.

Eine eingeschränkte Bedeutung hat das allgemeine Gleichbehandlungsgebot dennoch: Im Bereich Zulagen, Gratifikationen, Abgangsentschädigungen, Sozialplanleistungen und dergleichen darf der Arbeitgeber nicht willkürlich einzelne Arbeitnehmer benachteiligen. Richtet er allen Arbeitnehmern eine Gratifikation aus, darf er sie nicht einem einzelnen verweigern, es sei denn, er habe dafür einen sachlichen Grund. Andernfalls würde man dies als Verstoss gegen das Persönlichkeitsrecht des Arbeitnehmers ansehen.

In einem weiteren Urteil hielt das Bundesgericht ausdrücklich fest, dass beliebige Differenzen zwischen den einzelnen Angestellten erlaubt seien. Wer mit dem Patron weniger gut zu verhandeln wisse als seine Kollegen, habe die daraus resultierenden schlechteren Arbeitsbedingungen hinzuneh-

men. Das Bundesgericht hatte nichts daran auszusetzen, dass eine Bank nur einigen wenigen Arbeitnehmern in gekündigter Stellung eine Gratifikation ausbezahlte. Dies sei keine Diskriminierung, sondern eine zulässige Begünstigung einzelner Arbeitnehmer.

Nicht erlaubt ist schliesslich die Diskriminierung von EU-Ausländern, weil dies im Personenfreizügigkeitsabkommen mit der EU ausdrücklich verboten wurde.

Lohnrückbehalte nur beschränkt möglich

Ein Arbeitgeber darf nicht nach Lust und Laune Teile des Gehalts Ende Monat zurückbehalten. Wenn zum Beispiel ein Vertreter auf seiner Lohnabrechnung einen saftigen Abzug unter dem Titel «Rückbehalt» findet, kann sein Arbeitgeber diesen Abzug nicht damit begründen, dass der Vertreter bei seinen Kundenbesuchen Waren für mehrere Hundert Franken mit sich führe. Ein Abzug darf hier nur gemacht werden, wenn dies bei Vertragsabschluss schriftlich vereinbart worden oder branchenüblich ist. Aber selbst wenn ein Vertreter beträchtliche Werte bei sich hat, darf der vereinbarte Abzug 10 Prozent des Lohns nicht übersteigen.

Auf einen sichergestellten Betrag zurückgreifen kann ein Arbeitgeber nur für Forderungen, die aus dem Arbeitsverhältnis resultieren. Hat ein Angestellter grob fahrlässig Schaden angerichtet, darf der Arbeitgeber diesen über die deponierte Summe verrechnen.

Der Arbeitgeber ist nicht berechtigt, einseitig den Lohn zu kürzen. Selbst wenn er der Meinung ist, sein Arbeitnehmer habe schlechte oder unbrauchbare Arbeit geleistet, muss er den vollen Lohn bezahlen. Einzig wenn der Arbeitnehmer einen nachweisbaren Schaden verursacht hat, kann der Arbeitgeber Schadenersatz als Gegenforderung geltend machen. Hat der Arbeitnehmer diesen Schaden jedoch absichtlich verursacht, ist die Verrechnung mit dem Lohn ohne Beschränkung möglich. Im schlimmsten Fall erhält dann der Arbeitnehmer überhaupt keinen Lohn. In allen übrigen Fällen aber können berechtigte Gegenforderungen des Arbeitgebers nur so weit mit dem Lohn verrechnet werden, als das Existenzminimum des Arbeitnehmers und seiner Familie gewahrt bleibt.

Auch wenn der Arbeitgeber keine Arbeit hat, zum Beispiel wegen einer Auftragsflaute oder wenn wegen eines Wasserschadens nicht gearbeitet werden kann, muss er den Arbeitnehmern den Lohn bezahlen. Er kann zwar auf die Arbeitsleistung verzichten, aber das ändert nichts an seiner Lohnzahlungspflicht. Solche Vorkommnisse fallen unter das Betriebsrisiko des Arbeitgebers.

Gehalt muss bis Ende Monat bezahlt sein

Wenn der Lohn am letzten Tag des Monats noch nicht auf dem Konto ist, hat der Arbeitgeber seine gesetzlichen Pflichten verletzt. Juristisch gesprochen ist er in «Verzug» geraten. Die Beschäftigten sollten sofort eine eingeschriebene Mahnung senden und eine kurze Frist zur Bezahlung setzen. Erfolgt dann immer noch keine Zahlung, gibt es zwei Möglichkeiten:

- Man schlägt ab dem Ersten des Monats 5 Prozent Verzugszinsen auf die ausstehende Summe und macht die Lohnforderung auf dem Betreibungsweg geltend (entsprechende Formulare sind bei den Betreibungsämtern zu beziehen).
- Man legt nach nochmaliger Mahnung die Arbeit nieder, bis der Lohn überwiesen wird.

Bezahlt ein Arbeitgeber das Gehalt regelmässig zu spät, ist das ein Grund für eine fristlose Auflösung des Arbeitsverhältnisses. Aber Vorsicht: Die Möglichkeit einer fristlosen Auflösung des Arbeitsverhältnisses ist nur gegeben, wenn der Arbeitnehmer dem Arbeitgeber vorher damit gedroht hat.

Ist ein Betrieb zahlungsunfähig, haben Angestellte das Recht, kurzfristig Sicherheiten zu verlangen. Kann der Arbeitgeber keine Sicherheiten bieten, darf der Arbeitnehmer den Arbeitsvertrag unverzüglich auflösen. Ein Konkurs ist an und für sich noch kein genügender Grund zur fristlosen Kündigung. Es könnte nämlich sein, dass die Konkursverwaltung den Betrieb weiterführt. Dies geschieht aber in der Praxis nur selten.

Insolvenzentschädigung bei Konkurs

Wird über den Arbeitgeber der Konkurs eröffnet, sind Lohnforderungen privilegiert. Das heisst: Sind noch Aktiven vorhanden, werden zuerst die Löhne daraus bezahlt. Wo aber überhaupt kein Geld mehr da ist, können auch erstrangige Lohnforderungen nicht mehr befriedigt werden.

In solchen Fällen kommt die Insolvenzentschädigung aus der Arbeitslosenversicherung zum Zug. Mit der Insolvenzentschädigung werden die letzten vier Monatslöhne des Arbeitsverhältnisses bis zu einem Maximalgehalt von 148 200 Franken im Jahr gedeckt (Stand 2021).

Unter die Insolvenzentschädigung fällt jedoch nur der Lohn vor Eröffnung eines Konkurses. Nicht gedeckt sind somit die Lohnforderungen für die Zeit nach der Konkurseröffnung, selbst wenn die Kündigungsfrist über das Konkursdatum hinaus läuft. Für diese Situation sind die normalen Arbeitslosentaggelder vorgesehen. Das bedeutet: Beschäftigte, über deren Betrieb der Konkurs eröffnet wurde, sollten sofort am nächsten Tag beim Arbeitsamt am Wohnort vorsprechen, damit ihnen keine Taggelder vorenthalten werden können. Nicht unter die Insolvenzentschädigung fallen auch andere als die eigentlichen Lohnforderungen, zum Beispiel Spesenentschädigungen.

Dem Konkurs gleichgestellt wird der Fall, dass der Konkurs nur deshalb nicht eröffnet wird, weil die finanzielle Situation des Arbeitgebers so katastrophal ist, dass kein Gläubiger mehr bereit ist, den Kostenvorschuss für die Konkurseröffnung zu leisten.

Tipp: Für die Insolvenzentschädigung zuständig ist immer die öffentliche Arbeitslosenkasse am Ort, wo die Firma ihren Sitz hat.

Wichtig auch: Der Anspruch auf Insolvenzentschädigung muss bis spätestens 60 Tage nach der Konkurseröffnung angemeldet werden, sonst verwirkt er. Ganz allgemein tut man gut daran, seine Lohnansprüche zügig durchzusetzen, wenn eine Pleite droht. Wer zu lange mit der Betreibung zuwartet, riskiert ebenfalls den Verlust seiner Rechte. Die Arbeitslosenkassen sprechen in solchen Fällen schnell davon, der Arbeitnehmer sei seiner Schadenminderungspflicht nicht nachgekommen, und verweigern die Leistungen.

Verjährung von Lohnforderungen

Lohnforderungen verjähren erst nach fünf Jahren. Daraus sollte man aber nicht den falschen Schluss ziehen, dass es gleichgültig ist, wie lange man mit der Durchsetzung einer Forderung zuwartet. Wer nämlich lange zuwartet, hat meistens viel grössere Beweisprobleme. Und: Wird das Gericht für eine lange zurückliegende Forderung bemüht, so wird sich dies nicht gerade als Bonus für den Arbeitnehmer auswirken.

5 Ferien und Feiertage
Geld statt Ferien nur in Ausnahmefällen

Alle Angestellten haben Anspruch auf mindestens vier Wochen bezahlte Ferien. Wer noch nicht zwanzig Jahre alt ist, sogar auf fünf Wochen. In den Genuss dieser gesetzlich verordneten Erholungszeiten kommen auch Teilzeitler und Aushilfen.

Viele Unternehmen gewähren Beschäftigten, die über 50 Jahre alt sind, fünf Wochen Ferien. Damit sind sie grosszügiger, als das Gesetz es vorschreibt. Das Gesetz mit seinem Minimalferienanspruch gilt nur, wenn nichts anderes abgemacht ist. Muss der Ferienanspruch pro Monat errechnet werden, ergeben sich 1,67 Tage bei 4 Wochen Ferien, 2,08 Tage bei 5 Wochen und 2,5 Tage bei 6 Wochen – vorausgesetzt, es wird in einer 5-Tage-Woche gearbeitet.

Der vertraglich vereinbarte oder im Gesetz festgelegte Ferienanspruch darf unter Umständen gekürzt werden. Dies dann, wenn jemand längere Zeit der Arbeit fernblieb – zum Beispiel wegen Krankheit, Unfall oder der Erfüllung gesetzlicher Pflichten. Ab dem zweiten vollen Monat der Absenz dürfen die jährlichen Ferien pro Monat um einen Zwölftel gekürzt werden. Das heisst aber auch: Beträgt die unverschuldete Verhinderung an der Arbeit weniger als zwei Monate pro Jahr, dürfen die Ferien nie gekürzt werden.

Die Ferien dürfen auch nicht gekürzt werden, wenn die Arbeitnehmerin wegen Schwangerschaft bis zu zwei Monate an der Arbeitsleistung verhindert ist. Hier darf die Kürzung um einen Zwölftel erfolgen, sobald die Verhinderung drei volle Monate erreicht hat. Keine Ferienkürzung ist zulässig, wenn Mütter ihren gesetzlichen Mutterschaftsurlaub von 14 Wochen beziehen.

Verbreitet ist der Irrtum, Teilzeitbeschäftigte hätten nur Anspruch auf reduzierte Ferien. Richtig ist: Auch wer nur in einem 50-Prozent-Pensum angestellt ist, hat Anspruch auf mindestens vier Wochen Ferien. Selbstverständlich ist der Lohn, der in den Ferien bezahlt wird, kleiner als bei einem Vollzeitbeschäftigten. Wer mehrere Arbeitgeber hat, muss dafür schauen, dass sich diese punkto Ferienbezug koordinieren.

Arbeitgeber kann Zeitpunkt des Ferienbezugs bestimmen

Zu Differenzen kommt es oft über den Zeitpunkt der Ferien. Vom Gesetz her ist die Sache klar: Der Arbeitgeber hat nicht nur ein Mitspracherecht, er kann sogar den Zeitpunkt des Ferienbezugs bestimmen. Dabei darf er sein Personal aber nicht willkürlich von einem Tag auf den anderen in die Ferien schicken: Er muss die Ferien in der Regel möglichst rund drei Monate im Voraus bekannt geben.

Auf die Bedürfnisse der Arbeitnehmer ist Rücksicht zu nehmen, bei Familien mit Kindern etwa auf den Zeitpunkt der Schulferien. Eingeschränkt ist diese Rücksichtnahme, wenn der Arbeitgeber Betriebsferien anordnet. Dies ist zulässig. Angestellte müssen sich aber nicht gefallen lassen, dass ihre Ferien auf das nächste Jahr verschoben werden. Umgekehrt können sie aber auch nicht verlangen, ihre Ferien erst im nächsten Kalenderjahr zu beziehen, wenn ihnen das besser passt.

Wurden die Ferien einmal verbindlich festgelegt, braucht sich niemand eine kurzfristige Verschiebung gefallen zu lassen. Ausnahmen sind nur in Notfällen möglich. Dann aber haben Arbeitnehmer Anspruch auf Ersatz des Schadens, der ihnen durch die kurzfristige Verschiebung entstanden ist. Der Arbeitgeber müsste zum Beispiel die Annullierungskosten für die gebuchte Reise übernehmen.

Anrecht auf zwei Wochen Ferien am Stück

Wenn das Gesetz von Ferien spricht, meint es eine zusammenhängende Erholungsperiode. Arbeitnehmer haben deshalb das Recht, mindestens zwei Wochen zusammenhängend Ferien zu machen. Sie sind nicht verpflichtet, Ferien tageweise zu beziehen.

Fällt ein Feiertag in die Ferien, geht dieser nicht auf das Ferienkonto. Denn der Anspruch auf bezahlte Ferien ist das eine, der Anspruch auf bezahlte Feiertage das andere. Mit anderen Worten: Angestellte haben Anspruch auf mindestens vier Wochen Ferien, daneben auch noch auf bezahlte Feiertage (soweit man nicht im Stundenlohn angestellt ist).

Mit dem Recht auf Ferien hat der Gesetzgeber auch die Pflicht

zur Erholung verordnet. Und das Einhalten dieser Pflicht hat Konsequenzen: Ferien dürfen nicht mit Geld abgegolten werden. Eine Auszahlung der Ferien ist dann möglich, wenn ein Arbeitsverhältnis gekündigt worden ist oder – ausnahmsweise – bei Teilzeitangestellten mit sehr unregelmässiger Beschäftigung.

Ferien dürfen auch nicht dazu dienen, das Einkommen aufzustocken und in der Erholungszeit einen Job anzunehmen. Erfährt der Arbeitgeber von solcher Schwarzarbeit, kann er unter Umständen das Gehalt für die entsprechende Zeit zurückfordern und allenfalls sogar eine fristlose Kündigung aussprechen.

Doch nicht jede Schwarzarbeit führt zu solchen Konsequenzen: Wenn man einem Bekannten während der Ferien hilft, die Wohnung zu streichen, sind die berechtigten Interessen des Arbeitgebers nicht gefährdet, auch wenn man damit etwas Geld verdient.

Anders sähe es aus, wenn die Arbeit so intensiv wäre, dass dadurch eine Erholung ausgeschlossen würde. Nach einem Urteil des Bezirksgerichts Winterthur darf der Arbeitgeber auch dann den Lohn nicht verweigern, wenn ein Arbeitnehmer am Ende des bereits gekündigten Arbeitsverhältnisses den Rest der Ferien bezieht, in dieser Zeit aber bereits seine neue Arbeit antritt.

Wer seine Ferien – wegen Unfall oder Krankheit – im Bett verbringt, hat das Recht, sie zu einem späteren Zeitpunkt nachzuholen. In solchen Fällen empfiehlt es sich unbedingt, ein Arztzeugnis vorzulegen. Ein Nachholen des Urlaubs ist nur dann möglich, wenn Erholung – mindestens zeitweise – unmöglich war. Arbeitnehmer dürfen sich nicht wegen Kleinigkeiten zusätzliche Ferien verschaffen: Ein verstauchter Daumen ist zwar ärgerlich, aber kein Grund, Sonne und Strand nicht zu geniessen.

Auch bei «Ferienunfähigkeit» wegen Krankheit oder Unfall darf der Arbeitnehmer nicht eigenmächtig die Ferien verlängern. Dies ist nur gestattet, wenn zwingende Gründe vorliegen, etwa eine krankheitsbedingte Transportunfähigkeit. Andernfalls sind diese Ferientage später nachzuholen.

Geld statt Ferien nur in Ausnahmefällen

Wer derart unregelmässig arbeitet, dass sein Ferienanspruch kaum in Tagen oder Wochen berechnet werden kann, hat Anspruch auf Auszahlung seiner Ferienansprüche mit einem Lohnzuschlag. Ein Ferienanspruch von vier Wochen führt zu einem Lohnzuschlag von 8,33 Prozent, bei fünf Wochen sind es 10,64 Prozent. Bei der Berechnung des Ferienlohns ist der 13. Monatslohn – sofern ein solcher im Vertrag erwähnt wird – einzuschliessen.

Diese Lohnzuschläge dürfen nicht einfach als im Lohn inbegriffen erklärt werden. Die Ferienabgeltung muss sowohl im Vertrag wie auch auf der einzelnen Lohnabrechnung separat aufgeführt werden, sei es in Prozent oder in einem Frankenbetrag (zum Beispiel «Stundenlohn Fr. 28.50, Ferienzulage Fr. 2.20»).

Bei bloss mündlich geschlossenen Arbeitsverträgen lässt es das Bundesgericht gelten, wenn der Arbeitgeber anderweitig nachweisen kann, dass der Arbeitnehmer genau wusste, dass ein prozentualer Anteil seines Lohns für die Ferien bestimmt war.

Bei regelmässiger Teilzeitarbeit ist die Abgeltung der Ferien durch Geld nicht zulässig, auch dann nicht, wenn der entsprechende Prozentsatz im Vertrag und auf der Lohnabrechnung ausgewiesen ist. Hier riskiert der Arbeitgeber, die Ferien doppelt zu bezahlen, sollte ein Arbeitnehmer auf die Idee kommen, eine Klage einzureichen. Der Grund: Die Ferien sind von Gesetzes wegen «in natura» zu gewähren, was auch bei der regelmässigen Teilzeitarbeit möglich ist.

Auch wenn der Einschluss der Ferien im Lohn rechtlich zulässig ist, muss der Arbeitgeber dem Arbeitnehmer die nötige Zeit für den Ferienbezug einräumen. Dem Arbeitnehmer nur Geld, aber keine

Ferien zu geben, ist auf jeden Fall verboten und kann zu einer Nachzahlung für die Ferien führen, selbst wenn diese schon bezahlt worden sind.

Wo der Lohn von Monat zu Monat schwankt, wird der Ferienlohn in der Regel aus dem durchschnittlichen Verdienst der letzten zwölf Monate vor den Ferien berechnet. In einem Urteil aus dem Jahr 2006 hat das Bundesgericht eine lange umstrittene Frage entschieden: Auch Schichtzulagen gehören zum Ferienlohn, wenn regelmässig Schicht gearbeitet wird.

Besteht der Lohn – ganz oder nur teilweise – aus Provisionen, wird in der Regel eine pauschale Berechnungsmethode angewandt. Man stellt auf die während der letzten zwölf Monate oder während einer anderen angemessenen Zeitspanne durchschnittlich verdienten Provisionen ab.

Nur wenn diese pauschale Methode zu offensichtlich falschen Ergebnissen führt, ist eine individuelle Berechnungsweise in Erwägung zu ziehen. Bei dieser Methode muss man feststellen, wie viel Provisionen der Arbeitnehmer verdient hätte, wenn er gearbeitet hätte. Naturgemäss ist dies schwierig, weshalb der schematischen Methode der Vorzug gegeben wird.

Es ist auch zulässig, ein Ferienkonto zu führen, das heisst, jeden Monat 8,33 Prozent (bei vier Wochen Ferien) auf der Lohnabrechnung als Feriengeld separat auszuweisen, jedoch nicht auszuzahlen. Der gesamte Betrag ist

Ferien sind innert fünf Jahren zu beziehen

Grundsätzlich müssen Ferien während des laufenden Arbeitsjahres bezogen werden. Wer seine Ferien nicht bezieht, kann sie während fünf Jahren nachholen. Erst danach ist der Anspruch auf die nicht eingelöste Erholungszeit verjährt. Eine vertragliche Bestimmung, dass Ferien verwirken, wenn sie nicht im gleichen Jahr bezogen werden, wäre unzulässig. Die fünfjährige Verjährungsfrist beginnt noch nicht zu laufen, solange die Ferien nicht angeordnet sind.

dann beim Ferienbezug des Arbeitnehmers auszuzahlen.

Auszahlung von Ferien am Ende des Arbeitsverhältnisses

Die Ferien sind auch während der Kündigungsfrist wenn möglich in natura zu beziehen. Ausser im Fall einer betrieblichen Notlage kann der Arbeitgeber deshalb den Bezug der restlichen Ferientage nicht verweigern, wenn Angestellte dies wünschen. Oft ist es aber genau umgekehrt: Ist eine Kündigung einmal ausgesprochen, verringert sich im Allgemeinen das Engagement am Arbeitsplatz. Aus diesem Grund schlagen Arbeitgeber oft vor, dass Angestellte bis zum Ende des Arbeitsverhältnisses Überstunden kompensieren und Ferien beziehen.

Naturkatastrophen: Absenzen auf Arbeitnehmerkosten

Angestellte haben die Pflicht, nach den Ferien ihre Arbeit zum vereinbarten Zeitpunkt wieder anzutreten. Wenn ein Erdbeben, ein Streik, eine Flutkatastrophe oder Lawine die Rückreise verunmöglicht, haben Arbeitnehmer zwar keine Sanktionen zu befürchten, aber die unfreiwillige Verlängerung der Ferien geht auf ihre Kosten. Der Arbeitgeber kann die zusätzlichen Abwesenheitstage vom Ferienanspruch oder vom Lohn abziehen.

Unterschiedlich beurteilen die Gerichte den Zwangsbezug von Ferien während der Kündigungszeit:
■ Hat der Angestellte die Kündigung selbst eingereicht, kann man im Allgemeinen davon ausgehen, dass ein Bezug ausstehender Ferien zumutbar ist.
■ Wenn der Arbeitgeber kündigt, kommt es auf die konkreten Umstände an. Der Arbeitnehmer muss in erster Linie eine Stelle suchen. Das verlangt auch die Arbeitslosenversicherung. Die Arbeitssuche verträgt sich nicht mit dem Erholungszweck der Ferien. Der gekündigte Angestellte muss es sich bei einer relativ kurzen Kündigungsfrist und relativ hohem Ferienanspruch nicht gefallen lassen, in die Ferien geschickt zu werden. Er hat dann vielmehr das Recht auf Auszahlung der Ferien. Anders liegt der Fall, wenn nur noch wenige Ferientage ausstehend sind.

Bei einem längeren Restferienanspruch ist zusätzlich zu berücksichtigen, dass Ferien grundsätzlich frühzeitig angekündigt werden müssen. Auch in der Kündigungsfrist gilt: Ferien dürfen nicht von einem Tag auf den anderen angeordnet werden.

Die gleichen Kriterien und Argumente gelten auch im Fall einer Freistellung nach der Kündigung. Dazu muss allerdings erwähnt werden, dass einige Gerichte den zwangsweisen Ferienbezug nach einer Kündigung recht grosszügig gutheissen, besonders bei einer Freistellung. Laut Arbeitsgericht Zürich ist davon auszugehen, dass das Ferienguthaben dann durch die Freistellung als untergegangen betrachtet wird, wenn sich das Ferienguthaben zur Freistellungsdauer im Verhältnis ein Drittel zu zwei Drittel bewegt. Abweichungen von dieser Faustregel im Einzelfall sind natürlich immer möglich.

Bei der Auszahlung der Ferien am Ende des Arbeitsverhältnisses wird häufig falsch gerechnet. Es wird beispielsweise der 13. Monatslohn vergessen. Oder es wird der auf den Tag umgerechnete Lohn einfach mit der Anzahl der auszuzahlenden Ferientage multipliziert. Dies ergibt ein falsches Resultat, weil sich das Arbeitsverhältnis – theoretisch – um die Dauer der zu entschädigenden Ferien verlängert und auch hier wieder ein Ferienanspruch entsteht.

Gemäss dem Staatssekretariat für Wirtschaft ist folgende Berechnung anzustellen: Das Arbeitsverhältnis eines Arbeitnehmers mit einem Monatslohn von 5000 Franken plus 13. Monatslohn dauerte 10 Monate. Er hat Anspruch auf 4 Wochen Ferien (20 Arbeitstage) und hat davon schon 2 Wochen (10 Arbeitstage) bezogen. Die bezogenen 10 Ferientage entsprechen dem Ferienanspruch für die ersten 6 Monate. Auf 4 Monate muss der Ferienlohn noch bezahlt werden. Die Rechnung lautet: 4 x Fr. 5000.– + 8,33 % (13. Monatslohn) = Fr. 21 666.–, davon sind 8,33 % Ferienlohn = Fr. 1804.80. Keine komplizierten Berechnungen müssten angestellt werden, wenn dieser Arbeitnehmer überhaupt keine Ferien bezogen hätte. In diesem Fall würde der Ferienlohn 8,33 % der gesamten ausbezahlten Lohnsumme betragen.

Manchmal bestehen Unklarheiten darüber, wie viele Ferientage ein Arbeitnehmer bezogen hat. Beweispflichtig dafür ist der Arbeitgeber.

Wie verhält es sich, wenn der Arbeitnehmer am Ende des Arbeitsverhältnisses mehr Ferien bezogen hat, als ihm zustanden? Wenn der Arbeitgeber die Ferien angeordnet hatte, kommt eine Rückerstattung des Ferienlohns nicht in Frage. Der Arbeitgeber kann Angestellten auch nicht verbieten, bereits geplante und genehmigte Ferien zu beziehen, selbst wenn diese in die Kündigungsfrist fallen.

Hat hingegen der Arbeitnehmer die «vorzeitigen» Ferien gewollt und danach selbst gekündigt, ist davon auszugehen, dass der Arbeitnehmer im Bewusstsein der Kündigung zu viel Ferien bezogen hat. Er muss dann die zu viel bezogenen Ferientage zurückzahlen. Bei einer Kündigung durch den Arbeitgeber wäre eine solche Rückzahlungspflicht nicht gerechtfertigt, weil er ja auch zuwarten könnte, bis das «Ferien-Minus» getilgt ist.

Zu warnen ist vor einem eigenmächtigen Ferienbezug. Die Befugnis, die Ferien festzusetzen, liegt beim Arbeitgeber. Deshalb darf der Angestellte nicht einfach in die Ferien reisen, wenn der Arbeitgeber damit nicht einverstanden ist. Der Arbeitnehmer riskiert Sanktionen bis zur fristlosen Entlassung. Weigert sich allerdings der Arbeitgeber, dem Arbeitnehmer die Ferien zu bewilligen, obwohl ein ausgewiesener Anspruch besteht, kann unter Umständen auch bei einem eigenmächtigen Ferienbezug nicht mehr von einer Pflichtwidrigkeit gesprochen werden. Unbedingt nötig ist es aber, dem Arbeitgeber zuvor eine letzte Frist zur Festlegung der Ferien zu setzen, und zwar in einer später beweisbaren Form.

Unbezahlter Urlaub: Kein Recht – nur eine Möglichkeit
Wer seit Jahren davon träumt, mit dem Partner die Welt zu umsegeln oder irgendwo seine Sprachkenntnisse zu erweitern, peilt einen unbezahlten Urlaub an. Das ist nur mit dem Einverständnis des Arbeitgebers möglich. Dieser ist aber nicht verpflichtet, auf solche Wünsche einzugehen. Einen Anspruch

auf unbezahlten Urlaub haben laut Gesetz nur Pfadfinder, Kirchenaktivisten, Gewerkschafter oder nebenamtliche Sporterzieher, die sich für Jugendarbeit engagieren. Und dies auch nur bis zum 30. Geburtstag. Für solche gemeinnützigen Einsätze muss der Arbeitgeber jährlich eine unbezahlte Ferienwoche einräumen, sofern dies verlangt wird.

Viele Unternehmen sind aber kulant, wenn engagierte Arbeitskräfte eine längere Erholungs- oder Bildungspause wünschen. Wer einen

Urlaub antritt, sollte sich zuvor sorgfältig über Versicherungs- und Sozialversicherungsansprüche informieren. Von Bedeutung sind insbesondere die Taggeldleistungen der betrieblichen Kranken- und Unfallversicherungen. Ebenso sind die Konditionen der Pensionskasse genau abzuklären.

Feiertage sind von Kanton zu Kanton unterschiedlich

Die Feiertage werden auf kantonaler Ebene festgelegt. Mit einer Ausnahme: Der Nationalfeiertag, der 1. August, ist von Bundes wegen im ganzen Land frei – und dies bei vollem Lohn. Nach dem Arbeitsgesetz können die Kantone neben dem 1. August acht weitere Feiertage den Sonntagen gleichstellen. Neujahr, Auffahrt und Weihnachten gelten in allen Kantonen als sonntagsgleiche Feiertage.

An religiösen Feiertagen hat jeder Arbeitnehmer das Recht, die Arbeit auszusetzen. Hohe jüdische oder muslimische Feiertage berechtigen ebenfalls dazu, einen Ruhetag einzuschalten. Wer von dieser Möglichkeit Gebrauch machen will, muss dies dem Vorgesetzten spätestens drei Tage vor dem religiösen Feiertag bekannt geben. Die Arbeitgeber müssen diese Absenz akzeptieren, haben aber das Recht, Kompensation der Arbeitszeit zu verlangen.

Das Recht auf einen bezahlten Feiertag haben alle Beschäftigten, die im Wochen- oder Monatslohn angestellt sind. Wer einen Stunden- oder Taglohn vereinbart hat, hat nur einen Lohnanspruch, wenn

BEISPIELE FÜR FREIE TAGE

Landesmantelvertrag für das Baugewerbe

Bei der eigenen Heirat	**1 Tag**
Hochzeit innerhalb der Familie	**Keine Abmachung**
Geburt eines Kindes	**1 Tag**
Todesfall in der Familie	**3 Tage**
Umzug	**1 Tag**
Pflege kranker Angehöriger	**Keine Abmachung**

Gesamtarbeitsvertrag der Zürcher Handelsfirmen für die kaufmännischen Angestellten und das Verkaufspersonal im Detailhandel

Bei der eigenen Heirat	**2 Tage**
Hochzeit innerhalb der Familie	**1 Tag**
Geburt eines Kindes	**1 Tag**
Todesfall in der Familie	**3 Tage**
Umzug	**3 Tage**
Pflege kranker Angehöriger	**Bis 3 Tage**

Vereinbarung in der Maschinenindustrie

Bei der eigenen Heirat	**2 Tage**
Hochzeit innerhalb der Familie	**Bis 1 Tag**
Geburt eines Kindes	**1 Tag**
Todesfall in der Familie	**1 bis 3 Tage**
Umzug	**1 Tag**
Pflege kranker Angehöriger	**Bis 3 Tage**

dies im Vertrag erwähnt oder im Betrieb üblich ist. Viele Gesamtarbeitsverträge haben deshalb die Bezahlung der Feiertage minuziös geregelt: Der GAV für die Maschinenindustrie zum Beispiel sichert eine umfassende Bezahlung der Feiertage, sofern diese nicht auf ein Wochenende fallen.

In keinem Fall können Feiertage, die auf einen arbeitsfreien Samstag oder Sonntag fallen, durch andere freie Tage «kompensiert» werden. Dies gilt auch für Teilzeitbeschäftigte, wenn der Feiertag auf einen freien Tag fällt. Fällt ein Feiertag in die Ferien, zählt dieser Tag nicht als Ferientag.

Bei Arbeitsstellen, an denen auch am Wochenende und an Feiertagen gearbeitet wird, muss die zu leistende Arbeitszeit (Soll-Arbeitszeit) um die jährliche Anzahl Feiertage reduziert werden. Auf diese Weise wird gewährleistet, dass die betreffenden Arbeitnehmer die ihnen zustehende Anzahl Feiertage kompensieren können.

Freizeit für persönliche Angelegenheiten

Das Obligationenrecht sorgt dafür, dass Beschäftigte bei Umzügen, Hochzeiten, Geburten, Todesfällen im engeren Familienkreis, Prüfungen, Pflege kranker Angehöriger, Arztbesuchen und bei militärischen Inspektionen der Arbeit fernbleiben dürfen, ohne Sanktionen zu befürchten. Das Gesetz legt aber nicht fest, wie viel Freizeit gewährt werden muss. Grosse Firmen regeln diesen Punkt in ihren Einzelarbeitsverträgen, all-

gemeinen Arbeitsbedingungen oder Betriebsreglementen. Auch Gesamtarbeitsverträge enthalten meist eine Liste der Absenzgründe und der damit verbundenen Freizeit.

Für die Weiterbildung der Angestellten existiert kein gesetzlicher Anspruch auf ausserordentliche Freizeit. Hier gilt, was im Vertrag steht. Viele Betriebe zeigen sich jedoch kulant, wenn sich ihre Angestellten weiterbilden wollen. Oft profitiert ja auch der Arbeitgeber von der Weiterbildung.

Wer aus den genannten Gründen Anspruch auf einen freien Tag hat, kann aber nicht unbedingt auch einen Lohnanspruch geltend machen. Häufig werden die gleichen Regeln wie bei den Feiertagen angewendet: Entscheidend ist die lohnmessende Einheit. Wer im Wochen- oder Monatslohn arbeitet, erhält auch den Lohn bei einer Kurzabsenz.

Beschäftigte, die gleitende Arbeitszeiten haben, werden oft angehalten, ihre Kurzabsenzen in die Freizeit zu verlegen. Klare gesetzliche Vorschriften existieren nicht. Zu beachten ist die Zumutbarkeit. Es dürfte ausser Diskussion stehen, dass etwa Arztbesuche wenn möglich auf Randzeiten verlegt werden sollten.

Klar sein dürfte auch, dass einem Teilzeitangestellten ein Behördengang ausserhalb der Arbeitszeit möglich sein sollte. Ist ein Anspruch auf ausserordentliche Freizeit gegeben, ist die ausgefallene Arbeitszeit in der Arbeitszeiterfassung gutzuschreiben.

Krankheit, Unfall, Mutterschaft
Lohnanspruch ist kantonal verschieden

Wer wegen Krankheit oder Unfall nicht arbeiten kann, hat für eine gewisse Zeit Anspruch auf Lohn. Die Dauer ist aber unterschiedlich. Unglaublich, aber wahr: Es kommt darauf an, wo jemand arbeitet. Ob Bern, Basel oder Zürich – die Richter konnten sich nicht auf eine einheitliche Praxis für die ganze Schweiz einigen.

Die alljährliche Grippe ist unangenehm, sie wirft aber die Erkrankten nur für beschränkte Zeit ins Bett. Schlimmer wird es, wenn jemand längere Zeit arbeitsunfähig ist. Das Gesetz regelt die Situation im Krankheitsfall nämlich nur rudimentär: Anspruch auf Lohn bei Krankheit hat, wer mehr als drei Monate beim gleichen Arbeitgeber gearbeitet hat oder für länger als drei Monate eingestellt worden ist. Während mindestens drei Wochen pro Jahr muss dann bei Krankheit das Gehalt weiterbezahlt werden. Fürs erste Dienstjahr schreibt das Gesetz drei Wochen vor, für die übrigen Dienstjahre bleibt es unklar und spricht von einer «angemessenen längeren Zeit».

Je nach Region ist diese «angemessene längere Zeit» unterschiedlich definiert. Die Arbeitsgerichte der Kantone Basel, Bern und Zürich haben für ihre Regionen Richtlinien, sogenannte Skalen ausgearbeitet. Diese Skalen haben nicht den Charakter eines Gesetzes, aber sie haben sich als Leitlinien eingebürgert. Am verbreitetsten ist die Berner Skala. Nach ihr richten sich in der Regel die Kantone Aargau, Freiburg, Genf, Luzern, Solothurn, St. Gallen, Waadt, Wallis und Zug.

Lohnfortzahlung: Anspruch gilt pro Jahr

Der Anspruch auf Lohnfortzahlung wird innerhalb eines Dienstjahres berechnet und beginnt im nächsten Dienstjahr von Neuem. Wenn eine Berner Arbeitnehmerin ihre Stelle am 1.3.2019 angetreten hat und am 11.1.2021 – im zweiten Dienstjahr – erkrankt, hat sie Anspruch auf einen Monat Lohnfortzahlung. Am 11.2.2021 hat sie diesen Anspruch ausgeschöpft. Ist sie am 1.3.2021 immer noch krank, fängt ein neues Dienstjahr mit einem Lohnfortzahlungsanspruch von zwei Monaten (nach Berner Skala) an.

Mehrere Absenzen im gleichen Dienstjahr werden zusammengerechnet. Ist ein Arbeitnehmer wegen eines Unfalls zwei Tage nicht zur Arbeit erschienen und liegt er im gleichen Dienstjahr noch wegen einer Grippe acht Tage im Bett, hat er bereits zwei Wochen Lohnfortzahlung genossen. Wird er nochmals krank, steht ihm im ersten Dienstjahr noch eine weitere Woche Lohn zu.

Lohn bei Krankheit: Gesetz regelt nur das Minimum

Die gesetzliche Regelung ist nur ein Minimum. Selbstverständlich dürfen Arbeitgeber grosszügiger sein. Gesamtarbeitsverträge enthalten oft längere Lohnzahlungspflichten. Und viele Unternehmen haben freiwillig eine Taggeldversicherung abgeschlossen, welche die Lohnzahlung bei Krankheit in der Regel für zwei Jahre sicherstellt – meist in Höhe von 80 Prozent des Gehalts. Der gesetzliche Schutz kann durch vertragliche Abmachung nicht wegbedungen werden. Unzulässig sind auch vertragliche Klauseln, wonach die Entschädigung für krankheitsbedingte Verhinderung im Lohn eingeschlossen ist. Das heisst: Trotz anderslautender Verträge haben alle Angestellten Anspruch auf das gesetzliche Minimum.

Die drei Wochen Lohn fürs erste Jahr sind grundsätzlich ab dem vierten Monat der Anstellung geschuldet. In den ersten drei Monaten muss der Arbeitgeber bei krankheitsbedingtem Ausfall keinen Lohn bezahlen.

Ausnahme: Wenn Arbeitnehmer von vornherein für mehr als drei Monate angestellt wurden – zum Beispiel für ein Jahr. In solchen Fällen muss der Arbeitgeber den Lohn bei Krankheit ab dem ersten Arbeitstag zahlen. Selbstverständlich ist es auch möglich, dass im Einzel- oder Gesamtarbeitsvertrag vorgesehen ist, dass die Lohnfortzahlung schon ab Beginn des Arbeitsverhältnisses gilt.

Wer im gleichen Betrieb weiterarbeitet, in dem er seine Lehre gemacht hat, hat Anspruch auf Lohnfortzahlung vom ersten Tag an.

Noch eine Bemerkung zu den Formvorschriften des Gesetzes: Mindestens gleichwertige Regelungen im Krankheitsfall setzen eine schriftliche Vereinbarung, einen Gesamt- oder Normalarbeitsvertrag voraus. Eine insgesamt gleichwertige Lösung ist etwa eine Krankentaggeldversicherung, die bei Krankheit ab dem dritten Tag bis maximal 720 Tage 80 Prozent des Lohns auszahlt.

6
**Krankheit
Unfall
Mutterschaft**

Solche insgesamt gleichwertige Lösungen können im einzelnen Krankheitsfall für Angestellte jedoch schlechter ausfallen als die Regelung im Gesetz. Beispiel: Wer eine Woche krank ist, hat laut Gesetz in dieser Zeit Anspruch auf den vollen Lohn. Bei der Taggeldregelung hingegen würde er in diesem Fall nur zwei Tage lang 80 Prozent des Lohns als Taggeld erhalten.

Welcher Lohn muss bezahlt werden?

Bezahlt werden muss der vereinbarte Durchschnittslohn, also das Fixum zu 100 Prozent – und nicht nur zu 80 Prozent, wie meistens bei der Krankentaggeldversiche-

LOHNZAHLUNG BEI KRANKHEIT

Berner Skala

4. bis 12. Monat	**3 Wochen**
2. Jahr	**1 Monat**
3. und 4. Jahr	**2 Monate**
5. bis 9. Jahr	**3 Monate**
10. bis 14. Jahr	**4 Monate**
15. bis 19. Jahr	**5 Monate**
20. und 24. Jahr	**6 Monate** danach alle 5 Dienstjahre 1 Monat zusätzlich

Basler Skala

4. bis 12. Monat	**3 Wochen**
2. und 3. Jahr	**2 Monate**
4. und 10. Jahr	**3 Monate**
11. bis 15. Jahr	**4 Monate**
16. bis 20. Jahr	**5 Monate**
Ab 21. Jahr	**6 Monate**

Zürcher Skala

4. bis 12. Monat	**3 Wochen**
2. Jahr	**8 Wochen**
3. Jahr	**9 Wochen**
4. Jahr	**10 Wochen**
Pro weiteres Jahr	**Je eine zusätzliche Woche**

Lesebeispiel: Wer in Zürich arbeitet und sich im dritten Dienstjahr befindet, hat im Krankheitsfall bei unverschuldeten Absenzen Anspruch auf Lohn in der Höhe von 9 Wochen pro Kalenderjahr.

rung. Dazu kommen die Kinderzulagen, Nacht-, Sonntags- sowie die übrigen Schichtzulagen – sofern diese ohne Arbeitsunfähigkeit angefallen wären –, Provisionen und Trinkgelder, sofern diese laut Vertrag einen Lohnbestandteil bilden.

Auch Überstunden gehören zum Lohn, wenn sie in der Vergangenheit während längerer Zeit angefallen sind und wenn anzunehmen wäre, dass sie auch während der Krankheitszeit hätten geleistet werden müssen.

Bei unregelmässigem Lohn wird entweder derjenige Lohn als massgebend betrachtet, den der Arbeitnehmer unmittelbar vor seiner Krankheit bezogen hat, oder aber es wird auf den Durchschnitt des Lohns im letzten Jahr vor der Krankheit abgestellt. Bei saisonal bedingten Schwankungen muss dann eine Korrektur vorgenommen werden. Bei Lohn in Form von Provisionen ist die Situation ähnlich wie bei der Berechnung des Ferienlohns (siehe Seite 64).

Mehrere Abwesenheiten werden zusammengezählt

In jedem Dienstjahr beginnt der Anspruch auf Lohnfortzahlung von Neuem zu laufen (siehe Kasten Seite 70). Mehrere Verhinderungen im gleichen Dienstjahr werden zusammengezählt. Man kann also nicht bei jeder Abwesenheit wieder bei null zu zählen beginnen. Hat ein Arbeitnehmer in seinem ersten Dienstjahr bereits zwei Wochen krankheitsbedingt gefehlt, hat er im Fall einer erneuten Krankheit im gleichen Dienstjahr nur noch eine Woche Lohnfortzahlung zugut. Das Gleiche gilt, wenn verschiedene Verhinderungsgründe vorliegen, wie zum Beispiel Militärdienst und Krankheit.

Dies ist allerdings dann ungerecht, wenn gar nicht der Arbeitgeber den Lohn bezahlt, sondern eine Versicherung, zum Beispiel die Erwerbsersatzversicherung (EO) bei Militärdienst. Wird ein Arbeitnehmer krank, nachdem er schon drei Wochen Militärdienst geleistet und dafür Erwerbsersatz erhalten hat, kann der Arbeitgeber die Lohnfortzahlung nicht ablehnen.

Auch wer sich einer Operation oder Kur unterziehen muss, hat Anspruch auf Lohnfortzahlung des Arbeitgebers. Dabei spielt es keine Rolle, ob die Operation dringlich ist oder nicht. Der Arbeitgeber kann nicht vom Angestellten verlangen, während der Ferien ins Spital zu gehen.

Es gibt aber eine wichtige Ausnahme, bei welcher der Arbeitgeber nicht zahlen muss. Dann nämlich, wenn die Krankheit vom Arbeitnehmer selbstverschuldet ist. Hier ist man aber heutzutage nicht mehr so streng. Ein Drogenentzug, die Folgen eines Selbstmordversuchs oder auch ein legaler Schwangerschaftsabbruch werden nicht als selbstverschuldet betrachtet. Fehlt ein Arbeitnehmer aus solchen Gründen am Arbeitsplatz, kann der Arbeitgeber die Lohnfortzahlung nicht ablehnen.

Anders ist es, wenn ein Arbeitnehmer klare ärztliche Anordnungen missachtet oder sich einer medizinisch gebotenen Behandlung nicht unterzieht, jedenfalls wenn diese nicht medizinisch besonders riskant ist.

Pech hat, wer selbst das Arbeitsverhältnis gekündigt hat und dann in der Kündigungsfrist krank wird. Es gibt in diesem Fall keinen Stillstand der Kündigungsfrist. Nach Ablauf der Kündigungsfrist erhält dieser Arbeitnehmer keinen Lohn mehr, ausser es bestehe eine Krankentaggeldversicherung.

Hat jedoch der Arbeitgeber dem Angestellten gekündigt, gilt Folgendes: Tritt die Genesung noch in der – wegen der Krankheit – verlängerten Kündigungsfrist ein, so muss der Arbeitnehmer wieder zur Arbeit erscheinen oder zumindest anbieten, wieder zu arbeiten. Sonst kann der Arbeitgeber die Lohnzahlung einstellen. Dies gilt nach einer verbreiteten Gerichtspraxis selbst im Fall einer Freistellung. Ist ein Arbeitnehmer teilweise arbeitsfähig, kann der Arbeitgeber das Arbeitsangebot nicht verweigern mit dem Argument, nur eine volle Arbeitskraft nütze ihm etwas. Auch wenn er die Arbeit nicht annimmt, bleibt er zur Lohnzahlung verpflichtet. Leistet der Arbeitgeber mehr, als er vertraglich müsste – zum Beispiel 100 Prozent statt nur 80 Prozent Lohnfortzahlung – kann er die Mehrleistung später nicht mehr zurückfordern, wenn das Arbeitsverhältnis im Streit endet.

Arztzeugnisse und andere Beweismittel

Grundsätzlich haben Arbeitgeber das Recht, ab dem ersten Tag ein Arztzeugnis zu fordern. Die meisten Verträge und Reglemente sehen aber die Einreichung einer ärztlichen Bescheinigung auf den dritten oder vierten Tag der krankheitsbedingten Abwesenheit vor. Auf diese Weise wird verhindert, dass Beschäftigte wegen Bagatellerkrankungen einen Arzt aufsuchen müssen, nur um ein Zeugnis

73

zu erhalten. Selbstverständlich ist jedoch, dass Abwesenheiten dem Betrieb sofort gemeldet werden müssen. Bei länger dauernden Absenzen hat der Arbeitnehmer unaufgefordert periodisch neue Arztzeugnisse einzureichen.

Das Arztzeugnis ist nur ein mögliches Beweismittel. Grundsätzlich kann eine Arbeitsunfähigkeit aus gesundheitlichen Gründen je nach Umständen auch anders belegt werden: zum Beispiel durch Zeugenaussagen von Verwandten und Bekannten. Wer es unterlässt, ein Arztzeugnis zu beschaffen, hat deshalb seinen Lohnanspruch nicht unbedingt verspielt.

Umgekehrt ist auch ein Arztzeugnis kein hundertprozentiger Beweis für eine Krankheit. Wird ein angeblich Kranker beim fröhlichen Umtrunk mit seinen Kollegen oder bei der Renovation seines Ferien-

INFO

Krankheit und Kündigung: Taggelder über das Arbeitsverhältnis hinaus

Je nach Anzahl Dienstjahre darf einem krankgeschriebenen Arbeitnehmer während einer gewissen Zeit nicht gekündigt werden (siehe Kapitel 8). Wenn der vertraglich vereinbarte oder gesetzlich geschuldete Lohnzahlungsanspruch bei Krankheit grösser ist, als das gekündigte Arbeitsverhältnis dauert, hört die Leistungspflicht des Betriebs am letzten Tag des Arbeitsverhältnisses nicht auf.

Trotzdem meinen aber viele Arbeitgeber, eine Kündigung nach Ablauf der Sperrfrist erspare ihnen die Lohnfortzahlung. 1997 hat das Bundesgericht entschieden, dass diese Haltung nicht akzeptabel ist. Arbeitnehmer, die im Krankheitsfall auf vertraglich vereinbarte Leistungen vertrauen, müssen davon ausgehen können, dass diese erbracht werden. Gleichgültig, ob der Lohn durch den Arbeitgeber oder eine Versicherung bezahlt wird.

Das Problem ist jedoch zu wissen, wann ein Arbeitnehmer auf vertraglich vereinbarte Leistungen vertrauen darf. Am besten ist es, wenn im Arbeitsvertrag oder in den allgemeinen Anstellungsbedingungen steht, dass der Anspruch auf Lohnzahlung mit der Kündigung nicht endet – oder noch besser: die Kündigung während laufender Lohnzahlung gar nicht zulässig ist. In vielen Arbeitsverträgen ist dies aber nicht so deutlich ausgedrückt. Dann kommt es auf die Interpretation der entsprechenden Vertragsbestimmung an, und diese kann in einem Rechtsstreit unterschiedlich ausfallen.

Das Bundesgericht ist der Ansicht, dass im Zweifel angenommen werden muss, die Verpflichtung des Arbeitgebers zur Lohnzahlung setze den Fortbestand des Arbeitsverhältnisses voraus und ende mit der Kündigung.

hauses ertappt, wird im Streitfall jedes Gericht das Arztzeugnis ignorieren und den Lohnanspruch streichen.

Allgemein wird Arztzeugnissen aber eine hohe Glaubwürdigkeit zugeschrieben. Hat jedoch der Arbeitgeber den begründeten Verdacht, mit einem Gefälligkeitszeugnis betrogen worden zu sein, kann er eine Untersuchung durch einen Vertrauensarzt des Betriebs verlangen. Dies ist auch ohne ausdrückliche Erwähnung dieser Möglichkeit im Arbeitsvertrag stets zulässig, wenn die Richtigkeit des vorgelegten Arztzeugnisses aufgrund objektiver Anhaltspunkte angezweifelt werden kann. Die Auswahl des Vertrauensarztes liegt beim Arbeitgeber. Die Kosten für einen vertrauensärztlichen Untersuch hat der Arbeitgeber zu tragen. Weigert sich der Arbeitnehmer, diese zusätzliche Untersuchung über sich ergehen zu lassen, ist der Arbeitgeber von seiner Lohnfortzahlungspflicht befreit.

Wichtig: Der Vertrauensarzt des Betriebs darf die Art der Krankheit dem Arbeitgeber nicht bekannt geben. Er darf nur mitteilen, ob tatsächlich eine Arbeitsunfähigkeit besteht. Und bei Teilarbeitsfähigkeit darf er bloss nähere Angaben zur noch zumutbaren Arbeitsleistung machen. Ist eine Versicherung im Spiel, darf der Vertrauensarzt angeben, ob ein Unfall oder eine Krankheit vorliegt. Die Mitteilung der Diagnose ist jedoch verboten.

Noch ein Tipp an die Ärzte: Ein Arztzeugnis sollte unmissverständlich festhalten, wie hoch die Arbeitsunfähigkeit und die Dauer der mutmasslichen Abwesenheit ist. Ist der Patient nur teilweise arbeitsunfähig, sollte im Zeugnis klargestellt werden, während wie vieler Stunden pro Tag dem Erkrankten die Anwesenheit am Arbeitsplatz zuzumuten ist.

Kann ein Arbeitnehmer wegen seiner Krankheit zwar am Arbeitsplatz erscheinen, aber gewisse Tätigkeiten nicht übernehmen, muss der Arzt das klar umschreiben.

Ideal wäre folgende Formulierung: «A. ist zu 50 Prozent arbeitsunfähig, voraussichtlich vom 10.6. bis zum 24.6. (Arbeitsfähigkeit: vier Stunden pro Tag).»

Selbstverständlich gibt das Arztzeugnis auch Auskunft darüber, wann die ärztliche Untersuchung stattgefunden hat. Bescheinigt der Arzt rückwirkend eine Arbeitsunfähigkeit, gibt das oft Anlass zu Zweifeln, jedenfalls wenn die Rückwirkung nicht nur eine ganz kurze Zeit betrifft.

Die Lohnfortzahlung des Arbeitgebers kommt nur zum Zug, wenn die Verhinderung der Arbeitsleistung aus einem Grund erfolgt, der in der Person des Arbeitnehmers liegt. Dies ist nicht der Fall bei Lawinenniedergängen, Verkehrszusammenbrüchen, Strassensperren, Ausfall von Flugverbindungen, Streiks usw. Solche Ereignisse haben weder mit dem Arbeitgeber noch mit dem Arbeitnehmer einen direkten Zusammenhang, sondern sind vergleichbar mit höherer Gewalt. Dieses Risiko hat der Arbeitnehmer zu tragen.

Krankentaggeldversicherungen sind freiwillig

Viele Betriebe schliessen für ihre Angestellten eine Krankentaggeldversicherung ab. Das Gesetz verlangt das zwar nicht, aber viele Gesamtarbeitsverträge sehen eine Taggeldversicherung vor.

Für die Angestellten ist diese Lösung sehr vorteilhaft. Denn Lohnausfall bei längeren Krankheiten ist das grösste Risiko jedes Beschäftigten. Gegen Unfall ist er obligatorisch bestens versichert – notfalls mit einer 80-prozentigen Rente bis ans Lebensende. Die Prämien der Krankentaggeldversicherungen werden – meistens – von Arbeitgebern und Arbeitnehmern hälftig bezahlt.

Das Gesetz schreibt vor, dass die Regelung im Arbeitsvertrag mindestens gleichwertig sein muss wie die gesetzliche. Vom Gesetz abweichende Bestimmungen müssen im Einzelarbeitsvertrag oder im Gesamtarbeitsvertrag schriftlich festgehalten werden. Die Gleichwertigkeit ist aber nicht nach dem konkreten Einzelfall zu beurteilen, sondern allgemein und abstrakt. Das Gesetz verlangt nicht, dass die Lösung für jeden einzelnen Arbeitnehmer in jedem Krankheitsfall mindestens gleichwertig ist. Ob Gleichwertigkeit gegeben ist, ist manchmal schwierig zu beurteilen (siehe auch «Karenzfristen» auf Seite 79).

Hat der Arbeitgeber im Arbeitsvertrag eine Taggeldversicherung vorgesehen, trotzdem aber keine abgeschlossen, haftet er für die im Vertrag eingegangenen Leistungspflichten. Er muss der Lohnzahlungspflicht im Krankheitsfall in gleichem Umfang nachkommen, wie das die Versicherung getan hätte.

In der Police und den Allgemeinen Versicherungsbedingungen der Krankentaggeldversicherung sind die Ansprüche der Arbeitnehmer bei Krankheit genau umschrieben. Der Arbeitgeber muss über die Versicherungsbedingungen Auskunft erteilen.

Die meisten Krankentaggeldpolicen sichern eine Lohnfortzahlung von 80 Prozent für 720 oder 730 Tage innerhalb eines Zeitraums von 900 Tagen zu. Die Wartefrist bei der Taggeldversicherung mit aufgeschobener Leistungspflicht wird dabei angerechnet. Von den Zahlungen der Krankentaggeldversicherung müssen keine AHV- und AlV-Beiträge bezahlt werden, wohl aber die Pensionskassenbeiträge. Letztere entfallen, wenn die Versicherungsbedingungen der Pensionskasse im Krankheitsfall eine Prämienbefreiung vorsehen, beispielsweise ab dem vierten Monat der Arbeitsunfähigkeit.

Der Arbeitgeber ist von seiner Lohnfortzahlungspflicht nur dann entbunden, wenn die Krankentaggeldversicherung auch wirklich zahlt. Erkrankt der Arbeitnehmer an einer bereits bestehenden Krankheit, die von der Versicherung beim Abschluss mit einem Vorbehalt belegt worden ist, bleibt der Anspruch der Beschäftigten gegenüber ihrem Arbeitgeber bestehen.

Risikoprüfungen sind für beide Seiten problematisch

Eine Krankentaggeldversicherung mit Risikoprüfung ist aber grundsätzlich problematisch. Für die Arbeitnehmer besteht die Gefahr, dass der Arbeitgeber das Arbeitsverhältnis schnell wieder beendet, wenn er erfährt, dass der betreffende Arbeitnehmer aus gesundheitlichen Gründen nicht oder nur mit Vorbehalten in die Krankentaggeldversicherung aufgenommen wird. Er wird möglicherweise den

Taggeldversicherung: Übertritt in Einzelversicherung nach Stellenwechsel

Wer seine Stelle verliert, hat das Recht, von der Kollektivversicherung in die Einzelversicherung überzutreten. Der Taggeldversicherer muss diesen Übertritt innerhalb von 30 Tagen (Arbeitslose: 90 Tage) nach dem Ende des Arbeitsverhältnisses akzeptieren. Der Übertritt in die Einzelversicherung führt zwar zu einer – meist – massiven Prämienverteuerung, weil Einzeltarife höher sind als Kollektivprämien. Der Vorteil des Übertritts liegt aber darin, dass die Versicherung ohne neue Vorbehalte wegen früherer Erkrankungen weitergeführt werden muss.

Bei Arbeitnehmern, die im Moment des Stellenverlusts arbeitsunfähig sind, ist die Weiterführung der bestehenden Versicherung die einzige Chance, weiterhin Versicherungsleistungen zu erhalten. Eine neue Versicherung könnten sie nämlich wegen ihrer Krankheit nicht abschliessen, weil keine Versicherung dazu bereit wäre.

Über das Recht zum Übertritt in die Einzelversicherung muss die Versicherung oder der Arbeitgeber die Arbeitnehmerin aufklären. Geschieht dies nicht, so besteht das Recht auf Übertritt auch noch nach Ablauf der 30 Tage.

Es gibt viele und verschiedenartige Regelungen bei den Krankentaggeldversicherungen. Einige wenige sind zu den Sozialversicherungen zu zählen und unterstehen dem Krankenversicherungsgesetz KVG. Die meisten aber sind Privatversicherungen, für die das Versicherungsvertragsgesetz VVG Gültigkeit hat. Dazu kommt, dass viele Versicherungen sich in ihren Versicherungsbedingungen nicht eben klar ausdrücken. Trotzdem kommt man nicht darum herum, diese Allgemeinen Versicherungsbedingungen zu studieren, wenn man bei einer längeren Krankheit genau Bescheid wissen will über seine Ansprüche.

Um die Sache noch etwas komplizierter zu machen: Es gibt auch noch den Fall, wo Taggelder ohne Übertritt in die Einzelversicherung nach Beendigung des Arbeitsverhältnisses weiter bezahlt werden müssen – und zwar im Rahmen der sogenannten «Versicherungsnachdeckung». Das Bundesgericht hat entschieden, dass dies der Regelfall bei der VVG-Taggeldversicherung ist, wenn die Allgemeinen Versicherungsbedingungen nichts Präzises festlegen.

Das heisst im Klartext: Erkrankt ein Angestellter vor der Beendigung des Arbeitsverhältnisses, muss die Versicherung des bisherigen Betriebs Taggelder bezahlen, bis der Angestellte wieder gesund ist. Das gilt selbst dann, wenn dies erst mehrere Monate oder zwei Jahre nach dem Ende des Arbeitsverhältnisses der Fall ist.

Schluss ziehen, dass der Gesundheitszustand dieses Arbeitnehmers generell schlecht ist, und sich dieses Risikos mittels Kündigung entzieht.

Aber auch dem Arbeitgeber ist mit der Risikoprüfung nicht gedient, denn wenn die Versicherung nicht bezahlt, muss er selbst einspringen. Es gibt Gerichtsurteile, in denen Arbeitgeber dazu verurteilt wurden, anstelle der Versicherung 80 Prozent des Lohns während zwei Jahren zu bezahlen, nicht nur den Lohn während der gesetzlichen Lohnfortzahlung. Der Fehler dieser Arbeitgeber war es, eine Krankentaggeldversicherung mit einem Vorbehalt für bestehende Krankheiten abgeschlossen zu haben.

Den Arbeitgebern ist dringend zu empfehlen, die Allgemeinen Versicherungsbedingungen genau zu studieren und die Arbeitnehmer auf allfällig bestehende Versicherungsvorbehalte aufmerksam zu machen. Trifft den Arbeitgeber überhaupt kein Verschulden, ist seine Leistung auf die gesetzliche Lohnfortzahlung begrenzt.

Wichtig: Die Versicherung darf dem Arbeitgeber nur die Aufnahme – mit oder ohne Vorbehalt – oder Nichtaufnahme mitteilen, keinesfalls aber nähere Angaben über den Gesundheitszustand der Arbeitnehmerin weitergeben.

Dauert eine Krankheit sehr lange, stellt sich die Frage, ob IV-Renten oder Renten der Pensionskassen vom Krankentaggeld abzuziehen sind. Auch dieser Punkt wird in den Versicherungsbedingungen geklärt. Fast immer wird eine Anrechnung vorgeschrieben. Unter Umständen wird im Gegenzug die Bezugsdauer entsprechend verlängert, teilweise sogar über die normalerweise festgesetzten 720 Tage hinaus. Pensionskassen ihrerseits schieben den Beginn ihrer Leistungen bis zum Ablauf der Taggeldzahlungen hinaus.

Je nach Versicherung ist auch der Fall der Teilarbeitsunfähigkeit unterschiedlich geregelt. Manche Versicherungen kennen noch eine Verdoppelung der Anzahl Taggelder, wenn der Arbeitnehmer nur zu 50 Prozent arbeitsunfähig ist. Die Tendenz geht aber dahin, dass es bei 720 Taggeldern bleibt, egal ob die Arbeitsunfähigkeit 50 oder 100 Prozent beträgt. Antworten auf solche Fragen geben die Allgemeinen Versicherungsbedingungen, die beim Arbeitgeber oder bei der Versicherung angefordert werden können.

Hat die Krankheit einige Wochen oder Monate gedauert, so verlangt die Taggeldversicherung regelmässig eine Untersuchung durch einen Vertrauensarzt. Dazu hat sie aufgrund der Allgemeinen Versicherungsbedingungen Anrecht. Die Versicherung muss nicht längere Zeit zahlen, ohne sich selbst ein Bild von der Arbeitsfähigkeit des versicherten Arbeitnehmers machen zu können.

Rein rechtlich gesehen zählt die Meinung des Vertrauensarztes der Versicherung nicht mehr als die Einschätzung des Hausarztes. Praktisch entstehen aber meistens grosse Probleme, wenn der Vertrauensarzt der Versicherung dem kranken Arbeitnehmer eine volle oder teilweise Arbeitsfähigkeit bescheinigt, der Patient selbst sich aber für vollständig arbeitsunfähig hält. Unter Umständen hilft hier ein zweites Arztzeugnis, möglichst von einem Spezialarzt für die betreffende Erkrankung. Lenkt die Versicherung nicht ein, sind langwierige gerichtliche Auseinandersetzungen mit medizinischen Abklärungen und Gutachten oft nicht zu vermeiden.

Nach längerer Arbeitsunfähigkeit kommt es immer häufiger vor, dass der Erkrankte einen Brief der Taggeldversicherung erhält, in dem er aufgefordert wird, einen neuen Job zu suchen. Wer vollständig und für jegliche Arbeit arbeitsunfähig ist, braucht sich über einen solchen Brief keine allzu grossen Sorgen zu machen. Nicht selten besteht indessen eine Arbeitsunfähigkeit nur für eine bestimmte Arbeit, zum Beispiel für Schwerarbeit auf dem Bau. In solchen Fällen heisst es meistens in den Arztzeugnissen, der betreffende Arbeitnehmer sei für leichtere Arbeiten voll arbeitsfähig. Von einem solchen Arbeitnehmer kann die Versicherung verlangen, dass er eine neue Arbeit sucht. Sie muss ihm aber eine Übergangszeit von in der Regel drei bis fünf Monaten einräumen.

Solange allerdings die Chance besteht, dass der kranke Arbeitnehmer wieder zu seinem ursprünglichen Job zurückkehren kann, darf ein Berufswechsel nicht verlangt werden.

Weigern sich sowohl Arbeitgeber als auch Krankentaggeldversicherung, den Lohn oder die Taggelder zu bezahlen, weil sie die Arbeitsunfähigkeit nicht anerkennen, so muss gegen die Krankentaggeldversicherung, nicht gegen den Arbeitgeber, gerichtlich vorgegangen werden. Der Arbeitgeber ist nur für die Lohnfortzahlung während der Karenzfrist zuständig, nicht jedoch für die Leistungen der Versicherung. Dies entschied das Bundesgericht in einem Urteil vom 5. Dezember 2018 (4A_42/2018).

Karenzfristen sind bei Taggeldversicherungen zulässig

Immer wieder kommt es vor, dass nicht schon am ersten Tag der Abwesenheit der Lohn oder ein Taggeld bezahlt wird, sondern erst ab zwei oder drei Tagen. Grund dafür ist eine vom Betrieb abgeschlossene Versicherung, welche solche Karenztage zu Beginn der Krankheit vorsieht. Auch die obligatorische Unfallversicherung zahlt nicht schon am ersten Tag ein Taggeld. Bei der Unfallversicherung schreibt aber das Gesetz ausdrücklich vor, dass der Arbeitgeber während der Karenztage 80 Prozent des Lohnes zu zahlen hat. Das Gleiche sollte auch bei der Krankentaggeldversicherung gelten. Diese Frage ist allerdings umstritten.

Es gibt Kommentatoren des Arbeitsrechts, die den Arbeitnehmern zwei lohnlose Karenztage zumuten. Dies aber nur dann, wenn die Taggeldversicherung in den übrigen Punkten deutlich über das gesetzliche Minimum der Lohnfortzahlung hinausgeht. Dies ist sicher dann der Fall, wenn die Versicherung für 80 Prozent des Lohns während 720 Tagen aufkommt. Endet jedoch das Arbeitsverhältnis nach relativ kurzer Zeit und muss der erkrankte Arbeitnehmer die teuren Prämien der Einzelversicherung selbst tragen, dürfte der Grundsatz der Gleichwertigkeit verletzt sein, wenn während der Karenztage kein Lohnanspruch besteht.

Karenzfristen von einem oder gar mehreren Monaten, wie sie ebenfalls bei Krankentaggeldversicherungen häufig vorkommen, dürfen nicht auf die Arbeitnehmer überwälzt werden. Bei solchen Versicherungen ist die Gleichwertigkeit nur gegeben, wenn der Arbeitgeber in der Karenzfrist mindestens 80 Prozent des Lohns bezahlt.

Zusätzliche Leistungen der Arbeitgeber

Bei grosszügigen Arbeitgebern gibt es oft auch Verträge, die bei einer krankheits- oder unfallbedingten Arbeitsfähigkeit einen Anspruch auf den vollen Lohn vorsehen, meistens allerdings während einer beschränkten Zeit und nicht gerade die ganzen zwei Jahre, in welchen die Taggeldversicherung maximal ihre Leistungen erbringt.

In diesen Fällen ist das Nettoeinkommen höher, als es ohne Arbeitsunfähigkeit wäre, weil die Abzüge für AHV und Arbeitslosenversicherung entfallen. Letzteres gilt allerdings nicht für die 20 Prozent, die der Arbeitgeber aus dem eigenen Sack bezahlt. Hier handelt es sich um beitragspflichtige Lohnzahlungen und nicht um beitragsbefreite Versicherungstaggelder.

Alle Beschäftigten sind gegen Unfall versichert

Alle Beschäftigten – selbst solche, die nur ein winzig kleines Pensum absolvieren – sind gegen Berufsunfälle und Berufskrankheiten versichert. Abschliessen muss diese Versicherung der Arbeitgeber. Er ist es auch, der die volle Prämie übernehmen muss. Die Versicherungspflicht der Arbeitgeber gilt selbst für eine Raumpflegerin, die einmal in der Woche für eine Stunde den Staub vom Gummibaum wischt.

Zwei Drittel der Angestellten sind bei der Schweizerischen Unfallversicherungsanstalt Suva versichert, die restlichen bei privaten Gesellschaften. Sowohl die Suva als auch die Privatversicherer unterstehen dem gleichen Gesetz, dem Bundesgesetz über die obligatorische Unfallversicherung (UVG).

Wer mindestens acht Stunden pro Woche bei einem Arbeitgeber beschäftigt ist, geniesst vollen Versicherungsschutz, also auch für Unfälle in der Freizeit. Ebenfalls abgesichert sind Arbeitslose, die Taggelder bei der Arbeitslosenversicherung beziehen. Der Versicherungsschutz erstreckt sich auch auf Auslandaufenthalte.

Nichtberufsunfall: Prämien je nach Risikokategorie

Die Prämie für die Nichtberufsunfallversicherung kann den Arbeitnehmern vom Lohn abgezogen werden. Der Prämiensatz für die Nichtberufsunfallversicherung ist recht unterschiedlich, je nach Risikokategorie. Bauarbeiter zahlen mehr als kaufmännisches Personal, weil Erstere auch in der Freizeit häufiger verunfallen.

Wer verunfallt ist, kann davon ausgehen, sämtliche Heilungskosten bei Ärzten, Zahnärzten, Chiropraktoren, Physiotherapeuten, Heilgymnasten, Masseuren und allfälligem Pflegepersonal bezahlt zu bekommen. Die Unfallversicherung kommt auch für Arzneimittel und Laboranalysen auf.

Gedeckt werden ausschliesslich die Kosten des Spitalaufenthalts in der allgemeinen Abteilung. Wer

---

Unfallversicherungen: Berufskrankheiten wie Unfälle behandelt

Berufskrankheiten werden in der obligatorischen Unfallversicherung nach Unfallversicherungsgesetz (UVG) wie Unfälle behandelt.

Das UVG enthält eine umfassende Liste von schädigenden Stoffen, die Berufskrankheiten verursachen können. Gleichzeitig werden Krankheiten aufgelistet, die durch bestimmte Arbeiten ausgelöst werden können.

Wer etwa bei extremer Lärmbelastung arbeitet, muss mit einer Schädigung des Gehörs rechnen. Bestimmte Tätigkeiten können zu einer chronischen Erkrankung der Schleimbeutel, einer Drucklähmung der Nerven oder zu Sehnenscheidenentzündungen führen. Gelbfieber, Hepatitis oder Malaria können durch beruflich bedingte Auslandaufenthalte ausgelöst werden, eine Staublunge durch Arbeiten mit Aluminium-, Silikat- oder Grafitstaub.

Als Berufskrankheit anerkannt werden unter bestimmten Voraussetzungen auch Krankheiten, die durch nicht aufgelistete Substanzen ausgelöst werden.

Das UVG vermerkt: «Als Berufskrankheit gelten auch andere Krankheiten, von denen nachgewiesen wird, dass sie ausschliesslich oder stark überwiegend durch berufliche Tätigkeit verursacht worden sind.»

Der Nachweis einer Erkrankung wegen der beruflichen Tätigkeit ist allerdings sehr schwer zu erbringen. Das Bundesgericht hat 1998 eine weitere Hürde gesetzt. Eine Berufskrankheit, befanden die höchsten Richter, sei erst dann «stark überwiegend» durch die berufliche Tätigkeit verursacht, wenn sie zu mindestens 76 Prozent auf die Arbeit zurückzuführen sei.

Stressbedingte Erkrankungen werden nicht zu den Berufskrankheiten gerechnet, ebenso wenig wie die Abnützung der Gelenke und des Rückens durch körperlich anstrengende Beschäftigung.

einen Unfall erlitten hat, muss keine Franchise oder andere Kostenbeteiligungen übernehmen. Versicherte haben freie Arzt- und Spitalwahl.

Unfalltaggelder und Renten

Die Unfallversicherung bezahlt Heilungskosten und übernimmt Taggelder, Invaliden- und Hinterlassenenrenten. Sie zahlt Integritäts- und Hilflosenentschädigungen.

■ Verunfallte, die vom Arzt arbeitsunfähig erklärt werden, erhalten nach dem dritten Tag ein Taggeld. Entschädigt werden 80 Prozent des versicherten Verdienstes. Als Berechnungsbasis gilt der letzte Lohn, den die Versicherte vor dem Unfall bezogen hat. Und zum berechneten Lohn gehören auch Lohnbestandteile, die noch nicht ausgezahlt worden sind, auf die aber ein Rechtsanspruch besteht.

■ Für die ersten beiden Karenztage hat der Arbeitgeber mindestens 80 Prozent des Lohns zu bezahlen. In manchen Betrieben gibt es eine UVG-Zusatzversicherung, mit

Leistungskürzungen des Unfallversicherers

Das Gesetz gibt den Unfallversicherern die Möglichkeit, in gewissen Fällen weniger oder gar kein Geld zu bezahlen:

■ Haben Versicherte den Gesundheitsschaden oder den Tod absichtlich herbeigeführt, werden sämtliche Leistungen – ausser den Bestattungskosten – verweigert.

■ Die Zahlungen – ausgenommen die Heilungskosten – können gekürzt oder verweigert werden, wenn sich der Unfall bei der Ausübung eines Verbrechens ereignet hat.

■ Wer andere provoziert und sich an Schlägereien beteiligt, muss Kürzungen in Kauf nehmen. Auch in diesem Fall bleiben allerdings die Heilungskosten unangetastet.

■ Bei Nichtberufsunfällen, die durch extremen Wagemut verursacht worden sind, dürfen nur in krassen Fällen Zahlungen vollständig verweigert werden. Wer zu Mutproben neigt, hat nur die Heilungskosten über das UVG gesichert.

■ Das Ausüben einer gefährlichen Sportart ist an sich noch keine grobe Fahrlässigkeit. Man darf Bergsteigen oder Canyoning betreiben, ohne im Fall eines Unfalls Leistungskürzungen befürchten zu müssen. Anders ist es, wenn man bei solchen Betätigungen elementare Vorsichtsmassnahmen ausser Acht lässt, beispielsweise trotz Lawinenwarnung in abgesperrtem Gelände Ski fährt.

■ Haben Versicherte einen Nicht-Berufsunfall grob fahrlässig oder unter Alkoholeinfluss verursacht, sind wiederum die Heilungskosten unantastbar, während die übrigen Zahlungen gekürzt werden. Dagegen verbietet sich eine Kürzung der Leistungen bei Berufsunfällen, die durch Grobfahrlässigkeit verursacht worden sind.

der die restlichen 20 Lohnprozente versichert werden. Fragen Sie den Arbeitgeber, ob eine solche Zusatzversicherung existiert – am besten schon, bevor ein Unfall passiert ist. Denkbar ist auch, dass sich der Arbeitgeber vertraglich verpflichtet, die Differenz vom Taggeld zum vollen Lohn selbst zu bezahlen.

■ Führt die medizinische Behandlung nicht zur Heilung und eröffnen sich auch keine Besserungsaussichten, haben Verunfallte Anspruch auf eine Invalidenrente. Diese Rente beträgt maximal 80 Prozent des versicherten Lohnes. Als invalid gilt, wer voraussichtlich bleibend oder für längere Zeit in seiner Erwerbsfähigkeit beeinträchtigt ist. Die Invalidenrente wird erst verfügt, wenn die Behandlung abgeschlossen ist. Aber bevor der Entscheid gefällt ist, kann eine provisorische Rente ausbezahlt werden.

■ Erleiden Versicherte durch einen Unfall eine dauernde oder erhebliche Schädigung der körperlichen oder geistigen Gesundheit, haben sie Anspruch auf eine angemessene sogenannte Integritätsentschädigung. Diese Entschädigung kommt auch zur Auszahlung, wenn keine verminderte Erwerbsfähigkeit besteht.

Lohnzahlung bei Schwangerschaft

Nach Gesetz richtet sich die Lohnzahlungspflicht bei Schwangerschaft nach den gleichen Vorschriften wie bei Krankheit. Es kommen somit die verschiedenen Skalen

Goldkette defekt – muss der Arbeitgeber zahlen?

Ich arbeite als Hilfsgärtner. Beim Häckseln von Ästen geriet meine goldene Halskette ins Messerwerk. Zum Glück konnte ich meinen Kopf retten, aber die Goldkette im Wert von 1000 Franken ist dahin. Mein Chef weigert sich nun, diesen Schaden zu übernehmen. Wäre das nicht seine Pflicht?

Nein. Der Arbeitgeber ist zwar verpflichtet, Schäden zu ersetzen, die im üblichen Verlauf der Arbeit entstehen – etwa, wenn ein herabfallender Ast Ihr Hemd zerreisst oder wenn Ihre Schuhe in die Mähmaschine geraten.

Wer jedoch eine riskante Arbeit anpackt und dabei Schmuck trägt, übernimmt die Verantwortung für ein allfälliges Missgeschick. Sie hätten die Kette bei der Häckselarbeit ablegen oder zumindest gut schützen müssen. Unter den gegebenen Umständen ist Ihrem Chef kein Verschulden vorzuwerfen. Sie müssen den Schaden daher wohl selber übernehmen.

zur Anwendung (siehe Seite 72). Das heisst, die Ansprüche werden grösser, je länger das Arbeitsverhältnis gedauert hat. In vielen Arbeitsverhältnissen zahlt die Taggeldversicherung auch bei Absenzen wegen Schwangerschaft. Eine Ausnahme gilt nach den Versicherungsbedingungen für Schwangerschaften, die bei Antritt der Stelle bereits bestanden haben. Hier hat die Arbeitnehmerin nur Anspruch auf die gesetzliche Lohnfortzahlung. Es empfiehlt sich, sich rechtzeitig zu erkundigen, wie die Ansprüche bei Schwangerschaft versicherungsmässig geregelt sind.

Lohnzahlung bei Mutter- und Vaterschaft

Am 1. Juli 2005 trat die Mutterschaftsversicherung in Kraft. Versichert sind die erwerbstätigen Mütter, nicht nur Arbeitnehmerinnen, sondern auch Selbständigerwerbende. Um die Leistungen der Mutterschaftsversicherung beziehen zu können, muss die betreffende Mutter die letzten neun Monate vor der Geburt bei der AHV versichert gewesen sein und in dieser Zeit mindestens fünf Monate lang eine Erwerbstätigkeit ausgeübt haben.

Die Entschädigung beträgt 80 Prozent des Erwerbseinkommens, das die Arbeitnehmerin beziehungsweise Selbständige vor der Geburt bezogen hatte, maximal aber 196 Franken pro Tag beziehungsweise 5880 Franken pro Monat. Dies entspricht einem Lohn von 7350 Franken (Stand 2021). Die Entschädigung wird während längstens 14 Wochen ab Geburt ausgerichtet und endet vorher, wenn die Mutter ihre Erwerbstätigkeit wieder aufnimmt.

Ausgerichtet wird die Entschädigung über den Arbeitgeber. Die Mutterschaftsentschädigung hat Vorrang vor Taggeldern anderer Sozialversicherungen. Wer aber zum Beispiel Unfallversicherungstaggelder bezieht, hat Anspruch darauf, dass die Mutterschaftsentschädigung nicht kleiner ausfällt. Der Anspruch ist bei der zuständigen AHV-Ausgleichskasse geltend zu machen. Von den Leistungen sind die Sozialversicherungsbeiträge abzuziehen.

Es kommt häufig vor, dass die vertraglichen Ansprüche weiter gehen als die gesetzlichen. In solchen Fällen übernimmt der Arbeitgeber oder dessen Versicherung die Differenz. Bei Löhnen, die den Betrag von 7350 Franken übersteigen, beträgt der vertragliche Anspruch bei Mutterschaft dann oft nicht nur 196 Franken pro Tag, sondern 80 Prozent des effektiven Lohns.

Seit dem Jahr 2021 haben auch Väter Anspruch auf zwei Wochen Vaterschaftsurlaub. Dieser muss innerhalb von sechs Monaten seit der Geburt des Kindes bezogen werden. Dies kann wochen- oder tageweise geschehen. Wird der Anspruch nicht innerhalb der sechs Monate geltend gemacht, verfällt er.

Falls das Arbeitsverhältnis durch den Arbeitgeber gekündigt wird, bevor die sechsmonatige Frist verstrichen ist, verlängert sich das Arbeitsverhältnis um die noch nicht bezogenen Urlaubstage. Das gilt jedoch nicht, wenn der Arbeitnehmer von sich aus kündigt. Der Arbeitnehmer muss den Zeitpunkt des Urlaubs beim Betrieb beantragen. Dieser entscheidet darüber, er muss jedoch die Interessen des Vaters berücksichtigen. Arbeitnehmer im Vaterschaftsurlaub haben keinen Anspruch auf Lohn, sondern auf Erwerbsersatz der EO. Die Entschädigung entspricht derjenigen der Mütter im Mutterschaftsurlaub.

Mutterschaftsschutz im Arbeitsgesetz

Das Arbeitsgesetz enthält zum Schutz der Gesundheit der werdenden und der stillenden Mütter verschiedene Vorschriften auf:

■ Der Arbeitgeber muss die Arbeitsbedingungen für Schwangere und Stillende so gestalten, dass ihre Gesundheit und die des Kindes nicht beeinträchtigt wird.

■ Gefährliche und beschwerliche Arbeiten sind schwangeren Frauen und stillenden Müttern nur unter bestimmten Bedingungen erlaubt oder sogar ganz untersagt. Dazu gehören zum Beispiel das Bewegen von schweren Lasten von Hand, Bewegungen und Körperhaltungen, die zu vorzeitiger Ermüdung führen, Arbeiten bei Kälte, Hitze oder Nässe usw.

Die Details sind in der Mutterschutzverordnung des Eidgenössischen Volkswirtschaftsdepartements geregelt.

Arbeitgeber müssen den betroffenen Arbeitnehmerinnen gleichwertige Ersatzarbeit zuweisen. Andernfalls müssen sie die Frauen freistellen und ihnen 80 Prozent des Lohns weiterbezahlen.

■ Schwangere Frauen dürfen keine Überstunden leisten.

■ Schwangere Frauen und stillende Mütter dürfen nur mit ihrem Einverständnis weiterbeschäftigt werden.

■ Werdende Mütter dürfen auf blosse Anzeige hin der Arbeit fernbleiben oder ihren Arbeitsplatz verlassen.

■ Acht Wochen vor der Geburt dürfen Schwangere abends und

Erhalte ich beim Stillen weniger Lohn?

«Vor drei Monaten bin ich Mutter geworden und arbeite jetzt wieder Teilzeit. Da ich mein Kind zu Hause stillen will, muss ich die Arbeit morgens sowie am Nachmittag für jeweils 45 Minuten unterbrechen. Mein Chef will diese Absenzen aber nur zur Hälfte bezahlen. Ist das korrekt?»

Ja. Wenn Sie zum Stillen nach Hause gehen wollen, muss Ihnen der Arbeitgeber nur die Hälfte der Abwesenheit als Arbeitszeit bezahlen. Kann eine Mutter hingegen im Betrieb stillen – etwa wenn ihr Kind in der betrieblichen Krippe untergebracht ist –, wird die Zeit voll angerechnet. Die stillende Mutter hat dann Anspruch auf den vollen Lohn.

nachts zwischen 20 Uhr und 6 Uhr nicht beschäftigt werden.

■ In den ersten acht Wochen nach der Geburt gilt ein generelles Beschäftigungsverbot.

■ Nach der Geburt hat die Arbeitnehmerin Anspruch auf einen Mutterschaftsurlaub von mindestens 14 Wochen.

■ Bis zur 16. Woche nach einer Geburt dürfen Mütter in jedem Fall nur mit ihrem Einverständnis beschäftigt werden, aber unter keinen Umständen abends oder nachts arbeiten.

- Stillenden Müttern muss der Arbeitgeber die erforderliche Zeit zum Stillen frei geben.
- Die Stillzeit im Betrieb gilt als Arbeitszeit. Verlässt die Arbeitnehmerin den Betrieb zum Stillen, zählt die Hälfte der Abwesenheit als Arbeitszeit.
- Frauen, die wegen der Schwangerschaft und der Geburt abends und nachts nicht arbeiten dürfen, muss der Arbeitgeber gleichwertige Arbeit zuweisen oder sie unter Bezahlung von 80 Prozent ihres Lohns freistellen.

In einem Urteil vom 15. Februar 2001 hat das Bundesgericht entschieden, dass die schwangere Frau das Recht hat, auch ohne medizinische Gründe und ohne Arztzeugnis der Arbeit fernzubleiben. Der Arbeitgeber hatte diese Frau fristlos entlassen, weil sie während der Schwangerschaft für ein paar Tage nicht zur Arbeit erschien, sondern nach Österreich zu Verwandten gereist war.

Das Bundesgericht verpflichtete den Arbeitgeber, der zu Unrecht Entlassenen eine Entschädigung zu bezahlen. Das kantonale Gericht hatte zudem entschieden, dass für die Zeit des Fernbleibens die Lohnfortzahlung ebenfalls zum Zug kommt, auch wenn keine ärztlich nachgewiesene Arbeitsunfähigkeit vorlag.

Es gibt jedoch auch andere Gerichtsurteile. Diese besagen, dass die Schwangerschaft als solche keinen Anspruch auf Lohn ohne Arbeitsleistung gibt. Und weiter: Eine Lohnfortzahlung könne eine Schwangere nur bei einer Verhinderung aus gesundheitlichen Gründen und nach Vorlage eines Arztzeugnisses mit bescheinigter Arbeitsunfähigkeit verlangen.

Jedenfalls dürfte die Lohnfortzahlung kaum durchsetzbar sein, wenn die Abwesenheit auf blosse Anzeige hin und ohne ärztlich bescheinigte Arbeitsunfähigkeit länger als ein paar wenige Tage dauert. Auch die Taggeldversicherung wird in einem solchen Fall keine Leistungen erbringen.

Lohnzahlung auch bei weiteren Absenzen vorgesehen

Das Gesetz verpflichtet die Arbeitgeber nicht nur zu Lohnzahlungen bei krankheits- oder unfallbedingten Abwesenheiten. Die Erfüllung gesetzlicher Pflichten oder die Ausübung eines öffentlichen Amtes fällt ebenfalls unter die gesetzliche Lohnzahlungspflicht.

Dazu gehört auch das Leisten von Militärdienst, Zivilschutz oder Zivildienst. Die Grundentschädigung der Erwerbsersatzordnung beträgt 80 Prozent des vordienstlichen Einkommens. Dazu kommen Kinderzulagen und eine Entschädigung für Dienstleistende mit Kindern bis zum Alter von 16 Jahren, sofern sie zusätzliche Kosten für die Kinderbetreuung haben. Für Absolventen der Rekrutenschule und Durchdiener gelten tiefere Ansätze. Der Höchstbetrag der Gesamtentschädigung beträgt für Erwerbstätige 245 Franken am Tag, für Nichterwerbstätige 172 Franken (Stand 2021).

Gegenüber seinem Arbeitgeber hat der Arbeitnehmer in diesen Fällen Anspruch auf die Differenz zwischen der Zahlung der Erwerbsersatzordnung und 80 Prozent des Lohns während der gesetzlich vorgeschriebenen Zeit (gemäss den Skalen der Lohnfortzahlung auf Seite 72). Einzel- oder Gesamtarbeitsverträge können vorsehen, dass für Wiederholungskurse oder Zivilschutzkurse der volle Lohn weiterbezahlt wird.

Die Regeln des Betreuungsurlaubs

Seit dem Jahr 2021 existiert ein gesetzlicher Anspruch auf Betreuungsurlaub. Danach haben Angestellte Anspruch auf bezahlten Urlaub für die Zeit, die zur Betreuung eines Familienmitglieds, der Lebenspartnerin oder des Lebenspartners mit gesundheitlicher Beeinträchtigung notwendig ist. Zu den Familienmitgliedern gehören Kinder, Eltern, Ehepartner und Schwiegereltern.

Als Lebenspartner oder Lebenspartnerin gelten alle Personen, mit denen die Angestellten seit mindestens fünf Jahren ohne Unterbruch zusammenleben. Der Betreuungsurlaub beträgt höchstens drei Tage pro Ereignis und höchstens zehn Tage pro Jahr. Der Betreuungsbedarf muss auf Verlangen des Arbeitsgebers nachgewiesen werden, was am besten durch ein ärztliches Zeugnis geschieht. Bei Kindern kann der Betreuungsurlaub unter Umständen auch länger als zehn Tage pro Jahr dauern, wobei dann allerdings nicht mehr unbedingt ein Lohnanspruch besteht.

Ab 2021 gibt es zudem einen Anspruch für erwerbstätige Eltern auf einen maximal 14-tägigen Urlaub für die Betreuung eines schwerkranken oder verunfallten Kindes. Dieser Urlaub kann innerhalb von 18 Monaten entweder am Stück oder tageweise bezogen werden. Entschädigt wird er über die Erwerbsersatzordnung. Entschädigt werden 80 Prozent des Lohnes, höchstens aber 196 Franken pro Tag (Stand 2021). Vater und Mutter können den Urlaub untereinander aufteilen.

Persönlichkeitsrecht, Schadenersatz
Der Chef darf nicht «Big Brother» spielen

Laut Gesetz dürfen Arbeitgeber nur Informationen über ihre Arbeitnehmer in den Personaldossiers aufbewahren, die in direktem Zusammenhang mit dem Arbeitsverhältnis stehen. Arbeitnehmer können sich gegen persönlichkeitsverletzende, überflüssige oder falsche Angaben wehren.

Angestellte erhalten nicht automatisch Einblick in die persönlichen Dossiers der Personalabteilungen. Meistens erfahren sie – wenn überhaupt – durch Äusserungen von Drittpersonen, dass möglicherweise für sie unvorteilhafte Unterlagen bei ihren Akten liegen.

Spätestens dann sollten sie Einsicht in ihr Personaldossier verlangen. Nach dem Datenschutzgesetz haben die Angestellten ein Recht zu wissen, was im Personaldossier steht. Der Arbeitgeber kann ein Auskunftsgesuch durch Fotokopien oder einen Ausdruck beantworten. Der Arbeitgeber kann auch die Einsichtnahme in die originalen Personalakten gestatten. Er muss dies jedoch nicht tun. Die Auskunft ist kostenlos und muss innert längstens 30 Tagen erteilt werden.

Der Arbeitgeber kann eine Offenlegung nur verweigern, wenn «überwiegende Interessen es erfordern», wie es im Datenschutzgesetz wörtlich heisst. Welcher Art diese überwiegenden Interessen sind, wird nicht klar umschrieben.

Arbeitnehmer kann sich im Streitfall ans Gericht wenden

Eine Einschränkung kann zur Wahrung der Persönlichkeitsrechte anderer Arbeitnehmer geboten sein oder es können Geschäftsgeheimnisse in Frage stehen. Doch der blosse Schutz von Informanten genügt nicht. Wenn der Arbeitgeber seine Personaldossiers unter Verschluss halten will, muss er das schriftlich begründen. Im Streitfall kann vom Arbeitnehmer das Gericht angerufen werden.

Der Arbeitgeber darf auch nicht einfach beliebige Daten im Personaldossier ablegen. Persönliche Verhältnisse, Eigenschaften und Neigungen, die für die Arbeit nicht von Bedeutung sind, haben im Personaldossier nichts verloren.

Als allgemeine Grundsätze gelten: Die Beschaffung der Daten muss rechtmässig erfolgt sein, die Bearbeitung muss dem Verhält-

---

INFO

Datenschutz: Auskünfte an Dritte nur mit Einwilligung

Der Arbeitgeber darf ohne Einwilligung des Arbeitnehmers keine Daten an Dritte weitergeben, wenn diese Weitergabe nicht einer gesetzlichen Pflicht entspricht. Selbstverständlich muss er den Lohn bei der AHV-Stelle melden, denn dies ist eine gesetzliche Pflicht. Lohnauskünfte an Kreditkartenorganisationen oder auch Vermieter sind dagegen ohne Einwilligung des Arbeitnehmers nicht erlaubt.

nismässigkeitsgrundsatz genügen, und die Daten müssen richtig sein. Mehr noch: Der Arbeitgeber muss sich zudem regelmässig vergewissern, dass die Daten immer noch korrekt sind.

Stellt ein Arbeitnehmer bei der Einsichtnahme fest, dass im Personaldossier unrichtige Angaben enthalten sind, kann er verlangen, dass diese berichtigt werden. Findet er Daten, die überhaupt nicht ins Personaldossier gehören, kann er deren Entfernung fordern.

Manchmal ist nicht klar, ob eine Information richtig oder unrichtig ist, zum Beispiel weil sie ein Werturteil des Arbeitgebers über den Arbeitnehmer enthält («könnte mehr leisten»). In solchen Fällen gibt das Datenschutzgesetz dem Arbeitnehmer das Recht, im Personaldossier vermerken zu lassen, dass sie die Richtigkeit der Beurteilung bestreitet.

Arbeitgeber muss Angestellte schützen

Arbeitnehmer haben eine Treuepflicht: Sie sind grundsätzlich verpflichtet, den Weisungen des Arbeitgebers nachzukommen. Auf der anderen Seite hat der Arbeitgeber eine sogenannte Fürsorgepflicht. Er muss laut Gesetz die Persönlichkeit der Arbeitnehmer schützen und achten, hat auf die Gesundheit der Belegschaft Rücksicht zu nehmen und für die Wahrung der Sittlichkeit zu sorgen. In diesem Zusammenhang muss er die wirtschaftlich zumutbaren und technisch möglichen Schutzmassnahmen anordnen.

Persönlich- 7
keitsrecht
Schaden-
ersatz

Videoüberwachung ist nicht immer erlaubt

Zum Persönlichkeitsschutz gehört auch die übliche Diskretion. Persönlichkeitsverletzend kann eine zu weit gehende Überwachung am Arbeitsplatz sein.

Es gibt heutzutage vielfältige Überwachungsmöglichkeiten:

■ Registrierung von Telefonaten samt Nummern/Gesprächsdauer
■ Abhören von Telefongesprächen
■ Registrieren der aufgerufenen Internetseiten

Muss der Chef meine Personalakte vernichten?

«Mein Arbeitgeber hat eine Personalakte über mich angelegt. Demnächst werde ich die Stelle aufgeben. Kann ich verlangen, dass der Chef meine Akte vernichtet?»

Ja. Denn nach Beendigung des Arbeitsverhältnisses darf der Chef keine Daten mehr über Sie aufbewahren. Es gibt zwei Ausnahmen: Das Geschäft ist gesetzlich verpflichtet, die Buchhaltungs- und Lohnunterlagen zehn Jahre lang aufzubewahren. Ausserdem können Ex-Angestellte während fünf Jahren seit der Auflösung des Arbeitsverhältnisses ein Zeugnis verlangen. Einige Arbeitsrechtler setzen die Verjährungsfrist für diesen Anspruch auf zehn Jahre an. Der Arbeitgeber darf deshalb Dokumente, die er für ein Arbeitszeugnis benötigt, so lange aufbewahren.

■ Lesen von E-Mails
■ Registrieren von Aktivitäten innerhalb eines bestimmten Computerprogramms
■ Zugangskontrollen
■ Videoüberwachung usw.

Die Verordnung 3 zum Arbeitsgesetz sagt klipp und klar, dass Überwachungs- und Kontrollsysteme, die das Verhalten der Arbeitnehmer am Arbeitsplatz überwachen sollen, nicht eingesetzt werden dürfen. Erlaubt sind hingegen Überwachungs- und Kontrollsysteme aus Sicherheitsgründen, zum Steuern der Produktion und zum Erfassen der Arbeitsleistung. Die betroffenen Arbeitnehmer müssen aber vorgängig informiert werden.

So wurde es zum Beispiel einem Callcenter verboten, die gesamte Geschäftsräumlichkeiten per Video zu überwachen. Dies sei für die Qualitätssicherung nicht notwendig. Zulässig ist die Videoüberwachung, wenn sie vom Arbeitgeber mit primär betrieblichen Interessen begründet wird – zum Beispiel als Schutz vor Ladendieben. Oft ist allerdings nicht leicht zu unterscheiden, ob eine Massnahme der Produktionssteuerung oder der Sicherheitsüberwachung dient und damit zulässig ist oder ob sie dazu dient, die Arbeitnehmer zu kontrollieren, was unzulässig wäre.

In einem vor einiger Zeit gefällten Entscheid hielt das Bundesgericht fest, dass ein im Geschäftswagen eingebautes GPS unter Umständen ein ungerechtfertigtes und daher unzulässiges Überwachungsinstrument des Arbeitnehmers sein könne. Im betreffenden Fall wies das Bundesgericht die kantonale Instanz an, das Funktionieren der technischen Überwachung im Detail zu untersuchen und dann nochmals das Interesse des Arbeitgebers am reibungslosen Arbeitsablauf gegen jenes der

Arbeitnehmer, nicht permanent überwacht zu werden, abzuwägen.

Der Sicherheitsdienst eines Warenhauses wiederum darf die Taschen der Angestellten untersuchen, um Diebstähle zu verhindern.

Vorbehalte meldet der Eidgenössische Datenschutzbeauftragte bei der Aufzeichnung von Mitarbeitertelefonaten an: Mitschneiden darf ein Arbeitgeber nur aus Gründen der Leistungskontrolle – zum Beispiel bei Telefonverkäufen – oder aus Sicherheitsgründen.

Werden Gespräche mitgeschnitten, muss jedoch zuvor die Einwilligung der betroffenen Arbeitnehmer eingeholt werden. Sie haben ein Recht darauf, jeweils vor solchen Kontrollen informiert zu werden. Nicht zulässig sind Kontrollanrufe des Arbeitgebers bei kontaktierten Personen.

Bestehen ernsthafte Hinweise auf kriminelle Tätigkeiten oder andere Missbräuche, darf eine Überwachung oder Durchsuchung auch ohne vorgängige Information der Arbeitnehmer vorgenommen werden.

Das Arbeitsgericht Zürich sprach einer Arbeitnehmerin eine Genugtuung von 1000 Franken zu, weil ihr Arbeitgeber E-Mails und Internetzugriffe kontrolliert hatte und dabei auf private Inhalte und Informationen gestossen war. Das Gericht befand, eine Überwachung sei nur erlaubt, wenn ausgeschlossen werden könne, dass private Inhalte betroffen werden. Der Arbeitgeber habe anzukündigen, wenn er die Internetzugriffe und Dienstenutzungen künftig perso-

nenbezogen kontrollieren und Verstösse disziplinarisch sanktionieren wolle.

Liegen Beweise oder zumindest ein begründeter Verdacht vor, dass ein Arbeitnehmer via E-Mail strafbare Handlungen begeht – zum Beispiel Geschäftsgeheimnisse weitergibt –, hat der Arbeitgeber gemäss dem Eidgenössischen Datenbeauftragten das Recht, das Beweismaterial zu sichern, sprich die verdächtigen E-Mails zu kopieren. Es braucht dafür aber konkrete Anhaltspunkte, nicht bloss vage Vermutungen oder gar nur ein Mangel an Vertrauen gegenüber dem Angestellten.

Im Normalfall aber hat der Arbeitgeber nur Zugang zu den geschäftlichen, nicht jedoch den privaten E-Mails der Arbeitnehmer.

INFO

Rauchen am Arbeitsplatz: Schutz verordnet

Passives Mitrauchen schadet der Gesundheit. Aus diesem Grund beauftragt eine Verordnung des Bundes die Betriebe, dafür zu sorgen, dass Nichtraucher weder vom Qualm ihrer rauchenden Kollegen noch von rauchenden Kunden behelligt werden.

Nichtraucher haben damit seit 1993 das Recht, am Arbeitsplatz ein kategorisches Rauchverbot durchzusetzen. Raucher können allenfalls um einen speziellen Raum für Rauchpausen bitten.

Wenn der Arbeitgeber aber generell die Internet- und Mail-Nutzung zu privaten Zwecken verbietet, ist er auch befugt, die Einhaltung dieses Verbots zu kontrollieren.

Gemäss der Eidgenössischen Datenschutzkommission verletzten systematische Drogentests, die der Pharmakonzern Roche bei Lehrlingen durchführte, das Persönlichkeitsrecht der Betroffenen. Solche Tests seien nur zulässig, wenn ein begründeter Verdacht auf Drogenmissbrauch bestehe und im Einzelfall die Einwilligung des Lehrlings vorliege.

Arbeitgeber muss Gesundheit der Angestellten schützen

Präziser als in den Bereichen des Persönlichkeitsschutzes sind die gesetzlichen Vorschriften im Bereich des Gesundheitsschutzes: Das Obligationenrecht verpflichtet die Arbeitgeber, alle Massnahmen zur Erhaltung der Gesundheit ihrer Belegschaft zu treffen, die technisch möglich und wirtschaftlich zu verkraften sind. Im Arbeitsgesetz und den dazugehörenden Verordnungen und in der Verordnung zur Unfallverhütung sind die Vorschriften über den Gesundheitsschutz festgehalten:

■ Es müssen Schutzvorrichtungen an Maschinen und Geräten angebracht werden, um das Unfallrisiko während der Arbeit so weit wie möglich zu vermindern.

■ Für gefährliche Arbeiten darf nur Personal eingesetzt werden, das mit der nötigen Ausbildung und Erfahrung das Risiko vermindern kann.

Der Arbeitgeber muss nicht nur für die Gesundheitsschutzmassnahmen aufkommen. Er muss die Belegschaft auch darüber informieren und dafür sorgen, dass Sicherheitsbestimmungen eingehalten

---

FRAGE

Dürfen Arbeitgeber über Lohn Auskunft geben?

«Ich habe mich um eine Stelle beworben. Beim Bewerbungsgespräch stellte ich fest, dass der bisherige Arbeitgeber meinen Lohn bekannt gegeben hatte. Für meine Verhandlungsposition war das ungünstig. Ist es zulässig, dass ein Betrieb bei einer Referenzauskunft den Lohn des Angestellten verrät?»

Nein. Ein ehemaliger Arbeitgeber muss sich im Rahmen von Referenzauskünften grundsätzlich an das halten, was im Arbeitszeugnis steht. Die Informationen müssen sich deshalb auf die Leistung und das Verhalten im Betrieb beschränken. Mündliche Referenzauskünfte sollen Angaben, die aus den Bewerbungsunterlagen schriftlich hervorgehen, vervollständigen.

Die Höhe des Lohns wird im Arbeitszeugnis nie erwähnt. Sie sagt nichts über die fachliche Eignung eines Bewerbers aus – und darf deshalb auch bei Referenzauskünften kein Thema sein.

werden. Der Unternehmer ist zudem dafür verantwortlich, dass Arbeits- und Nebenräume in einwandfreiem Zustand sind.

Legt ein Arbeitgeber in den Bereichen Arbeitssicherheit und Gesundheitsschutz zu viel Nachlässigkeit an den Tag, können die Arbeitnehmer oder ihre Vertrauensleute der Gewerkschaft das Arbeitsinspektorat oder die Suva einschalten. Arbeitsinspektorat und Suva kontrollieren ohnehin in Stichproben die ihnen unterstellten Betriebe.

Ist die Sicherheit bei der Arbeit überhaupt nicht gewährleistet, hat die Belegschaft das Recht, die Arbeit zu verweigern. Allerdings dürfen die Beschäftigten erst in den Ausstand treten, wenn sie den Arbeitgeber auf die unzumutbare Situation am Arbeitsort hingewiesen haben und dieser ihre Einwände ignoriert hat.

Kann dem Arbeitgeber eine Nachlässigkeit bezüglich Sicherheit am Arbeitsplatz nachgewiesen werden, haftet er bei einem Unfall. Zunächst aber kommt einmal die Unfallversicherung für den Schaden auf. Sie zahlt die Heilungskosten und ab dem dritten Tag nach dem Unfall ein Taggeld in der Höhe von 80 Prozent des Lohns. Bleibt aufgrund des Unfalls eine dauernde Invalidität, entrichtet die Unfallversicherung eine monatliche Rente von 80 Prozent des Lohns und eine einmalige Integritätsentschädigung. Das ist eine Art Genugtuung.

Für die ungedeckten 20 Prozent des Lohns und ein zusätzliches Schmerzensgeld muss der Arbeitgeber aufkommen. Sein Verschulden ist Voraussetzung für diese Haftung. Beweispflichtig ist der Arbeitnehmer.

Kann der verunfallte Arbeitnehmer als Folge des Unfalls auch seinen Erziehungs- und Betreuungsaufgaben nicht mehr oder nicht mehr vollständig nachkommen oder kann er den Haushalt nicht mehr besorgen, schuldet der Arbeitgeber auch dafür Schadenersatz.

Arbeitgeber müssen die Angestellten gleich behandeln

Ein Arbeitgeber muss seine Arbeitnehmer nicht nur respektieren und ihre Arbeitssicherheit gewährleisten. Er untersteht auch dem Gleichbehandlungsgebot.

Verboten ist die willkürliche Schlechterstellung einzelner Arbeitnehmer im gleichen Betrieb, etwa bei der Gewährung freiwilliger Vergütungen, Gratifikationen, Zulagen, Lohnerhöhungen usw. Dem Buchstaben nach darf also ein Arbeitgeber keine Person schlechter behandeln als eine andere. Gleichzeitig hat er aber das Recht, beim Lohn und den Arbeitsbedingungen der Qualifikation, dem Alter und der Berufserfahrung seiner Angestellten Rechnung zu tragen.

Das allgemeine Gleichbehandlungsgebot ist in der Praxis häufig wenig hilfreich, weil es im Widerspruch zum – meistens höher bewerteten – Grundsatz der Vertragsfreiheit steht. Griffiger ist das Verbot der Diskriminierung aufgrund des Geschlechts. In diesem Bereich schafft das Gleichstellungsgesetz konkrete und durchsetzbare Ansprüche. Wird etwa bei einer Bewerbung ein Mann wegen seines Geschlechts vorgezogen, kann die weibliche Stellenanwärterin wegen Diskriminierung klagen – und umgekehrt.

Das Gleichstellungsgesetz gilt in allen Bereichen des Arbeitsalltags. Wird einer Frau die Beförderung mit der Begründung verweigert, man befürchte, dass sie bald einmal schwanger werde, und wird deswegen an ihrer Stelle ein Mann auf den freien Posten gehoben, könnte sie sich auf das Gleichstellungsgesetz berufen und die kantonale Schlichtungsstelle oder das Gericht anrufen. Das Verfahren wäre kostenlos. Das Gleiche gilt für eine kaufmännische Angestellte, welche die Prokura nur deshalb nicht erhält, weil sie eine Frau ist.

Schutz vor sexueller Belästigung

Unter sexueller Belästigung sind körperliche, verbale und nonverbale Handlungen mit sexuellem Bezug zu verstehen, die gegen den Willen einer Person vorgenommen werden. Das Gesetz schützt auch in diesem Bereich die Integrität der Arbeitnehmer. Ein Arbeitgeber oder Mitarbeiter macht sich sogar strafbar, wenn er mit Drohungen oder Versprechungen sexuelles Entgegenkommen erzwingt. Der Arbeitgeber muss dafür sorgen, dass in seinem Unternehmen sexuelle Belästigungen unterbleiben – das gehört zu seiner Fürsorgepflicht.

Verhalten sich Arbeitnehmer nicht korrekt, hat er die Pflicht, einzuschreiten. Lässt er die Belästiger gewähren, können belästigte Arbeitnehmer die Arbeit verweigern, bis der Arbeitgeber dem Missstand ein Ende bereitet.

Ein solcher sexueller Übergriff kann mit einer Summe von bis zu sechs Monatslöhnen entschädigt werden. Berechnet wird die Entschädigung nicht aufgrund des individuellen Gehalts, sondern auf der Basis des Durchschnittslohns. Im Fall einer schwerwiegenden Persönlichkeitsverletzung muss der Arbeitgeber unter Umständen auch noch eine Genugtuung bezahlen.

Kündigt ein belästigter Arbeitnehmer fristlos, hat er Anspruch auf Schadenersatz. Dieser setzt sich zusammen aus dem entgangenen Gehalt bis zum Ablauf der vereinbarten Kündigungsfrist und einer Entschädigung wegen sexueller Belästigung. Der Arbeitgeber kann sich der Zahlung einer Entschädigung entziehen, wenn er beweisen kann, dass er alles getan hat, um die sexuelle Belästigung zu beenden.

Wegweisend in Sachen sexueller Belästigung am Arbeitsplatz war ein Urteil des Zürcher Arbeitsgerichts vom 30. September 1998: Zwei junge Frauen hatten als «Praktikantinnen» in einem Restaurant gearbeitet. Dort wurden sie von einem Vorgesetzten wiederholt und grob sexuell belästigt. Eingeschüchtert, trauten sie sich lange Zeit nicht, die Geschäftsleitung von den Übergriffen in Kennt-

Streikrecht ist von Gerichten anerkannt

Das Streikrecht ist in der Bundesverfassung gewährleistet (Art. 28). Gemäss dem Wortlaut dieses Artikels sind Streiks zulässig, wenn sie Arbeitsbeziehungen betreffen und wenn keine Verpflichtungen entgegenstehen, den Arbeitsfrieden zu wahren oder Schlichtungsverhandlungen zu führen. Die Gerichtspraxis hat diese Bedingungen teilweise ausgeweitet:

■ Der Streik muss von einer Gewerkschaft oder einem anderen Berufsverband geführt werden. Diese Bedingung ist auch erfüllt, wenn eine Gewerkschaft den Streikbeschluss einer Arbeitnehmergruppe nachträglich genehmigt.

■ Das Streikziel muss über einen Gesamtarbeitsvertrag zu regeln sein.

■ Gestreikt werden darf erst, wenn sämtliche Verhandlungsmöglichkeiten ausgeschöpft sind.

■ Ein Streik ist nur rechtens, wenn die Gesamtarbeitsverträge, die eine Friedenspflicht vorschreiben, nicht mehr in Kraft sind.

■ Die von den Streikenden eingesetzten Mittel müssen verhältnismässig sein.

Im Einzelnen ist vieles umstritten. Nach der Bundesverfassung werden politische Arbeitskämpfe und Sympathiestreiks nicht als rechtmässig angesehen. Und die Verfassung lässt zu, dass gewissen Arbeitnehmerkategorien das Streiken verboten wird. Gemeint sind damit primär Arbeitnehmer im Bereich der öffentlichen Sicherheit, der Gesundheit und der Sicherheitsdienste. Den Pöstlern darf der Streik nicht mehr untersagt werden, den Polizisten aber schon.

Auf der anderen Seite gesteht die Verfassung den Arbeitgebern das Recht auf Aussperrung zu.

Wer streikt, dem darf nicht deswegen gekündigt werden – weder fristlos noch ordentlich. Greift der betroffene Arbeitgeber trotzdem zu diesem Mittel, ist eine solche Kündigung missbräuchlich und berechtigt den Gekündigten zu einer Entschädigung.

nis zu setzen. Erst nach geraumer Zeit informierten sie die Geschäftsleitung. Sie verlangten eine Entschädigung und blieben von diesem Tag an der Arbeit fern. Die Geschäftsleitung konterte die Beschwerde mit der fristlosen Kündigung.

Das Arbeitsgericht sprach den beiden Praktikantinnen wegen ungerechtfertigter fristloser Kündigung je sechs Monatslöhne und drei Durchschnittsgehälter wegen sexueller Belästigung zu. Darüber hinaus musste der Arbeitgeber je 7000 Franken Genugtuung an die Klägerinnen zahlen.

Das Gericht stellte fest, man habe die beiden Frauen nur deshalb fristlos entlassen, weil sie sich gegen sexuelle Belästigung zur Wehr gesetzt hatten. Der Ar beitgeber habe nicht nur gegen das Obligationenrecht, sondern auch gegen das Gleichstellungsgesetz verstossen. Dieses hält fest, dass bei diskriminierender Kündigung eine Entschädigung von bis zu sechs Monatsgehältern geschuldet ist. Zwar können die Entschädigungen für eine fristlose und eine diskriminierende Kündigung nicht einfach aufgerechnet werden, aber das Zürcher Arbeitsgericht hat den doppelten Rechtsbruch bei der Festsetzung der Summe erhöhend berücksichtigt.

In diesem Prozess konnte nicht nachgewiesen werden, dass die Geschäftsleitung von den sexuellen Übergriffen ihres Kadermanns gewusst hatte. Aber der beklagte Arbeitgeber musste sich den Vorwurf machen lassen, dass er allgemein nichts zur Vermeidung von sexueller Belästigung am Arbeitsplatz unternommen hatte.

Der Arbeitgeber müsse allen Angestellten schriftlich klarmachen, dass sexuelle Belästigung nicht geduldet würde, unterstrich das Gericht. Potenzielle Opfer müssten wissen, dass sich der Arbeitgeber loyal verhalten würde. Komme es trotzdem zu Übergriffen, müsse der Arbeitgeber das Gespräch mit dem Opfer suchen und dann dem Beschuldigten Gelegenheit zur Stellungnahme geben. Weiter wäre es laut dem Gericht die Pflicht des Arbeitgebers gewesen, den Opfern einen zumutbaren Arbeitsplatz zur Verfügung zu stellen.

Dieses Urteil des Zürcher Arbeitsgerichts signalisiert den Arbeitgebern, dass es teuer werden kann, wenn sexueller Belästigung am Arbeitsplatz nicht Einhalt geboten wird.

Das Bundesgericht entschied, dass die hierarchische Rückstufung eines Arbeitnehmers eine Persönlichkeitsverletzung darstellen kann, wenn sachliche Gründe für diese Massnahme fehlen oder der Arbeitnehmer nicht gehörig angehört wurde, bevor die Rückstufung beschlossen wurde. Die Kündigung, die erfolgte, weil der betreffende Arbeitnehmer die Rückstufung nicht akzeptierte, wurde als missbräuchlich qualifiziert.

Verbandsmitgliedschaft – auch ein Persönlichkeitsrecht

Jeder Arbeitnehmer hat nach Verfassung das Recht, sich einem berufspolitischen Verband oder einer Gewerkschaft anzuschliessen. Vertragliche Abmachungen, die eine Mitgliedschaft behindern oder untersagen, sind rechtswidrig. Unzulässig ist es auch, wenn sich ein Arbeitgeber bei einem Bewerbungsgespräch nach gewerkschaftlichen Aktivitäten erkundigt. Selbstverständlich ist es auch widerrechtlich, wenn Arbeitgeber mit schwarzen Listen vor der Einstellung gewerkschaftlicher Aktivisten warnen.

Die Belegschaft schweizerischer Betriebe hat zwar das Recht, sich gewerkschaftlich zu organisieren, aber die Berechtigung zu entsprechenden Aktivitäten im direkten Arbeitsbereich ist ziemlich eingeschränkt. So hiess das Zürcher Obergericht die ordentliche Kündigung einer Gruppe von Gewerkschaftern gut, die während der Arbeitszeit eine Betriebszeitung verteilt hatten. Gewerkschaftliche Aktivitäten im Betrieb, erklärten die Oberrichter, seien nur zulässig, wenn ein GAV oder die Hausordnung diese vorsehe. Zudem schränke die Treuepflicht gegenüber dem Arbeitgeber die Agitation gewerkschaftlich organisierter Angestellter ein. Im konkreten Fall sei dem Arbeitgeber nicht zuzumuten, dass das Betriebsklima durch eine polemische Zeitung vergiftet werde.

Die Haltung des Zürcher Obergerichts darf jedoch nicht als Modellfall genommen werden. Sie kollidiert mit dem verfassungsmässigen Recht der Arbeitnehmer, sich zum Schutz ihrer Interessen zusammenzuschliessen und Vereinigungen zu bilden. Dies ergibt aber nur Sinn, wenn das Recht besteht, zur Verbesserung der Arbeitsbedingungen auch dort tätig zu sein, wo sich das Arbeitsleben abspielt – also im Betrieb.

Die gewerkschaftsfeindliche Haltung des Zürcher Obergerichts widerspricht auch dem heute geltenden Kündigungsrecht, das einen Rauswurf wegen gewerkschaftlicher Betätigung nicht akzeptiert. Gewerkschafts- oder Verbandsmit-

Mitwirkungsrecht: Betriebskommission vertritt die Arbeitnehmerinteressen

Das Mitwirkungsgesetz bestimmt, dass in Betrieben mit mindestens 50 Arbeitnehmern diese aus ihrer Mitte eine Arbeitnehmervertretung wählen können.

Das Verfahren ist aber umständlich: Zunächst muss ein Fünftel der Arbeitnehmer eine Arbeitnehmervertretung beantragen – in Betrieben mit mehr als 500 Beschäftigten reichen 100. Dann wird in einer geheimen Abstimmung ermittelt, ob die Mehrheit sich für oder gegen eine Arbeitnehmervertretung ausspricht. Wenn das Ergebnis positiv ist, wird die Wahl einer Arbeitnehmervertretung durchgeführt.

Die Kompetenzen der Arbeitnehmervertretung sind bescheiden. Einmal pro Jahr muss der Arbeitgeber die Betriebskommission über den Geschäftsgang informieren. Im Übrigen hat die Arbeitnehmervertretung gewisse Mitwirkungsrechte beim Gesundheitsschutz, bei Betriebsübergängen sowie bei Massenentlassungen. Sie darf ihre Tätigkeit während der Arbeitszeit ausführen.

Es ist dem Arbeitgeber verboten, die Mitglieder der Arbeitnehmervertretung in ihren Aufgaben zu behindern und sie in irgendeiner Form zu diskriminieren, auch nach Beendigung des Mandats. Die Arbeitnehmervertretung ist auf der anderen Seite zur Verschwiegenheit verpflichtet. Ihre Mitglieder dürfen auf keinen Fall vertrauliche Informationen ausplaudern.

glieder, welche die Belegschaft in Gremien vertreten, geniessen verstärkten Kündigungsschutz. Allerdings ist auch heute noch nicht klar geregelt, wie weit die Aktivitäten von Gewerkschaftern innerhalb eines Betriebs gehen dürfen.

Zumindest das Recht, in den Betrieben über die individuellen und kollektiven Rechte zu informieren und für die gewerkschaftlichen Anliegen zu werben, muss der Arbeitnehmerseite zuerkannt werden. Das zuständige Komitee der Internationalen Arbeitsorganisation bejaht ein solches gewerkschaftliches Recht auf Zugang zum Arbeitsplatz aufgrund internationaler Abkommen ausdrücklich auch für die Schweiz. Selbstverständlich dürfen durch solche Aktivitäten die Arbeitsabläufe nicht gestört werden.

Präzisiert wird der Handlungsspielraum von Betriebskommissionsmitgliedern und Vertrauensleuten meistens in den Gesamtarbeitsverträgen.

Theoretisch gewährleistet das Gesetz die Bildung von Betriebskommissionen, welche die Interessen der Belegschaft vertreten und bei Willkürakten des Arbeitgebers einschreiten sollten (siehe Kasten Seite 97). Die Mitglieder der Betriebskommission haben aber lediglich ein Anhörungsrecht, jedoch kein Mitbestimmungsrecht, wenn der Betrieb verkauft wird oder bei Massenentlassungen. Ein reales Mitbestimmungsrecht hat die Arbeitnehmervertretung, wenn der Arbeitgeber die Pensionskasse wechseln will. Dies darf nämlich nur im Einverständnis mit dem Personal oder der allfälligen Arbeitnehmervertretung geschehen. Nicht notwendig ist dieses Einverständnis, wenn nicht der Arbeitgeber die Pensionskasse freiwillig wechselt, sondern die Pensionskasse dem Arbeitgeber den Vertrag kündigt.

Wichtig: Wenn im Betrieb keine Arbeitnehmervertretung existiert, kann die Belegschaft direkte Information und Mitwirkung verlangen.

Beschäftigte schulden Treue und Loyalität

Das Obligationenrecht verpflichtet die Angestellten, die Interessen ihres Arbeitgebers zu wahren. Diese Treuepflicht verlangt neben sorgfältiger Arbeit, alles zu vermeiden, was dem Betrieb schaden könnte. So ist die Geheimhaltung geschäftlicher Interna so selbstverständlich wie ein Konkurrenzverbot während der Dauer des Arbeitsverhältnisses.

Wenn Angestellte in ihrer Freizeit für einen Konkurrenten arbeiten oder selber ein Produkt herstellen, mit dem sie ihren Arbeitgeber konkurrenzieren, verletzen sie ihre Treuepflicht. Ein solcher Verstoss kann die fristlose Kündigung zur Folge haben. Anders sieht es aus, wenn Angestellte ihre Fertigkeiten, die sie tagsüber in den Dienst des Arbeitgebers stellen, in der Freizeit bei Bekannten oder Freunden einsetzen. Nebenerwerbstätigkeiten, die den Arbeitgeber nicht konkurrenzieren, sind erlaubt, solange sie Pflichten aus dem Arbeitsverhältnis nicht beeinträchtigen.

Ist eine Nebenbeschäftigung erlaubt?

«Ich bin als Sanitärinstallateur in einem Vollpensum angestellt. Nun könnte ich nebenbei für meinen Vermieter zwei bis drei Stunden pro Woche als Hauswart arbeiten. Darf ich das?»

Ja. Eine Nebenbeschäftigung ist grundsätzlich nur dann verboten, wenn sie die Treuepflicht verletzt, die Sie gegenüber Ihrem Arbeitgeber haben. Dies wäre etwa dann der Fall, wenn die Nebentätigkeit Ihren Arbeitgeber konkurrenzieren oder dazu führen würde, dass Sie übermüdet zur Arbeit erscheinen und nicht oder vermindert leistungsfähig wären.

Allerdings können im Arbeits- oder Gesamtarbeitsvertrag Regelungen getroffen werden, die vom Gesetz abweichen. So wird häufig vereinbart, dass Nebentätigkeiten vom Arbeitgeber bewilligt werden müssen. Dieser darf die Genehmigung aber nicht willkürlich verweigern.

Auch ein Verbot jeglicher Nebenbeschäftigung geht zu weit.

Wenn allerdings Angestelllte in der Freizeit bis zur totalen Erschöpfung ihren Nebenerwerb forcieren und dann am Arbeitsplatz während der Haupterwerbszeit vor sich hin dösen, braucht der Arbeitgeber diesen Zustand nicht zu tolerieren.

Bei Teilzeitarbeit greift das Verbot konkurrenzierender Tätigkeit nicht. Eine Ausnahme ist nur möglich, wenn Arbeitgeber und Angestellte das ausdrücklich vereinbart haben. Das Arbeitsgericht Zürich hielt eine Klausel im Arbeitsvertrag einer Teilzeitmitarbeiterin eines Callcenters für rechtmässig, wonach ihr während der Dauer des Arbeitsverhältnisses jede Tätigkeit für ein anderes Callcenter untersagt war.

Das Arbeitsgericht hielt fest, dass ein Verbot konkurrenzierender Nebentätigkeit auch bei Teilzeitarbeit grundsätzlich zulässig sei. Im konkreten Fall war es der Arbeitnehmerin auch nicht verboten, einer anderen Nebentätigkeit nachzugehen. Es empfiehlt sich, mit dem Arbeitgeber eine ausdrückliche Vereinbarung zu treffen, wenn man in der gleichen Branche einen zweiten Job annehmen will.

Selbstverständlich dürfen Beschäftigte interne Informationen weder am Biertisch noch in den Büros der Konkurrenz breitschlagen. Wer sein Mitteilungsbedürfnis nicht kontrollieren kann, verstösst gegen die Treuepflicht. Die Pflicht zur Diskretion bleibt auch bei einem neuen Arbeitsverhältnis bestehen, soweit der vorherige Arbeitgeber ein berechtigtes Interesse an einer Geheimhaltung haben kann.

Allerdings hat die Pflicht zur Verschwiegenheit auch Grenzen. So wies das Zürcher Obergericht eine Klage ab, mit der ein Arbeitgeber einem ehemaligen Angestellten verbieten lassen wollte, die Adressen und Telefonnummern von Kunden, die dieser während des Arbeitsverhältnisses betreut hatte, zu verwenden. Das Gericht befand, dass die nachwirkende Verschwiegenheitspflicht nicht so weit gehen dürfe, dass daraus praktisch ein Konkurrenzverbot wird.

Ein Verstoss gegen die Geheimhaltungspflicht kann im schlimmsten Fall strafrechtliche Folgen haben.

Die Angestellten dürfen den Betrieb auch nicht finanziell schädigen. Dies gehört ebenfalls zur Treuepflicht. Unüblich häufige private Telefongespräche, Surfen im Internet zu Privatzwecken oder das Benutzen betrieblicher Einrichtungen für arbeitsfremde Zwecke kann zu Schadenersatzforderungen und sogar zu fristlosen Entlassungen führen.

Verboten ist es auch, nach der Kündigung Arbeitskollegen für ein eigenes Unternehmen abzuwerben, solange das Arbeitsverhältnis zum alten Arbeitgeber noch besteht.

Konkurrenzverbot möglichst vermeiden

Das Gesetz enthält kein Konkurrenzverbot über das Arbeitsverhältnis hinaus. Das heisst: Ohne eine anderslautende Abmachung kann ein Arbeitnehmer nach dem Verlassen einer Stelle jeden neuen Job annehmen – und auch den vorherigen Arbeitgeber konkurrenzie-

ren. Arbeitgeber und Arbeitnehmer können jedoch im Arbeitsvertrag ein solches Verbot vereinbaren. Aber nur in engen Grenzen:

■ Das Konkurrenzverbot ist nur gültig, wenn es schriftlich abgeschlossen wird, das heisst von beiden Parteien unterzeichnet wird. Es reicht nicht, wenn im Vertrag ein Verweis auf ein entsprechendes Anstellungsreglement enthalten ist.

■ Ein Konkurrenzverbot ist nur gültig, wenn es eine Tätigkeit in einer Firma untersagt, die tatsächlich deckungsgleiche Angebote auf den Markt bringt. So hat das Zivilgericht Basel-Stadt entschieden, dass ein Glashandelsgeschäft kein Konkurrenzverbot für eine Fensterfabrik fordern kann. Ebenso wenig kann ein Weinhändler seinen Arbeitnehmern per Konkurrenzverbot den Stellenwechsel zu einem gastgewerblichen Betrieb untersagen.

■ Wer über ein Temporärbüro an eine Stelle vermittelt wird, hat das Recht, einen ordentlichen Vertrag mit der Firma, in der er arbeitet, abzuschliessen. Ein temporärer Arbeitgeber kann kein Konkurrenzverbot verlangen.

■ Beschäftigte, die in die Kundenlisten des Arbeitgebers keine Einsicht haben, dürfen nicht mit einem Konkurrenzverbot an den Arbeitgeber gefesselt werden. Geschützt werden nur intensiv gepflegte Geschäftsbeziehungen. Wo es bloss um einmalige Bestellungen oder Dienstleistungen geht, ist diese Voraussetzung nicht erfüllt. Deshalb wurde ein Konkurrenzverbot bei Servicemonteuren oder Mitarbeitern einer Reinigungsfirma für unzulässig erklärt. Ebenfalls abgelehnt wurde ein Konkurrenzverbot für einen Hauswart.

Arbeitnehmer im Aussendienst, im Verkauf oder im Marketingbereich kennen dagegen den Kundenstamm ihres Arbeitgebers sehr genau. In ihrem Fall wäre ein vertragliches Konkurrenzverbot zulässig.

■ In Berufen, in denen die Kunden mit Arbeitnehmern auf Grund eines besonderen Vertrauensverhältnisses oder auf Grund der besonderen beruflichen Fähigkeiten verkehren, ist ein Konkurrenzverbot ungültig. Beispiele: Einer begabten Kosmetikerin kann die Tätigkeit in der gleichen Stadt vom vorherigen Arbeitgeber mit Hinweis auf ein vertragliches Konkurrenzverbot nicht untersagt werden. Die Rechtslage verändert sich auch nicht, wenn Stammkundinnen des vorherigen Arbeitgebers dem alten Salon den Rücken kehren.

Gleiche Überlegungen gelten im Übrigen für Coiffeure, Schneider und für freiberufliche Ärzte, Rechtsanwälte oder Architekten.

■ Ein Konkurrenzverbot ist zulässig, wenn Angestellte Fabrikations- und Geschäftsgeheimnisse des Betriebs kennen. In Frage kommt dabei technisches wie kaufmännisches Wissen, zum Beispiel Kenntnisse über Konstruktionspläne, Produktionsverfahren, Forschungsergebnisse, Kalkulationsgrundlagen, spezielle Bezugsquellen oder die Verkaufsorganisation. Es muss sich aber um reale Geheimnisse handeln. Wo es keine geheim zu haltenden Tatsachen gibt, ist ein Konkurrenzverbot unzulässig.

■ Ein Konkurrenzverbot ist zudem nur gültig, wenn bei einem Stellenwechsel die Möglichkeit einer erheblichen Schädigung des früheren Arbeitgebers zu befürchten ist.

■ Ein vereinbartes Konkurrenzverbot ist hinfällig, wenn der Arbeitgeber kündigt, ohne dass der Arbeitnehmer ihm dazu begründeten Anlass gegeben hat. Es wird auch wirkungslos, wenn ein Angestellter kündigt, weil der Betrieb ihm berechtigten Anlass dazu gegeben hat. Als begründeter Anlass wurde in einem Fall die Rückstufung eines Mitarbeiters vom Gebietsleiter zum gewöhnlichen Verkäufer anerkannt und in einem andern Fall ein allgemein schlechtes Betriebsklima, wobei das Verhalten der Vorgesetzten dazu massgeblich beitrug. Ebenfalls als begründeter Anlass wird ein Lohn betrachtet, der wesentlich unter dem marktüblichen liegt. Im Fall einer einvernehmlichen Beendigung des Arbeitsverhältnisses fällt das Konkurrenzverbot nicht automatisch dahin. Dies muss vielmehr in der Vereinbarung ausdrücklich so geregelt werden.

Einschränkung des Konkurrenzverbots

Ein Konkurrenzverbot kann nicht für ein ganzes Leben vereinbart werden. Es ist nach Ort, Zeit und Geschäftsbereich zu befristen, damit «eine unbillige Erschwerung des wirtschaftlichen Fortkommens

Konkurrenzverbot vermeiden

Immer häufiger finden sich in Arbeitsverträgen Konkurrenzverbote. Diese untersagen den Angestellten, eine bestimmte Zeit nach Auflösung des Arbeitsvertrags in der gleichen Branche – etwa bei der Konkurrenz – tätig zu sein. Eine solche Klausel erschwert den Stellenwechsel und die spätere Stellungssuche und ist wenn immer möglich zu vermeiden. Lässt es sich nicht umgehen, ist auf Folgendes zu achten:

■ Die Dauer des Konkurrenzverbots sollte zeitlich eng beschränkt sein – möglichst nicht länger als ein Jahr.

■ Das Konkurrenzverbot soll geografisch eingeschränkt sein – auf eine Stadt, aber nicht eine ganze Region oder die ganze Deutschschweiz.

■ Möglichst keine Vereinbarung mit einer Konventionalstrafe unterschreiben. Wenn der Arbeitgeber unbedingt das Konkurrenzverbot durch eine Konventionalstrafe absichern will, möglichst tiefe Summen aushandeln (maximal ein bis zwei Monatslöhne).

der Arbeitnehmer ausgeschlossen ist», schreibt das Gesetz.

Das Konkurrenzverbot darf sich – sofern keine aussergewöhnlichen Umstände vorliegen – maximal über einen Zeitraum von drei Jahren erstrecken. Geografisch ist das Konkurrenzverbot auf den Aktionsraum des Arbeitgebers beschränkt. Ein Konkurrenzverbot darf nicht zu einem eigentlichen Berufsverbot ausarten – es muss sich auf die Branche beziehen, in der das Unternehmen aktiv ist. Wer also bei den Vertragsverhandlungen einem Konkurrenzverbot zustimmt, sollte zumindest dafür

sorgen, dass der Geltungsbereich klar umschrieben wird (siehe Kasten links).

Verzichten Angestellte auf diese Präzisierung, haben sie im Fall einer Kündigung des Vertrags nur noch die Chance, vor Gericht ein übermässiges Konkurrenzverbot einschränken zu lassen.

Weniger streng wird die Frage, ob ein Konkurrenzverbot übermässig ist, beurteilt, wenn der betreffende Arbeitnehmer eine Extra-Entschädigung für das Konkurrenzverbot erhalten hat.

Wie verhält es sich mit Vertragsklauseln, wonach sich der Arbeitnehmer verpflichtet, während zweier Jahre keine Arbeitnehmer oder Kunden des bisherigen Arbeitgebers abzuwerben? Nach einem Entscheid des Bundesgerichts ist eine solche Vertragsklausel gleich zu behandeln wie ein Konkurrenzverbot, wenn wirklich eine konkurrenzierende Tätigkeit im gleichen Markt angestrebt wird. Das heisst, diese Klausel ist gültig, sofern die strengen gesetzlichen Voraussetzungen des Konkurrenzverbots erfüllt sind.

Ein in der Arbeitsvermittlung und dem Personalverleih tätiges Unternehmen erhielt vom Bundesgericht eine Konventionalstrafe zugesprochen. Der ehemalige Arbeitnehmer hatte gegen eine Vertragsklausel verstossen, gemäss der er während 24 Monaten nach Beendigung des Arbeitsverhältnisses keine Arbeitnehmer oder Kunden des Arbeitgebers abwerben oder an die Konkurrenz vermitteln darf.

Teurer Bruch des Konkurrenzverbots

Ein Konkurrenzverbot ist keine Leerformel. Ignorieren Beschäftigte eine korrekt vereinbarte Konkurrenzklausel, hat der Arbeitgeber Anrecht auf Schadenersatz. Weil in der Praxis der effektive Schaden meist schwierig zu errechnen ist, sind Konkurrenzklauseln oft mit einer Konventionalstrafe gekoppelt. Das heisst: Es wird gleich im Vertrag festgehalten, dass bei Aufnahme einer konkurrenzierenden Tätigkeit nach dem Verlassen der Stelle ein Betrag von beispielsweise 50 000 Franken geschuldet ist.

Wenn die Höhe einer solchen Konventionalstrafe unverhältnismässig ist, kann sie durch ein Gericht gekürzt werden. Im Allgemeinen dürfte eine Konventionalstrafe von einem oder mehreren Monatslöhnen nicht anfechtbar sein. Ein Jahreslohn ist aber eindeutig zu hoch.

Der Arbeitgeber könnte über die Konventionalstrafe hinaus auch weiteren Schadenersatz fordern, zum Beispiel für eine erlittene Umsatzeinbusse. Seinen Schadenersatzanspruch müsste der Arbeitgeber allerdings auf Franken und Rappen belegen.

Ohne Bedeutung ist, ob der Arbeitnehmer seinen ehemaligen Betrieb durch eine selbständige oder unselbständige Tätigkeit konkurrenziert.

Einen Bruch des Konkurrenzverbots kann auch die Beteiligung an einem Konkurrenzunternehmen darstellen – zum Beispiel als Verwaltungsrat oder Geschäftsführer. Wer nur Aktionär des Konkurrenzbetriebs ist, dem müsste ein realer Einfluss auf die Geschäftsführung nachgewiesen werden, sonst kommt das Konkurrenzverbot nicht zum Tragen.

Unter Umständen hat es nicht einmal damit sein Bewenden, dass der fehlbare Arbeitnehmer die Konventionalstrafe bezahlt. Unter bestimmten, sehr strengen Voraussetzungen kann ihm der ehemalige Arbeitgeber sogar durch das Gericht befehlen lassen, die konkurrenzierende Tätigkeit aufzugeben, das heisst, die neue Stelle zu kündigen.

Diese reale Durchsetzung des Konkurrenzverbots ist aber nur möglich, wenn das ausdrücklich schriftlich abgemacht worden ist. Es muss deutlich geschrieben stehen, dass der Arbeitgeber den vertragsbrüchigen Arbeitnehmer zum Verlassen der neuen Stelle zwingen kann. Eine allgemeine Formulierung wie «die Bezahlung der Konventionalstrafe entbindet nicht von der weiteren Einhaltung des Konkurrenzverbots» ist nicht genügend. Überdies muss das Interesse des Arbeitgebers an der Einhaltung des Konkurrenzverbots aussergewöhnlich bedeutsam sein. Sonst wird ihn das Gericht auf das Recht auf Schadenersatz oder Konventionalstrafe verweisen. Die Praxis hat die gerichtliche Durchsetzung des Konkurrenzverbots beispielsweise dann zugelassen, wenn der Arbeitnehmer die Konventionalstrafe durch den neuen Arbeitgeber bezahlen lässt.

Haftung der Angestellten bei Pfusch oder Versehen

Angestellte sind für den Schaden verantwortlich, den sie absichtlich oder fahrlässig dem Betrieb zufügen. So regelt das Gesetz die Schadenersatzpflicht im Betrieb. Die vielen Fragen, die im Berufsalltag immer wieder aufgeworfen werden, kann diese knappe Formulierung allerdings nicht beantworten. Haftet zum Beispiel die Kellnerin, die im Servicestress den Teller mit dem Kaviar auf den Boden fallen lässt? Ist es leicht oder grob fahrlässig, wenn ein Lastwagenchauffeur vergisst, die Handbremse zu ziehen, und so einen Blechschaden verursacht? Muss ein Filialleiter für den Fehlbetrag in der Kasse aufkommen?

Die Rechtslage auf diesem Gebiet ist weitgehend unklar. Die Gerichte entscheiden in Einzelfällen nach ihrem Ermessen. Sicher ist nur: Wer den Arbeitgeber absichtlich schädigt, muss vollen Ersatz bezahlen.

Fest steht auch, dass nicht der Arbeitnehmer das Betriebsrisiko trägt, sondern der Arbeitgeber. Das ist etwa dann von Bedeutung, wenn in einem Kiosk bei Ladenschluss ein Kassenmanko von 200 Franken festgestellt wird und dies nicht nachweisbar auf das fahrlässige Verhalten eines einzelnen Verkäufers zurückgeführt werden kann, weil viele verschiedene Verkaufsangestellte Zugang zur Kasse hatten. In einem solchen Fall darf der Fehlbetrag nicht den Angestellten angelastet und nicht vom Lohn abgezogen werden.

Wenn einem Glasbläser bei seinem kniffligen Handwerk gelegentlich ein bearbeitetes Objekt zerspringt, wird er dafür nicht haften müssen. Das gehört zum Betriebsrisiko des Arbeitgebers.

Wer Arbeitgebern absichtlich schadet, muss zahlen

Die volle Verantwortung für den verursachten Schaden trifft jenen Arbeitnehmer, der seinem Arbeitgeber absichtlich Schaden zufügt. Verkauft etwa ein angestellter Autohändler einem Freund ein Auto mit einem Spezialrabatt, obwohl er keinen Preisabschlag gewähren dürfte, muss er dem Arbeitgeber die Differenz ersetzen.

Um die Sache ein bisschen überblickbarer zu machen, schlug Arbeitsrechtprofessor Jean-Fritz Stöckli folgende Faustregeln vor:

■ Bei leichter Fahrlässigkeit kann grundsätzlich von einer Maximalhaftung in Höhe eines Monatslohns ausgegangen werden. Handelt es sich um eine besonders risikobehaftete Arbeit, kann bei leichter Fahrlässigkeit in der Regel überhaupt kein Schadenersatzanspruch durchgesetzt werden.

■ Bei mittlerer Fahrlässigkeit kann grundsätzlich von einer Maximalhaftung in Höhe von zwei Monatslöhnen ausgegangen werden. Mittlere Fahrlässigkeit ist immer dann anzunehmen, wenn weder klar leichte noch klar grobe Fahrlässigkeit vorzuwerfen ist.

■ Bei grober Fahrlässigkeit kann grundsätzlich von einer Maximalhaftung in Höhe von drei Monatslöhnen ausgegangen werden. Nur

Darf der Chef das Manko vom Lohn abziehen?

«Ich arbeite als Kassierin in einem belebten Geschäft und verdiene 3100 Franken im Monat. Nach einem stressigen Samstag fehlten mir neulich bei der Abrechnung 180 Franken. Mein Chef will mir den fehlenden Betrag vom Lohn abziehen. Ich weiss aber beim besten Willen nicht, wie mir das passiert ist. Muss ich mir diesen Abzug gefallen lassen?»

Nein. Erstens kommt eine Haftung nur dann in Frage, wenn klar ist, dass Sie persönlich einen Fehler gemacht haben. Hatten mehrere Angestellte Zugang zur Kasse, muss Ihr Vorgesetzter belegen, dass der Lapsus Ihnen passiert ist. Zweitens führt nicht jeder Fehler zwingend zu einem Lohnabzug. Wenn eine Kassierin im Stress einmal etwas falsch tippt oder zu viel Wechselgeld herausgibt, ist das leichte Fahrlässigkeit. Solche Verluste gehören zum normalen Betriebsrisiko, das der Arbeitgeber tragen muss. Angestellte können nicht haftbar gemacht werden.

bei grossem Schaden und entsprechender Leistungsfähigkeit des Arbeitnehmers besteht die Möglichkeit, eine höhere Schadenersatzforderung durchzusetzen.

■ Bei Absicht kann die gesamte Schadenersatzforderung gegenüber dem fehlbaren Arbeitnehmer durchgesetzt werden.

Einige weitere Beispiele aus der Gerichtspraxis: Der völlig übermüdete Tellerwäscher, der beim Stolpern Geschirr zerschlägt, muss für den Schaden nicht aufkommen. Für den Schaden nicht einstehen muss ein durchschnittlich aufmerksamer Kassierer an einer Selbstbedienungstankstelle, wenn gewisse Automobilisten mit vollem Tank abfahren, ohne zu bezahlen.

Einer Serviertochter dagegen, die ihr Portemonnaie auf der Theke liegen liess und dieses nicht ständig beobachtete, wurde der ganze Schaden angelastet. Auch ein Bauarbeiter, der Werkzeuge während der Ferien in einem unverschlossenen Raum auf einer Baustelle liegen liess und damit gegen Weisungen seines Arbeitgebers verstiess, wurde zur Kasse gebeten.

Haftung des Arbeitnehmers im Strassenverkehr

Ein Lastwagenchauffeur, der wegen einer kleinen Unaufmerksamkeit auf dem Parkplatz in ein anderes Auto hineinfährt, muss den Schaden nur zu einem kleinen Teil übernehmen. Vergisst er aber, auf einem abschüssigen Areal die Handbremse zu ziehen, ist das eine grobe Fahrlässigkeit, und er muss für den ganzen Schaden geradestehen. Das Gleiche gilt für

Persönlich- 7
keitsrecht
Schaden-
ersatz

den Servicemonteur, der in angetrunkenem Zustand sein Auto lenkt und deshalb den Führerschein verliert: Er haftet dem Arbeitgeber für den entstandenen Mehraufwand.

Bei einem Autounfall setzt sich der Schaden meist zusammen aus Selbstbehalt und Bonusverlust bei der Haftpflichtversicherung sowie aus dem Schaden am Fahrzeug des Arbeitgebers beziehungsweise dem Selbstbehalt, wenn eine Kaskoversicherung besteht. Unter Umständen kommen noch die Kosten eines Ersatzautos für die Dauer der Reparatur hinzu.

Berücksichtigt wird auch ein allfälliges Mitverschulden des Arbeitgebers: Wenn dieser für einen Billiglohn eine Arbeitskraft ohne Vorkenntnisse und Qualifikation anheuert und mit der Bedienung einer komplexen Maschine betraut, kann er den Schaden nicht auf den Arbeitnehmer abwälzen, wenn dieser die Maschine ohne Absicht beschädigt. Arbeitgeber, die ihre Belegschaft überfordern und unter Zeitdruck setzen, tragen Mitschuld an entstandenem Schaden. Wenn ein Bodenleger seinen Lehrling allein die Platten verlegen lässt und ihm befiehlt, in der Hälfte der üblichen Zeit fertig zu sein, kann er diesen nicht für allfällig entstandenen Pfusch zur Kasse bitten.

Gute Qualifikation gleich höhere Haftung

Umgekehrt gilt aber ein strengerer Massstab für Arbeitnehmer, die besonders qualifiziert sind. Wer eine Position übernimmt, für die überdurchschnittliche Fähigkeiten verlangt sind und die meist überdurchschnittlich bezahlt wird, wird eher schadenersatzpflichtig.

Heikle Probleme ergeben sich, wenn sich Bankangestellte verspekulieren. Hier können sich bei relativ geringer Unsorgfalt leicht sehr grosse Schäden ergeben. Eine Haftung entsteht dann, wenn der Bankfachmann Weisungen über die Anlagepolitik des Kunden missachtet oder wenn er die allgemein üblichen Standards für derartige Geschäftsabwicklungen nicht einhält.

Eine Haftung kann zudem entstehen, wenn der Bänkler Kredite ohne genügende Sicherheiten gewährt und die Bank so zu Schaden kommt. Auch bei der Schadenshaftung der Bankangestellten muss das Berufsrisiko zugunsten des Arbeitnehmers gebührend berücksichtigt werden. Oder auch ein allfälliges Selbstverschulden des Arbeitgebers, zum Beispiel wenn es die Bank zulässt, dass ihre Weisungen und Reglemente regelmässig missachtet werden.

Der Lohn des betroffenen Arbeitnehmers ist ein weiterer Faktor, den es zu berücksichtigen gilt. Ist dieser Lohn niedrig, führt dies – ausser bei einer absichtlichen Schadensstiftung – ebenfalls zu einer Reduktion der Haftung.

Es ist allgemein sehr schwierig, Prognosen darüber zu machen, wie hoch der vom Gericht festzulegende Schadenersatz wäre. Das Gewerbliche Schiedsgericht Basel etwa hat die Faustregel entwickelt, dass der Schadenersatz bei finanziell nicht so gut gestellten Arbeitnehmern einen Monatslohn nicht übersteigen sollte. Diese Meinung wird aber längst nicht von allen Gerichten geteilt.

Wichtig: Die erwähnten Grundsätze dürfen vertraglich nicht zulasten von Arbeitnehmern abgeändert werden. Das heisst: Auch wenn ein Filialleiter einen Vertrag unterschrieben hat, wonach er sich bereit erklärt, für das Kassenmanko zu einem gewissen Teil selbst aufzukommen, ist dieser Vertragspassus ungültig, wenn er den Fehlbetrag nicht selbst verursacht hat.

Ebenfalls ungültig ist eine vertragliche Abmachung, dass ein Chauffeur bei Schäden am Fahrzeug des Arbeitgebers den Selbstbehalt der Kaskoversicherung auf jeden Fall selber zu übernehmen hätte.

Klar illegal wäre es auch, einem Arbeitnehmer zwangsweise 1 Prozent vom Lohn zur Deckung einer Haftpflichtversicherungsprämie für angerichtete Schäden abzuziehen.

Als nichtig bezeichnete das Bundesgericht auch eine Vertragsklausel, die einen Arbeitnehmer verpflichtete, für die Kreditkarte des Arbeitgebers mitzuhaften.

Lohnkürzung nur bis zum Existenzminimum

Arbeitgeber dürfen Forderungen gegen Angestellte nicht einfach vom Lohn abziehen. Das Gesetz schreibt vor, dass der Lohn nur so weit gekürzt werden darf, als er das Existenzminimum des Angestellten übersteigt.

Die Höhe des Existenzminimums ist von Familie zu Familie verschieden. Es setzt sich zusammen aus einem Grundbetrag von zurzeit 1200 Franken für eine Einzelperson sowie den tatsächlichen monatlichen Kosten für Wohnung, Versicherungen, Berufsauslagen, Kinderunterhaltsbeiträge usw. Die Ausnahme von diesem Grundsatz: Wer dem Arbeitgeber absichtlich Schaden zugefügt hat, muss sich auch einen höheren Lohnabzug gefallen lassen, der ins Existenzminimum eingreift.

Eine letzte Regel: Der Arbeitgeber muss den Schaden sofort geltend machen, nachdem er ihn entdeckt hat. Tut er dies nicht und bezahlt er den Lohn vollumfänglich und ohne Vorbehalt weiter, wird das Gericht möglicherweise davon ausgehen, er habe auf den Schadenersatz verzichtet. Auf jeden Fall muss der Arbeitgeber den Schadenersatz einfordern, bevor das Arbeitsverhältnis zu Ende ist – oder er muss einen ausdrücklichen Vorbehalt machen. Schreibt er gar ins Arbeitszeugnis, der Arbeitnehmer sei «frei von allen Verpflichtungen», kann er ihn nicht nachträglich noch für Schadenersatzforderungen belangen.

Etwas anderes gilt selbstverständlich für einen Schaden, der dem Arbeitgeber erst nachträglich bekannt wird. In diesem Fall kann ihm nicht der Vorwurf gemacht werden, dass er ihn nicht schon vorher geltend gemacht hat.

8 Kündigung
Eine Trennung mit fixen Regeln

In der Schweiz gilt das freie Kündigungsrecht. Das heisst: Ein Arbeitsvertrag kann von beiden Parteien ohne Angabe von Gründen und jederzeit gekündigt werden. Allerdings sind dabei gesetzliche oder vertragliche Fristen einzuhalten.

Angestellte trifft eine Kündigung in der Regel härter als Arbeitgeber. Deshalb sollten Auflösungen des Arbeitsverhältnisses unter gegenseitiger Rücksichtnahme fair über die Bühne gehen. Die Arbeitslosenversicherung mildert zwar über eine gewisse Zeit die finanziellen Folgen einer Entlassung. Trotzdem: Arbeitnehmer sollten sich eine Kündigung der Stelle gut überlegen und einen Jobwechsel sorgfältig vorbereiten. Wer Arbeitslosigkeit vermeiden will, sollte den neuen Arbeitsvertrag unterschrieben haben, bevor er die alte Stelle kündigt.

Wer kündigt und keine neue Stelle hat, erhält während einiger Zeit keine Arbeitslosenentschädigung. Wegen selbstverschuldeter Arbeitslosigkeit auferlegt die Arbeitslosenkasse ihm maximal 60 Einstelltage. Die Dauer der Einstellung der Bezugsberechtigung ist davon abhängig, wie schwer das Selbstverschulden des betreffenden Arbeitnehmers taxiert wird.

Eine Chance auf sofortige Zahlung der Arbeitslosentaggelder hat nur, wer nachweisen kann, dass die Kündigung vom Arbeitgeber aus betrieblichen oder wirtschaftlichen Gründen nahegelegt wurde, dass es also sowieso zur Beendigung des Arbeitsverhältnisses gekommen wäre.

Kündigungsformalitäten für beide Seiten gleich

Das Gesetz behandelt Angestellte und Arbeitgeber bezüglich der Kündigungsformalitäten grundsätzlich gleich. Kündigungen können mündlich wie schriftlich erfolgen. Ausnahme: wenn der Einzel- oder Gesamtarbeitsvertrag ausdrücklich vorschreibt, dass eine Kündigung schriftlich – und allenfalls sogar eingeschrieben – zu erfolgen hat. Trotz mündlicher Kündigungsmöglichkeit ist es ratsam, jede Kündigung schriftlich abzufassen – aus Beweisgründen, aber auch, um Missverständnisse zu vermeiden.

Das Wichtigste auf dem Kündigungsschreiben ist der Termin, auf den die Kündigung wirksam sein soll. Kündigungen sind in der Regel unter Einhaltung der Kündigungsfrist auf Ende eines Monats möglich (siehe Kasten Seite 110).

Kündigungen müssen nicht begründet werden. Nur wenn es der Vertragspartner ausdrücklich verlangt, sind die Gründe einer Kündigung schriftlich anzugeben.

Eine Kündigung muss von der anderen Partei nicht akzeptiert werden. Es genügt, dass sie empfangen wird. Sie ist ab Empfang der Mitteilung wirksam – sowohl bei schriftlichen wie mündlichen Kündigungen. Wer per Post kündigt, sollte die Kündigung eingeschrieben aufgeben, damit der Erhalt des Briefes notfalls via Post bewiesen werden kann. Ein Doppel des Briefes gehört zu Hause in die Schublade. Wer den Kündigungsbrief persönlich übergeben will, sollte auf seinem Doppel den Empfang quittieren lassen.

Befristete Verträge: Keine Kündigung nötig

Die Kündigung eines Arbeitsvertrags ist nur dann notwendig und möglich, wenn der Vertrag auf unbestimmte Zeit abgeschlossen wurde. Hat man sich von Beginn an auf eine bestimmte Vertragsdauer geeinigt, läuft das Arbeitsverhältnis ohne Kündigung einer Partei per diesem Datum ab.

Wer ein befristetes Arbeitsverhältnis eingeht, muss sich aber klar sein, dass er nicht vorzeitig aus dem Vertrag aussteigen kann. Möglich wäre nur eine fristlose Kündigung. Für einen solchen Schritt müssten aber ganz gewichtige Gründe vorliegen. So muss jede weitere Zusammenarbeit unzumutbar sein. Die Gerichte sind mit der Annahme von fristlosen Kündigungen sehr zurückhaltend.

Gesetzliche und vertragliche Kündigungsfristen

Wie gesagt: Für Arbeitgeber und für Arbeitnehmer gelten die gleichen Kündigungsfristen. In der Regel sind sie im Vertrag aufgeführt. Wenn nicht, gelten die Kündigungsfristen des Obligationenrechts:

■ Während der Probezeit darf jederzeit mit einer Frist von sieben Tagen gekündigt werden. Gemäss Bundesgericht ist der Tag des Stellenantritts mitzuzählen.

■ Während des ersten Arbeitsjahres beträgt die Kündigungsfrist

8
Kündigung

einen Monat, Kündigungstermin ist jeweils Ende Monat.

- Vom zweiten bis neunten Arbeitsjahr gilt eine Kündigungsfrist von zwei Monaten, jeweils per Ende eines Monats.

- Wenn das Arbeitsverhältnis über neun Jahre dauert, beträgt die Kündigungsfrist drei Monate, jeweils per Ende eines Monats.

Diese Kündigungsfristen können wie gesagt per Vertrag abgeändert werden. Sowohl die Verlängerung als auch die Verkürzung der gesetzlichen Kündigungsfrist ist aber nur gültig, wenn das in einem schriftlichen Vertrag oder in einem Gesamtarbeitsvertrag so niedergelegt ist. Eine Verkürzung auf weniger als einen Monat ist höchstens im ersten Arbeitsjahr zulässig und nur, wenn ein GAV dies so vorsieht. Vertraglich kann auch bestimmt werden, dass der Zeitpunkt, an dem die Kündigungsfrist endet, nicht das Monatsende ist.

Arbeitnehmer, die nicht ein genau fixiertes Pensum absolvieren, also zum Beispiel im Akkord oder auf Abruf arbeiten, haben unter

Kündigungsbrief: Zeitpunkt des Empfangs entscheidend

Nicht das Datum auf dem Kündigungsbrief zählt, auch nicht der Poststempel, sondern der Zeitpunkt des Empfangs, wenn es darum geht, ob eine Kündigung rechtzeitig unter Einhaltung der vertraglichen oder gesetzlich festgelegten Fristen ausgesprochen worden ist. Grundsätzlich gilt: Die Kündigung ist dann rechtzeitig erfolgt, wenn sie am Tag vor dem Anlaufen der Kündigungsfrist vom Empfänger zur Kenntnis genommen worden ist. Oder zu diesem Zeitpunkt hätte zur Kenntnis genommen werden können.

Beispiel: Wenn ein Kündigungsbrief per Einschreiben am 31. März bei der Post aufgegeben wird, wird er den Empfänger frühestens am 1. April erreichen. Beträgt die Kündigungsfrist zwei Monate, kann das Arbeitsverhältnis erst per Ende Juni gekündigt werden. Auch eine verspätete Kündigung ist also gültig. Aber sie entfaltet ihre Wirkung erst einen Monat später.

Dass eine Kündigung unwirksam ist, bevor sie empfangen wird, ist dann von Bedeutung, wenn ein Arbeitnehmer beispielsweise in den Ferien weilt. Er muss dann nicht befürchten, dass die Kündigungsfrist beginnt, bevor er wieder zu Hause ist.

Ein Empfänger kann allerdings eine Kündigung nicht einfach dadurch verhindern, dass er die Annahme verweigert oder einen Einschreibebrief bei der Post nicht abholt.

Was gilt, wenn der Pöstler einen gelben Abholzettel in den Briefkasten wirft, ist nach wie vor nicht völlig klar. Die einen gehen davon aus, dass der nächste Tag zählt, weil der Empfänger den Brief dann bei der Post abholen kann. Nach einer anderen Theorie kommt es auf den letzten Tag der Abholfrist, welche die Post setzt, an. Das Bundesgericht schützte den Entscheid eines kantonalen Obergerichts, der davon ausging, dass ein kranker Arbeitnehmer den Kündigungsbrief am nächsten Tag bei der Post abholen oder abholen lassen könne. Das Risiko einer verspäteten Kenntnisnahme müsse der Empfänger tragen.

Umständen ein spezielles Problem: Immer wieder kommen Arbeitgeber auf die Idee, ihnen während der Kündigungsfrist einfach keine Arbeit mehr zuzuweisen, um so den Lohn während der Kündigungsfrist zu sparen. Das Bundesgericht hat ein solches Vorgehen als unzulässig erklärt. Wenn ein Arbeitnehmer keine Arbeit mehr zugewiesen erhält, hat er dennoch Anspruch auf den Lohn bis zum Ablauf der Kündigungsfrist. Berechnet wird dieser Lohn auf der Grundlage des Durchschnittslohns während einer angemessenen Zeitspanne vor der Kündigung.

Angestellte sollten aber dem Arbeitgeber in beweiskräftiger Form mitteilen, dass sie während der Kündigungsfrist weiterhin bereit sind, zu arbeiten. Sonst kann der Arbeitgeber behaupten, der Arbeitnehmer habe aus eigenem Antrieb nicht mehr arbeiten wollen und deshalb keinen Lohn mehr zugut.

Während der Kündigungsfrist muss der Arbeitgeber dem Arbeitnehmer die für Vorstellungsgespräche benötigte Zeit freigeben. Dabei spielt es keine Rolle, welche Seite gekündigt hat. Als üblich gilt maximal ein halber Tag pro Woche. Zum Ferienbezug und zur Überstundenkompensation während der Kündigungsfrist siehe Kapitel «Ferien und Feiertage».

Kündigung in der Probezeit

Ein abgeschlossener Vertrag muss von beiden Parteien grundsätzlich erfüllt werden. Man kann nicht einfach von ihm zurücktreten. Das

Musterbrief Kündigung

Absender

Einschreiben
Adresse

Winterthur, 25. Juni 2021

Kündigung

Sehr geehrte Damen und Herren,

Ich kündige meinen Arbeitsvertrag unter Berücksichtigung der zweimonatigen Kündigungsfrist auf den 31. August 2021.

Besten Dank für Ihre Kenntnisnahme.

Freundliche Grüsse
Unterschrift

Musterbrief Kündigungsgrund

Absender

Einschreiben
Adresse

Ort, Datum

Sehr geehrte Damen und Herren,

Ich habe Ihr Kündigungsschreiben vom 25. Juni 2021 erhalten. Ich nehme Bezug auf Artikel 335 des Obligationenrechts und bitte Sie, diese Kündigung schriftlich zu begründen.

Freundliche Grüsse
Unterschrift

heisst aber auch: Für eine Auflösung muss stets die vereinbarte Kündigungsfrist beachtet werden. Im Normalfall wird ein Arbeitsvertrag auf unbestimmte Zeit abgeschlossen. Dann gilt der erste Monat als Probezeit, sofern es im schriftlichen Vertrag nicht anders festgelegt wurde.

Während der Probezeit kann das Arbeitsverhältnis mit einer Kündigungsfrist von sieben Tagen jederzeit aufgelöst werden. Die Probezeit darf durch eine schriftliche Verabredung oder den Gesamtarbeitsvertrag auf höchstens drei Monate ausgedehnt werden.

Man kann jedoch auf die Probezeit auch ganz verzichten. Wird der Arbeitnehmer während der Probezeit krank oder verunfallt er, verlängert sich die Probezeit um die Dauer der Krankheit.

Kündigung vor Stellenantritt

Wer eine Stelle nicht antreten will, obwohl er den Arbeitsvertrag unterschrieben hat, müsste theoretisch die Mindestdauer des Vertrags abarbeiten. Er kann am ersten Tag des Arbeitsverhältnisses eine Kündigung abgeben und bleibt dann noch während sieben Tagen an den Vertrag gebunden, da die Kündigungsfrist während der Probezeit sieben Tage beträgt.

Könnte der Arbeitsvertrag schon vor Antritt der Stelle gekündigt werden? Ja, sagt die Gerichtspraxis. Allerdings ist die Kündigung erst wirksam auf den Termin, auf den das Arbeitsverhältnis erstmals gekündigt werden könnte, wenn die Stelle angetreten worden wäre. Auch in einem solchen Fall muss somit gemäss Gerichtspraxis während der ersten sieben Tage gearbeitet werden. Dies ist aber kaum

sinnvoll. Der Arbeitgeber hat kein Interesse daran, einen neuen Arbeitnehmer einzuführen, der nicht bleiben will. Deshalb sind die Arbeitgeber in der Regel einverstanden, dass die Stelle in solchen Fällen gar nicht erst angetreten wird.

Wenn der Arbeitgeber seinerseits das Arbeitsverhältnis bereits auf den frühestmöglichen Termin gekündigt hat, wird er wahrscheinlich auch nicht auf einem Stellenantritt bestehen, sondern den Lohn für die ersten sieben Tage zahlen.

In Ausnahmefällen kann eine Partei, die bereits vor Stellenantritt kündigt, auch schadenersatzpflichtig werden. Dies ist dann der Fall, wenn sie sich bei den Vertragsverhandlungen oder zu Beginn des Arbeitsverhältnisses krass illoyal verhalten hat.

Kündigungsfristen und Anzahl Dienstjahre

Die Länge der Kündigungsfristen richtet sich nach dem Dienstjahr. Das heisst: Um zu berechnen, wie lange die minimale gesetzliche Kündigungsfrist sein muss, ist zuerst festzustellen, in welchem Dienstjahr der Arbeitnehmer im Zeitpunkt der Kündigung steht. Damit ist auch gesagt, dass nicht die Anzahl Dienstjahre bei Ablauf der Kündigungsfrist gemeint ist, sondern jene bei Beginn.

Wer seine Lehrzeit im gleichen Betrieb absolviert hat, muss auch die Lehrjahre bei der Berechnung der Anzahl Dienstjahre berücksichtigen. Selbst eine kurze zeitliche Unterbrechung zwischen dem Abschluss der Lehre und dem Beginn der normalen Anstellung spielt keine Rolle – auch nicht, wenn die Rekrutenschule dazwischenliegt.

Kettenarbeitsverträge beim gleichen Unternehmen werden wie ein einziges Arbeitsverhältnis gerechnet: Wer jeweils Jahresverträge abschliesst, die immer wieder verlängert werden, steht nicht immer von Neuem im ersten Dienstjahr. Er kann sämtliche Arbeitsjahre beim gleichen Unternehmen zusammenzählen.

Unterschiedliche Kündigungsfristen für Arbeitnehmer und Arbeitgeber sind nicht zulässig. Enthält ein Vertrag solche unterschiedlichen Kündigungsfristen, ist die längere für beide Parteien rechtsverbindlich. Ein Arbeitgeber, der seinen Arbeitnehmer für fünf Jahre fest an sich binden will, für sich selber aber ein ordentliches

Kündigung: Beim Jobwechsel Versicherungslücken verhindern

■ Gegen Unfälle und Berufskrankheiten sind alle Beschäftigten obligatorisch versichert. Der Versicherungsschutz endet 31 Tage nach Ablauf der Kündigungsfrist. Wer nach der Kündigung keine neue Stelle antritt, kann die Unfallversicherung selbst um ein halbes Jahr verlängern. Dies muss jedoch geschehen, bevor die Versicherung abgelaufen ist. Wer Arbeitslosenversicherung bezieht, wird bei der ALV automatisch gegen Unfall versichert.

■ Die Unfallversicherung und der Arbeitgeber müssen scheidende Arbeitskräfte über die Verlängerungsmöglichkeiten informieren. Sorgt die Versicherung nicht für die notwendige Information, muss sie bei einem Unfall unter gewissen Bedingungen Leistungen erbringen, obwohl gar keine Versicherung mehr besteht.

■ Angestellte haben das Recht, nach Ende des Arbeitsverhältnisses von ihrer Pensionskasse eine Freizügigkeitsabrechnung zu verlangen. Das geäufnete Kapital wird dann an die Vorsorgeeinrichtung des nächsten Arbeitgebers überwiesen. Verabschieden sich versicherte Personen vom Erwerbsleben, werden die Gelder auf ein Freizügigkeitskonto eingezahlt. Das Gleiche gilt auch im Fall von Arbeitslosigkeit nach dem Verlust einer Stelle.

■ Die Pensionskasse verwaltet nicht nur das Alterskapital, sie versichert Beschäftigte auch gegen die Folgen von Invalidität und die Angehörigen im Todesfall. Einen Monat über das Ende des Arbeitsverhältnisses hinaus bleiben Angestellte weiter versichert. Nachher müssen sie sich selbst versichern, wenn sie noch keine neue Stelle angetreten haben. Wer arbeitslos ist und Taggeld erhält, ist gegen die Risiken Invalidität und Todesfall versichert.

■ Wer die Krankentaggeldversicherung bei seinem Arbeitgeber abgeschlossen hat, hat nach seinem Ausscheiden das Recht, bei der gleichen Versicherungsgesellschaft eine Einzeltaggeldversicherung abzuschliessen. Dieser Übertritt ist während drei Monaten nach Beendigung des Arbeitsverhältnisses möglich.

■ Privatversicherer und Krankenkassen müssen die Arbeitnehmer auf ihr Übertrittsrecht aufmerksam machen, wenn diese keine neue Stelle annehmen.

Kündigungsrecht nach Obligationenrecht in Anspruch nimmt, geht ein hohes Risiko ein: Ein solcher Vertrag ist auch für ihn fünf Jahre lang nicht kündbar.

Von diesem Grundsatz gibt es eine Ausnahme: Kündigt der Arbeitgeber aus wirtschaftlichen Gründen, kann eine für den Arbeitnehmer kürzere Kündigungsfrist vereinbart werden. Es reicht sogar die blosse Ankündigung eines Stellenabbaus, damit unterschiedliche Kündigungsfristen möglich werden. Dies soll die Stellensuche der Entlassenen erleichtern.

Ab und zu schlägt ein Arbeitgeber nach der Kündigung des Arbeitsverhältnisses vor, den Vertrag im gegenseitigen Einvernehmen vor Ablauf der Kündigungsfrist aufzulösen. Dem Angestellten ist es selbstverständlich freigestellt, solchen Offerten zuzustimmen. Dies wird der Fall sein, wenn er durch den angebotenen Auflösungsvertrag keine Nachteile erleidet, weil er bereits eine neue Stelle hat. Sonst ist aber vor einer Vertragsauflösung im gegenseitigen Einverständnis eher zu warnen. Man verliert nämlich nicht nur den Lohn für die Dauer der Kündigungsfrist, sondern auch eine allfällige Lohnfortzahlung und Verlängerung der Kündigungsfrist bei Krankheit und Unfall. Zudem drohen Nachteile bei der Arbeitslosenversicherung.

Aufhebungsverträge und Saldoklauseln

Auflösungsverträge enthalten in der Regel eine Saldoklausel. Wer eine solche unterschreibt, erklärt damit, dass er nach Auszahlung der im Auflösungsvertrag vereinbarten Gelder auf weitere Ansprüche für alle Zeiten verzichtet.

Saldoklauseln sind nicht immer gültig. Verzichten kann man nur auf Ansprüche, die man kennt oder zumindest für möglich hält. Ein Arbeitnehmer kam vor Bundesgericht mit einer Forderung auf Auszahlung des Ferienlohns durch, obwohl er Monate nach dem Ende des Arbeitsverhältnisses eine schriftliche Erklärung unterzeichnet hatte, es sei per Saldo aller Ansprüche aus dem Arbeitsverhältnis definitiv abgerechnet worden. Erst später war der Arbeitnehmer durch die Medien auf ein Bundesgerichtsurteil aufmerksam geworden, dass der Ferienlohn aus den Lohnabrechnungen klar ersichtlich sein müsse, was bei ihm nicht der Fall gewesen war.

Mehr noch: Ein Verzicht auf zwingende Ansprüche aus dem Arbeitsvertrag ist gemäss Gesetz während des Arbeitsverhältnisses und einen Monat nach Ablauf nichtig. In dieser Zeit kann kein Arbeitnehmer gültig auf zwingende Ansprüche verzichten, die sich entweder aus dem Gesetz oder einem Gesamtarbeitsvertrag ergeben. Das Bundesgericht hat zum Beispiel einen Aufhebungsvertrag für ungültig erklärt, weil damit nicht ein Vergleich im Interesse beider Parteien festgehalten worden sei, sondern ein einseitiger Verzicht, und meinte damit den Kündigungsschutz bei Krankheit.

Der Entscheid, ob ein unzulässiger Verzicht vorliegt, ist aber oft nicht einfach. Laut Bundesgericht muss im Einzelfall eine Interessenabwägung vorgenommen werden. Es ist zu beurteilen, ob die beidseitigen Ansprüche, auf die verzichtet wird, von ungefähr gleichem Wert sind. Wer bereits krank ist, wenn er sich mit der Auflösung des Arbeitsverhältnisses per sofort einverstanden erklärt, verzichtet auf die Lohnfortzahlung, was einem einseitigen und damit unzulässigen Verzicht gleichkommt. Wer aber in diesem Zeitpunkt vollständig gesund ist, verzichtet nur darauf, im eventuell eintretenden Krankheitsfall Lohnfortzahlung zu empfangen. Dies ist zulässig, auch wenn es sich im Nachhinein herausstellen sollte, dass ein Unfall passiert oder eine unerwartete Krankheit eintritt.

Keine Verlängerung der Kündigungsfrist konnte ein Arbeitnehmer durchsetzen, der nach Unterzeichnung des Aufhebungsvertrags in die Ferien ging und dort einen Tauchunfall erlitt. Das Arbeitsgericht Zürich hielt ihm entgegen, er habe die Ferien trotz Freistellung ausbezahlt erhalten und eine vertraglich nicht vorgesehene Austrittsabfindung erhalten.

Recht bekam demgegenüber eine schwangere Arbeitnehmerin, die nach der Kündigung einem Aufhebungsvertrag zustimmte. Wegen der Einseitigkeit des Verzichts wurde der Arbeitgeber zur Lohnfortzahlung während der Schwangerschaft verurteilt.

Es kommt vor, dass der Arbeitgeber mit einigem Recht vorbringt, der Arbeitnehmer schulde ihm Er-

satz für angerichteten Schaden. Mit einer Auflösung des Arbeitsverhältnisses per sofort und einem gleichzeitigen Verzicht auf diesen Schadenersatz wird in vielen Fällen die Voraussetzung der Gleichwertigkeit erfüllt sein, jedenfalls wenn es auch betragsmässig in etwa aufgeht.

Darf ich meine Stelle per E-Mail kündigen?

«Ich habe meinen Arbeitsvertrag per E-Mail gekündigt. Mein Vorgesetzter will jetzt aber die Kündigung nicht akzeptieren, weil sie laut Arbeitsvertrag schriftlich erfolgen müsse. Ich bin davon ausgegangen, dass eine Kündigung per E-Mail auch gültig ist. Stimmt das?»

Nein. Schriftlichkeit liegt gemäss den Anforderungen des Gesetzes nur vor, wenn der Text auf einer Unterlage – in der Regel Papier – steht und das Dokument zudem eine eigenhändige Unterschrift trägt. Beide Voraussetzungen sind bei einem E-Mail nicht erfüllt.

Würde Ihr Arbeitsvertrag nicht die Kündigung in schriftlicher Form verlangen, wäre Ihre Kündigung per E-Mail aber gültig. Denn das Gesetz fordert bei Arbeitsverträgen – anders als etwa bei der Kündigung eines Mietvertrags für eine Wohnung – keine schriftliche Kündigung.

Dennoch ist es in keinem Fall empfehlenswert, eine Arbeitsstelle per E-Mail zu kündigen. Bestreitet der Arbeitgeber nämlich, die Kündigung erhalten zu haben, gerät der Absender in einen Beweisnotstand: Er muss beweisen, dass der Adressat das E-Mail bekommen hat – ein umständliches, teures und unsicheres Unterfangen.

Rückzahlung von Weiterbildungskosten

Hin und wieder kommt es vor, dass sich ein Arbeitnehmer verpflichten muss, Ausbildungskosten zurückzuzahlen, wenn er vor Ablauf einer festgesetzten Frist das Arbeitsverhältnis kündigt. Solche Rückzahlungsverpflichtungen sind zulässig, wenn der Arbeitgeber eine eigentliche Weiterbildung des Arbeitnehmers finanziert hat.

Nicht gestattet sind solche Vereinbarungen hingegen, wenn es bloss um die Einarbeitung des Arbeitnehmers an einer bestimmten Stelle geht. Solche Kosten hat der Arbeitgeber zu tragen.

Ist die Ausbildungsdauer nur kurz, kann das Erlernte bei einem anderen Arbeitgeber nicht verwendet werden oder gibt es kein formelles Abschlusszeugnis, so sind dies Indizien gegen eine eigentliche Weiterbildung. Auf jeden Fall aber muss die Rückzahlungsverpflichtung ausdrücklich vereinbart sein. Es muss sowohl der zurückzuvergütende Betrag als auch der Zeitraum, innert welchem die Rückzahlung zu erfolgen hat, festgelegt sein. Ausserdem darf das Kündigungsrecht durch eine Rückzahlungsverpflichtung nicht über Jahre hinaus verunmöglicht werden.

Bei Freistellungen sind klare Vereinbarungen nötig

Bei der Freistellung verzichtet der Arbeitgeber einseitig auf eine Beschäftigung des Angestellten bis zum Ende der Kündigungsfrist. Dies ist ohne weiteres erlaubt. Umgekehrt haben aber gekündigte Angestellte keinen Anspruch auf Freistellung, selbst wenn die Kündigung von Misstönen begleitet ist und es für den Arbeitnehmer Überwindung braucht, weiterhin zur Arbeit zu erscheinen.

In der Praxis kommt eine Freistellung nach der Kündigung nicht selten vor. Zum Beispiel wenn der Arbeitnehmer über sensible Informationen oder Kundenkontakte verfügt. Der Arbeitgeber fürchtet, dass der Angestellte diese während der Kündigungsfrist zu seinem Nachteil nutzt oder ihm sonstwie Schaden zufügen könnte.

Vorsichtige Arbeitgeber schrecken auch vor einer fristlosen Kündigung zurück, wenn sie nicht absolut hieb- und stichfeste Gründe haben, und sprechen stattdessen eine Freistellung aus.

Seinen Pflichten ist der Arbeitgeber jedoch nicht enthoben. Grundsätzlich muss der Lohn bis zum Ende der Kündigungsfrist gezahlt werden. Dazu gehören auch Provisionen, der Anteil am Geschäftsergebnis und sogenannte «Pauschalspesen» (wenn keine tatsächlichen Auslagen anfallen, sind derartige «Spesen» Lohnbestandteil). All dies ist so weiterzubezahlen, wie wenn der Arbeitnehmer weitergearbeitet hätte. Was die Entschädigung für ausgefallene Provisionen anbelangt, so ist die Fragestellung die gleiche wie bei den Provisionen während der Ferien (siehe Seite 65). Hat der Arbeitnehmer das Recht, das Geschäftsfahrzeug auch für Privatfahrten zu gebrauchen, gilt dies während der Freistellung weiter.

In den letzten Jahren haben die Gerichte aber gewisse Einschränkungen vorgenommen. Wenn ein freigestellter Arbeitnehmer zum Beispiel während der laufenden Kündigungsfrist bei einem anderen Betrieb zusätzliches Einkommen verdient, muss er sich diese Einkünfte vom Freistellungslohn abziehen lassen.

Wer als Arbeitnehmer solche Kürzungen vermeiden will, soll mit dem Arbeitgeber im Zeitpunkt der Freistellung eine Vereinbarung treffen, die es ihm erlaubt, ohne Lohnabzug allfällige Nebenjobs oder Gelegenheitsverdienste anzunehmen.

Das Bundesgericht geht sogar noch einen Schritt weiter: Der freigestellte Arbeitnehmer habe die Pflicht, den Schaden seines Arbeitgebers zu mindern, und könne deshalb nicht bis zum Ende der Kündigungsfrist mit der Stellensuche zuwarten.

Ein unterlassener Erwerb ist aber auf jeden Fall nur anrechenbar, wenn die betreffende Arbeit zumutbar ist und zudem auf Seiten des Arbeitnehmers Absicht nachgewiesen werden kann. Beweisen muss der Arbeitgeber auch, dass der Arbeitnehmer bei genügend grossen Suchbemühungen eine Stelle gefunden hätte. Dieser Beweis ist sehr schwierig.

Findet jedoch der freigestellte Arbeitnehmer, der seiner Schadenminderungspflicht nachkommt, noch während der Kündigungsfrist eine Stelle, so kann der Arbeitgeber ihm nicht Verletzung der Treuepflicht vorwerfen.

Freigestellt und neuer Job: Bisherigen Arbeitgeber fragen

Bei direkt konkurrierender Tätigkeit empfiehlt es sich aber dennoch, das Einverständnis des bisherigen Arbeitgebers einzuholen. Sagt dieser nein, ist das Thema «unterlassener Erwerb» vom Tisch, und der Arbeitnehmer kann getrost bis zum Ende der Kündigungsfrist warten und erst dann die neue Stelle antreten.

Nach einem Entscheid des Bundesgerichts ist der Arbeitnehmer, der noch während der Freistellung eine neue Stelle antritt, ausschliesslich bei der Pensionskasse des neuen Arbeitgebers versichert, und dies selbst dann, wenn der Lohn niedriger ist als an der alten Stelle.

Eine Freistellung kann unbedingt erfolgen, aber auch mit der Auflage, sich bis auf weiteres zur Verfügung des Arbeitgebers zu halten. Eine solche Auflage ist nicht verboten – es sei denn, sie stelle bloss eine Schikane dar. Nicht erlaubt wäre es, den freigestellten Arbeitnehmer jeden Morgen um 8 Uhr antreten zu lassen, nur um ihn dann wieder nach Hause zu schicken.

Im Übrigen gelten auch bei Freistellungen die Rechtsfolgen einer normalen Kündigung. Ist ein Freigestellter während der Kündigungsfrist krank, verlängert sich die Kündigungsfrist um die Dauer der Krankheit. Wird der Arbeitnehmer vor Ablauf der Kündigungsfrist gesund, sollte er dem Arbeitgeber trotz Freistellung anbieten, wieder zu arbeiten. Der Grund: Arbeitgeber, die in solchen Fällen den Lohn nicht mehr bezahlt haben, sind vor Gericht auch schon durchgekommen.

Auch das Bundesgericht verlangt ein solches Arbeitsangebot, es sei denn, es stehe von vornherein fest, dass der Arbeitgeber die Arbeitsleistung nicht annehmen würde. Dies ist allerdings vom Arbeitnehmer zu beweisen. Der Arbeitgeber ist auch nicht verpflichtet, den Arbeitnehmer auf die Verlängerung des Arbeitsverhältnisses aufgrund von Kündigungsschutzbestimmungen aufmerksam zu machen. Ausnahme: Der Arbeitgeber weiss um den Rechtsirrtum des Arbeitnehmers und erkennt, dass dieser durch die unterlassene Geltendmachung des Kündigungsschutzes einen irreparablen Nachteil erleidet.

Haben freigestellte Angestellte noch Ferien offen, regelt sich ihr Anspruch ebenfalls wie im Fall einer normalen Kündigung. Zur Erinnerung: Der Ferienbezug in natura kann dann verlangt werden, wenn die Dauer der Kündigungsfrist den restlichen Ferienanspruch deutlich übersteigt.

Häufig schreiben Arbeitgeber bei der Anordnung einer Freistellung, dass die geleisteten Überstunden durch die Zeit der Freistellung kompensiert seien. An sich ist eine solche einseitige Anordnung des Arbeitgebers nicht zulässig, weil es für die Überstundenkompensation laut Gesetz die Zustimmung der Angestellten braucht – sofern im Vertrag nicht anders geregelt.

Aber Achtung: Einer freigestellten Arbeitnehmerin, die sich ge-weigert hatte, während des Rests des Arbeitsverhältnisses 42 Überstunden zu kompensieren, warf das Zürcher Arbeitsgericht Rechtsmissbrauch vor. Die Arbeitnehmerin hatte in keiner Weise begründet, weshalb es ihr unmöglich gewesen wäre, die Überstunden zu kompensieren. Sie hatte dafür weder Ferienbezug noch Krankheit oder Stellensuche, noch sonst einen sachlichen Grund angegeben.

Kündigungen können missbräuchlich sein

Auf Verlangen einer der beiden Vertragsparteien muss die Kündigung schriftlich begründet werden. Diese Begründungspflicht hat einen tieferen Sinn: Ist eine Kündigung missbräuchlich, bleibt sie zwar weiterhin gültig, die gekündigte Person hat jedoch Anspruch auf eine Entschädigung bis zu sechs Monatslöhnen und allfällige zusätzliche Schadenersatzzahlungen. Klagen auf solche Entschädigungen müssen bis spätestens 180 Tage nach der Beendigung des Arbeitsverhältnisses beim zuständigen Gericht eingereicht werden. Noch vorher – im Laufe der Kündigungsfrist – muss beim Kündigenden schriftlich Einsprache erhoben werden (siehe Musterbrief rechts). Aus Beweisgründen macht man das am besten mit eingeschriebenem Brief. Und auch hier zählt das Datum des Eintreffens der Einsprache und nicht etwa jenes des Poststempels. Die Einsprache muss also einige Tage vor Ablauf der Kündigungsfrist abgeschickt werden. An die Einsprache dürfen keine hohen formellen Anforderungen gestellt werden. Aber aufgepasst: Wenn Sie eine Kündigungsbegründung anfordern, gilt das nicht als Einsprache.

Wann ist eine Kündigung missbräuchlich?

Das Gesetz listet eine Reihe von missbräuchlichen Kündigungsgründen auf, die aber nicht abschliessend sind.

■ Eine Kündigung ist dann missbräuchlich, wenn jemand wegen einer persönlichen Eigenschaft entlassen wird. Als Beispiele für solche persönlichen Eigenschaften sind Alter, Geschlecht, Hautfarbe, Herkunft oder die Weltanschauung denkbar. Aber: Es liegt keine missbräuchliche Kündigung vor, wenn die persönliche Eigenschaft in einem Zusammenhang mit dem Arbeitsverhältnis steht oder die Zusammenarbeit im Betrieb wesentlich beeinträchtigt.

Als missbräuchlich beurteilte das Bundesgericht einmal eine Kündigung gegen eine Verkäuferin, welche wegen ihrer Hautfarbe des Diebstahls verdächtigt wurde.

■ Krankheit ist zwar eine persönliche Eigenschaft. Nach Ablauf der Sperrfrist gibt es jedoch keinen weiteren Kündigungsschutz mehr, weil diese persönliche Eigenschaft die Arbeitsfähigkeit beeinträchtigt.

■ Vorstrafen sind immer dann kein Kündigungsgrund, wenn sie nicht in irgendeiner Beziehung zur Berufsarbeit stehen. Einem Buchhalter, der wegen Veruntreuung bestraft wurde, kann unter Umständen gekündigt werden, wenn er bei der Anstellung seinen Arbeitgeber über diese Vorstrafe nicht informiert hatte. Kein zulässiger Grund für eine Kündigung würde vorliegen, wenn die Vorstrafe des Buchhalters etwa auf ein Strassenverkehrsdelikt zurückginge.

■ Aufsehen erregte ein Urteil des Bundesgerichts, das eine Kündigung gegenüber einem Kundenberater, der wegen sexueller Handlungen mit Kindern zu einer Gefängnisstrafe verurteilt worden war, für unzulässig erachtete, weil die Kündigung nicht in einem Zusammenhang mit dem Arbeitsverhältnis stand und auch die Zusammenarbeit im Betrieb nicht we-

Musterbrief Einsprache

Absender

               Einschreiben
               Adresse

Ort, Datum

Einsprache

Sehr geehrte Damen und Herren,

Am 25. Juni 2021 habe ich Ihre Kündigung per 31. August 2021 erhalten. Dagegen erhebe ich in aller Form Einsprache.

Ich halte Ihre Kündigungsgründe für nicht stichhaltig und bitte Sie deshalb, auf Ihren Entscheid zurückzukommen und die Kündigung aufzuheben.

Freundliche Grüsse
Unterschrift

sentlich beeinträchtigte. Der Betrieb müsse es hinnehmen, dass er wegen des Kundenberaters einzelne Kunden verliert. Anders wäre es hingegen, wenn der Arbeitnehmer eine wichtige Kaderstellung im Betrieb einnehmen würde.

■ Besonders heikel sind Kündigungen im Zusammenhang mit Streitigkeiten in der Belegschaft. Der Arbeitgeber kann nicht einfach einem Arbeitnehmer die Rolle des Sündenbocks zuspielen und diesem kündigen, um den Streit zu beenden.

In einem Fall, der ein Spital betraf, verlangte das Bundesgericht, dass die Spitalleitung alles Zumutbare unternehme, um den Konflikt zwischen den Arbeitnehmerinnen zu entschärfen, bevor die Vorgesetzten eine Kündigung aussprechen dürften. Dies gebiete die Fürsorgepflicht des Arbeitgebers.

In einem anderen Fall hingegen unterlag eine Chefkrankenschwester vor Gericht. Sie wehrte sich, dass sie entlassen worden war, weil sie die Wahl einer neuen Direktorin abgelehnt hatte. Doch das Bundesgericht befand, die Chefkrankenschwester hätte ihre Ansichten nicht vor ihren Untergebenen kundtun dürfen. Das sei eine Verletzung der Treuepflicht.

Allerdings darf dieses Urteil nicht missverstanden werden: Allen Arbeitnehmern ist es erlaubt, Kritik an ihren Vorgesetzten zu üben. Die Freiheit der Meinungsäusserung ist bekanntlich ein verfassungsmässiges Recht. Allerdings muss diese Kritik sachlich sein. Zudem ist eine gewisse Zurückhaltung und Rücksichtnahme auf die Interessen des Arbeitgebers geboten.

Wenn jedoch der Arbeitgeber alles Zumutbare unternommen hat, um einen Konflikt unter Mitarbeitern zu schlichten, dies aber erfolglos blieb, so kann er einen der Streithähne – nicht unbedingt aber den Schuldigen – entlassen. Dies jedenfalls entschied das Arbeitsgericht Zürich in einem Mobbingfall. Die Persönlichkeitsstruktur einer Person sei mitentscheidend, dass sie zum Mobbingopfer werde. Ob diese Aussage generell gültig ist, darf bezweifelt werden. Es muss immer der einzelne Fall und die daran beteiligten Personen beurteilt werden.

■ Eine Kündigung ist missbräuchlich, wenn jemand seine Stelle wegen der Ausübung verfassungsmässiger Rechte verliert. Dazu zählen etwa Parteizugehörigkeit, Religion oder Meinungsäusserungen eines Angestellten, die dem Vorgesetzten nicht passen.

Für missbräuchlich erklärte zum Beispiel das Bezirksgericht Bülach ZH die Kündigung einer Kioskverkäuferin wegen feministischer Aktivitäten. Das Bundesgericht wiederum beurteilte eine Kündigung als missbräuchlich, die einzig wegen der Teilnahme an einem rechtmässigen Streik erfolgt war.

Aber auch hier gibt es wieder eine wichtige Schranke: Die Ausübung der verfassungsmässigen Rechte darf nicht zu einer Verletzung der Pflichten aus dem Arbeitsverhältnis führen oder die Zusammenarbeit im Betrieb beeinträchtigen.

So entschied das Bundesgericht gegen einen Mitarbeiter einer Gewerkschaft. Dieser war entlassen worden mit dem Vorwurf, er gehöre einer Sekte an und pflege enge Beziehungen zu politisch rechts stehenden Personen. Das Bundesgericht argumentierte, die Ausübung eines verfassungsmässigen Rechts rechtfertige es nicht, Verpflichtungen aus dem Arbeitsvertrag zu verletzen oder die Arbeit im Unternehmen in schwerwiegender Weise zu beeinträchtigen. Dies gelte besonders für Arbeitnehmer mit einer erhöhten Treuepflicht. Eine solche bejahte das Bundesgericht bei Arbeitgebern, die nicht gewinnorientiert arbeiten und eine Tätigkeit mit politischem, konfessionellem, gewerkschaftlichem, wissenschaftlichem oder künstlerischem Charakter ausüben.

■ Missbräuchlich wäre auch eine Kündigung wegen Zugehörigkeit zu einer Gewerkschaft oder Ausübung einer gewerkschaftlichen Tätigkeit.

Einen etwas grösseren Kündigungsschutz geniessen die gewählten Arbeitnehmervertreter sowie die Vertreter der Belegschaft in der Pensionskasse. Sie können nur entlassen werden, wenn der Arbeitgeber beweisen kann, dass er einen begründeten Anlass zur Kündigung hatte. Im Normalfall muss der Arbeitnehmer den Missbrauchstatbestand nachweisen.

Das ist immerhin ein Schutz. Doch gilt auch hier: Wer sich grobe Pflichtverletzungen zu Schulden

FRAGE

Schwanger während der Probezeit: Darf mir der Chef kündigen?

«Ich habe Anfang Dezember eine Stelle als Sachbearbeiterin angetreten. Die Probezeit beträgt drei Monate. Nun bin ich schwanger. Kann mir mein Chef sofort kündigen?»

Ja. Während der Probezeit kann der Arbeitgeber unter Einhaltung der Kündigungsfrist – in der Regel sind das sieben Tage – jederzeit kündigen. Krankheit, Unfall und auch Schwangerschaft einer Angestellten sind dabei – anders als nach der Probezeit – kein Hindernis. Das gilt auch, wenn die Kündigung beispielsweise erst zwei Tage vor Ablauf der Probezeit ausgesprochen wird.

kommen lässt, den schützt auch ein solches Nebenamt nicht vor einem Rauswurf.

Dass dieser Kündigungsschutz alles andere als perfekt ist, zeigt die Tatsache, dass die Kündigung eines Arbeitnehmervertreters geschützt wird, wenn der Arbeitgeber irgendwelche «guten» Gründe nachweisen kann – diese «guten Gründe» also mehr als bloss ein billiger Vorwand sind. Dazu gehört zum Beispiel auch die Aufhebung der betreffenden Arbeitsstelle im Rahmen einer Umstrukturierung. Missbrauch würde hingegen angenommen, wenn bei einer Massenentlassung alle Mitglieder der Betriebskommission zuoberst auf der Kündigungsliste genannt würden.

Wie schwach der Kündigungsschutz selbst für die gewählten Arbeitnehmervertreter ist, zeigt ein Urteil des Bundesgerichts aus dem Jahr 2012: Es schützte eine gegenüber einem Mitglied der Personalvertretung aus wirtschaftlichen Gründen ausgesprochene Kündigung. Begründung: Das Unternehmen sei frei, schon in Zeiten eines guten Geschäftsgangs Restrukturierungsmassnahmen, sprich Entlassungen, durchzuführen, die auch die Personalvertreter treffen können. Solange das Motiv für die Entlassung nicht in der Tätigkeit des Arbeitnehmervertreters liege, sei an einer solchen Kündigung nichts auszusetzen.

Damit wird aber die gesetzliche Beweislastumkehr faktisch rückgängig gemacht. Die Internationale Arbeitsorganisation rügte die Schweiz zu Recht wegen des mangelhaften Kündigungsschutzes bei gewerkschaftlicher Tätigkeit.

■ Missbräuchlich ist eine Kündigung auch dann, wenn der Arbeitgeber damit Ansprüche aus dem Arbeitsverhältnis vereiteln will. So handelt ein Arbeitgeber missbräuchlich, wenn er eine Angestellte mit 19 Dienstjahren auf die Strasse stellt, damit der Betrieb beim späteren Abgang nach dem 20. Dienstjahr keine Abgangsentschädigung zahlen muss. Das Arbeitsgericht Zürich sprach einem Mitarbeiter eine Entschädigung wegen missbräuchlicher Kündigung zu, der entlassen wurde, nachdem er sich für die Einreihung in einer höheren Bonusklasse eingesetzt hatte.

■ Generell missbräuchlich sind auch Rachekündigungen. Einem Arbeitnehmer wurde gekündigt, weil er sich geweigert hatte, zum wiederholten Mal auf ordentlich eingereichte Ferien zu verzichten. Das Bundesgericht erachtete diese Kündigung als typische missbräuchliche Rachekündigung.

Ebenfalls als missbräuchlich wurde die Kündigung einer Bank gegenüber einer Mitarbeiterin eingestuft. Ihr war vorgeworfen worden, sie habe das Bankgeheimnis verletzt. An einer der Kündigung unmittelbar vorangegangenen Unterredung verlangte die Arbeitnehmerin, dass diese Vorwürfe abgeklärt würden. Die Bank verweigerte dies aber und schritt gleich zur Kündigung. Dafür musste sie der Arbeitnehmerin eine Entschädigung bezahlen.

■ Kündigt ein Arbeitgeber, weil der Lebenspartner seiner Arbeitnehmerin bei der Konkurrenz tätig ist, stellt dies ebenfalls einen Missbrauch dar.

■ Einer Arbeitnehmerin, die sich gegen eine im Vergleich zu ihren männlichen Kollegen schlechtere Entlöhnung zur Wehr gesetzt hatte und daraufhin entlassen worden war, wurden vom Arbeitsgericht Winterthur vier Monatslöhne Entschädigung wegen missbräuchlicher Kündigung zugesprochen. Die Angestellte hatte an einer Unterredung mit der Geschäftsleitung mehr Lohn verlangt und erhielt unmittelbar danach die Kündigung.

Das Gericht wies die Behauptung des Arbeitgebers als unmassgeblich zurück, die betreffende Arbeitnehmerin sei immer wieder als Unruhestifterin aufgetreten. Diese angeblichen Vorfälle lägen zeitlich weit zurück und hätten nie zu einer Verwarnung geführt.

■ Missbräuchlich kann auch eine Kündigung sein, die im Anschluss an eine Änderungskündigung des Arbeitgebers ausgesprochen wird. Will ein Betrieb zum Beispiel das Gehalt eines Angestellten von einem Monat auf den anderen kürzen, besteht dieser aber auf der Einhaltung der gesetzlichen Kündigungsfrist, wäre eine Kündigung auf Grund seiner Weigerung missbräuchlich.

■ Missbräuchlich ist eine Kündigung gegenüber einem Arbeitnehmer, der sich weigert, einen neuen Arbeitsvertrag abzuschliessen, wenn dieser neue Vertrag gegen das Gesetz oder einen anwendbaren GAV verstösst.

■ Das Alter ist eine persönliche Eigenschaft. Eine Kündigung allein wegen des Alters eines Arbeitnehmers wäre missbräuchlich. Arbeitgeber begründen eine Kündigung jedoch in der Regel nicht allein mit dem Alter. Möglicherweise sagen sie, die Leistung habe abgenommen, der Betrieb werde umstrukturiert oder der betreffende Arbeitnehmer passe nicht mehr ins Team.

Grundsätzlich ist es nicht verboten, älteren Arbeitnehmern zu kündigen. Das Bundesgericht hat aber in jüngerer Zeit die Anforderungen bei solchen Kündigungen verschärft. So verpflichtete es einen Arbeitgeber zur Zahlung einer Entschädigung von sechs Monatslöhnen, weil dieser einen Arbeitnehmer nach 44 Jahren klagloser Tätigkeit kurz vor Erreichen des Pensionsalters entlassen hatte. Das Bundesgericht stellte sich auf den Standpunkt, dass nach einer solch langen Dauer des Arbeitsverhältnisses eine erhöhte Fürsorgepflicht gelte. Es bestehe ein krasses Missverhältnis der auf dem Spiel stehenden Interessen. Das Gebot der schonenden Rechtsausübung hätte verlangt, dass der Arbeitgeber zunächst nach einer sozial verträglicheren Lösung gesucht hätte. Die Entlassung war erfolgt, weil der Arbeitnehmer einige fragwürdige Ideen der Produktionssteigerung nicht teilte und mit einem Vorgesetzten nicht auskam.

Erhöhte Fürsorgepflicht bei älteren Mitarbeitern

In einem Urteil im Jahr 2014 erhöhte das Bundesgericht die Anforderungen an die Fürsorgepflicht der Arbeitgeber bei Kündigungen älterer Mitarbeiter noch einmal. Der betroffene Angestellte war im Zeitpunkt der Kündigung 59-jährig und hatte 35 Jahre lang gut und loyal für seinen Arbeitgeber gearbeitet. Der Angestellte beabsichtigte, sich vorzeitig pensionieren zu lassen. Nachdem er ein Burnout erlitten hatte, unternahm der Arbeitgeber verschiedene Anstrengungen, ihn wieder im Unternehmen zu integrieren. Es wurde ihm ein Homeoffice eingerichtet, und er konnte einige Führungsaufgaben abgeben. Der Arbeitgeber war jedoch auch nachher mit der Arbeitsleistung nicht zufrieden und sprach schliesslich die Kündigung aus.

Das Bundesgericht billigte diesem Arbeitgeber zu, nicht untätig gewesen zu sein und auf die gesundheitlichen Befindlichkeiten des Angestellten Rücksicht genommen zu haben. Das Gericht warf dem Arbeitgeber aber vor, er habe nie klar signalisiert, dass die gerügten Mängel einen Schweregrad aufwiesen, der bei Nichtbehebung eine Auflösung des Arbeitsverhältnisses nach sich zöge.

Das Bundesgericht kam deshalb zum Schluss, dass der Arbeitgeber seine erweiterte Fürsorgepflicht für ältere und langjährige Mitarbeiter verletzt habe. Generell habe der Arbeitgeber ein möglichst schonendes, den Interessen der Arbeitnehmer Rechnung tragendes Verhalten an den Tag zu legen. Das Bundesgericht erachtete die Kündigung als missbräuchlich und sprach dem Arbeitnehmer eine Entschädigung von zwei Monatslöhnen zu.

Allgemein kann gesagt werden: Je älter ein Arbeitnehmer ist und je länger er im Betrieb beschäftigt ist, desto höhere Anforderungen können an die Fürsorgepflicht gestellt werden.

Das Bundesgericht anerkennt auch weitere Missbrauchstatbestände, die nicht ausdrücklich im Gesetz aufgeführt sind. So erhielt ein Kadermann einer Bank recht, der quasi als «Bauernopfer» entlassen worden war, obwohl nicht er, sondern andere Mitarbeiter das Ansehen der Bank durch rechtswidrige Handlungen beeinträchtigt hatten.

Kündigung – so schonend wie möglich

Ein Missbrauch kann auch in den Umständen liegen, unter denen die Kündigung ausgesprochen wird. Kam es zu schweren Persönlichkeitsverletzungen im Umfeld der Kündigung, wird diese missbräuchlich, auch wenn sie sonst zulässig gewesen wäre. Dies kann etwa der Fall sein, wenn der Arbeitnehmer im Zusammenhang mit der Kündigung vor der ganzen Belegschaft blossgestellt wird.

Allerdings braucht es relativ viel, bis von einer schweren Persönlichkeitsverletzung gesprochen werden kann. Auch die Beweisführung ist hier alles andere als leicht. Gelingt aber dieser Beweis, kann der betreffende Arbeitnehmer über die Entschädigung wegen der Kündigung hinaus eine Genugtuung fordern. Eine leichte Beeinträchtigung des beruflichen oder gesellschaftlichen Ansehens genügt dafür aber nicht.

Missbräuchliche Kündigungen sind schwer zu beweisen

Wer eine missbräuchliche Kündigung vermutet, sollte möglichst sorgfältig die vorhandenen Beweise zu den tatsächlichen Gründen der Kündigung sammeln. Das können Dokumente sein, aber auch Zeugenaussagen. Denn Klagen wegen missbräuchlicher Kündigung werden oft deshalb abgewiesen, weil der Beweis der Missbräuchlichkeit nicht erbracht werden kann.

In der schriftlichen Begründung der Kündigung schieben Arbeitgeber oft andere als die wirklichen Gründe vor. Beispielsweise ist oft von Umstrukturierung oder von Auftragsrückgang die Rede, obwohl der tatsächliche Kündigungsgrund anderswo liegt. Offenbart ein Unternehmen den wirklichen Kündigungsgrund nicht, ist der Beweis der Missbräuchlichkeit häufig nicht zu erbringen.

Die Gerichte würdigen die vorgebrachten Beweise nach freiem Ermessen. Sie prüfen, welche Parteibehauptungen mit überwie-

Diskriminierung: Zusätzlicher Kündigungsschutz für Frauen

Egal, wie missbräuchlich eine Kündigung ist, sie bleibt bestehen. Die einzige Ausnahme von dieser ehernen Regel sichert das Gleichstellungsgesetz zu. Wenn eine Arbeitnehmerin wegen Diskriminierung auf Grund ihres Geschlechts eine innerbetriebliche Beschwerde erhebt oder die Schlichtungsstelle einschaltet und der Arbeitgeber mit einer Kündigung kontert, kann das Gericht diese Kündigung für nichtig erklären.

Dieser Kündigungsschutz gilt während eines halben Jahres nach Abschluss eines Diskriminierungsverfahrens.

Die betroffene Arbeitnehmerin muss eine Kündigung aber vor Gericht anfechten. Steht ihre Sache gut, können die Richter ihre provisorische Wiedereinstellung bereits während des Verfahrens verfügen. Die Arbeitnehmerin kann aber auch auf die Weiterbeschäftigung verzichten und dafür eine Entschädigung verlangen.

gender Wahrscheinlichkeit zutreffen. Waren verschiedene Gründe für die Kündigung verantwortlich, kommt es darauf an, welche dieser Gründe nach der Überzeugung des Gerichts ausschlaggebend waren. Hätten schon die nichtmissbräuchlichen Gründe allein zur Kündigung geführt, geht der Arbeitnehmer leer aus.

Oft spielt der zeitliche Zusammenhang eine Rolle: Vorkommnisse, die sich in unmittelbarer zeitlicher Nähe zur Kündigung ereignen, haben ein grösseres Gewicht als weit zurückliegende. Gelingt es dem Arbeitnehmer zu beweisen, dass der in der Kündigung angegebene Grund nicht stichhaltig ist, genügt dies für den Beweis einer missbräuchlichen Kündigung noch nicht.

Mobbing ist meistens schwierig nachzuweisen

Nicht jeder, der sich am Arbeitsplatz schikaniert fühlt, ist auch wirklich schon ein Mobbingopfer. Mobbing ist ein sehr unscharf definierter Begriff. Man kann unter ihm vieles verstehen. Wer von den Arbeitskollegen ständig beschimpft, lächerlich gemacht oder geschnitten wird, wer von seinem Vorgesetzten schikaniert wird, sollte sich an das Personalbüro wenden. Es gehört zu den Pflichten des Arbeitgebers, gegen solche Machenschaften einzuschreiten.

Nicht selten sieht sich ein gekündigter Arbeitnehmer als Opfer eines Mobbings. Daraus ergibt sich aber nicht unbedingt eine gute Rechtsposition in einem Prozess. Erstens ist Mobbing sehr schwierig zu beweisen: Mobbende Arbeitskollegen sind schlechte Zeugen. Und auch wer beim Mobbing nicht mitgemacht hat, ist in einem Prozess meistens zurückhaltend mit Aussagen, die seinen Arbeitgeber belasten könnten. Kommt hinzu: Mobbing begründet nicht automatisch einen Missbrauch des Kündigungsrechts und damit einen Anspruch auf eine Entschädigung.

Mobbing bedeutet, dass ein Mitarbeiter am Arbeitsplatz schikaniert, ausgegrenzt oder verdrängt wird. Mobbing im Rechtssinn setzt immer voraus, dass es zu einer länger dauernden, rechtswidrigen Verletzung der persönlichen Integrität des Mobbingopfers gekommen ist. Das psychische Wohlbefinden des Opfers muss gezielt und stark beeinträchtigt worden sein. Blosse Unverträglichkeiten und Konflikte unter Arbeitskollegen genügen nicht.

Eine missbräuchliche Kündigung liegt auch vor, wenn der Arbeitgeber in Verletzung seiner Fürsorgepflicht nichts gegen ein Mobbing unternimmt und dann wegen einer Leistungseinbusse kündigt, die wiederum Folge des Mobbings ist.

Um seine Pflicht wahrnehmen zu können, muss der Arbeitgeber aber vom Opfer informiert worden sein, oder er muss sonstwie Kenntnis von der Situation erhalten haben. Eine Verantwortlichkeit besteht auch, wenn der Arbeitgeber selbst oder seine Organe – wenn es sich um eine Gesellschaft handelt – für das Mobbing verantwortlich sind.

Es müssen also mehrere Dinge nachgewiesen werden: die Persönlichkeit des Arbeitnehmers verletzende Handlungen («Mobbing»), deren Kenntnis seitens des Arbeitgebers, das Nichteinschreiten des Arbeitgebers und schliesslich, dass das Mobbing oder die daraus resultierende Leistungsreduktion der Grund für die Kündigung ist.

Ist das Mobbing erwiesen, hat der betroffene Angestellte das Recht, fristlos zu kündigen und trotzdem den Lohn bis zum Ende der Kündigungsfrist einzufordern. Jedoch kann er, wie das Bundesgericht entschieden hat, keine zusätzliche Entschädigung verlangen. Anspruch auf Entschädigung besteht nur, wenn der Betrieb fristlos oder missbräuchlich kündigt. Können weiterer Schaden und eine schwere Persönlichkeitsverletzung nachgewiesen werden, besteht zudem ein Anspruch auf Schadenersatz und Genugtuung.

Genugtuung ist schwer durchsetzbar

Allgemein deckt die Entschädigung für die missbräuchliche Kündigung alles ab. Sie ist ja auch eine Art von Genugtuung. Nur unter ausser-gewöhnlichen Umständen wird die Strafzahlung von maximal sechs Monatslöhnen von der Gerichtspraxis als ungenügend taxiert, um die Verletzung der Persönlichkeit des Arbeitnehmers zu sühnen.

Einer Sozialarbeiterin des Kantons Waadt, die während mehr als zwei Jahren gemobbt worden war und die deshalb während vier Monaten arbeitsunfähig war, sprach das Bundesgericht eine Genugtuung von 12 000 Franken zu. Dies, obwohl der Arbeitgeber die Arbeitnehmerin bei ihrer beruflichen Rehabilitation tatkräftig unterstützt hatte. Das Bundesgericht unter-

Umstrukturierung: Flexibilität hat Grenzen

Immer häufiger wird von Angestellten Flexibilität verlangt – sei es, dass sie an einen andern Arbeitsort verwiesen werden oder dass ihnen eine neue Tätigkeit im Betrieb zugewiesen wird.

Die zulässige «Flexibilität» hat allerdings Grenzen. Wenn im Arbeitsvertrag Ort und Art der Arbeit definiert sind, ist diese Umschreibung auch für den Arbeitgeber verbindlich.

Beispiel: Will ein Verlagshaus einer Journalistin, die für die politische Berichterstattung eingestellt worden ist, eine Arbeit in einer – dem gleichen Unternehmen gehörenden – Frauenzeitschrift zuweisen, braucht die Journalistin auf dieses Angebot nicht einzugehen. Wohl bleiben sich Arbeitgeber und Arbeitsort gleich, die Aufgaben bei einer durchschnittlichen Frauenzeitschrift haben aber kaum Gemeinsamkeiten mit der Arbeit bei einer Tageszeitung. Einer Versetzung innerhalb der Tageszeitung müsste die gleiche Arbeitnehmerin allerdings zustimmen.

Fehlt eine Präzisierung im Arbeitsvertrag, kann der Arbeitgeber im Rahmen des Berufs-, Branchen- und Betriebsüblichen die Beschäftigten mit neuen Aufgaben betrauen. Aber er kann Angestellte nicht dazu zwingen, sich in einer andern Region niederzulassen.

Wenn allerdings der Betrieb – im Rahmen einer Umstrukturierung – den Sitz verlegt, wird eine Verweigerung müssig. Eine Änderungskündigung – unter Einhaltung der Fristen – wäre in diesem Fall zulässig.

liess aber nicht den Hinweis darauf, dass die Genugtuungssummen bei Persönlichkeitsverletzungen normalerweise tief sind und 5000 bis 7000 Franken selten übersteigen.

Das Bundesgericht hat auch entschieden, dass die Anordnung einer vertrauensärztlichen Begutachtung durch einen Psychiater nicht als Beeinträchtigung der Persönlichkeit zu werten sei. In einem anderen Fall sprach das Bundesgericht einer Arbeitnehmerin jedoch eine Entschädigung von sechs Monatslöhnen für die missbräuchliche Kündigung und eine Genugtuung von 5000 Franken zu. Diese Arbeitnehmerin war von einem Vorgesetzten sexuell belästigt und danach entlassen worden.

Genugtuungen werden meistens im Zusammenhang mit sexuellen Übergriffen zugesprochen. Eine Genugtuung ist aber auch in anderen Fällen von schweren Persönlichkeitsverletzungen denkbar.

So hat das Bundesgericht einem Arbeitnehmer 2000 Franken Genugtuung zugesprochen, weil dieser auf besonders brutale und schikanöse Art und Weise entlassen worden war. Die Entlassung selbst erfolgte aus wirtschaftlichen Gründen und war deshalb nicht anfechtbar. Der Arbeitnehmer musste – nach notabene 13 Jahren Firmentreue – sofort nach der Kündigung seine Sachen zusammenpacken und den Betrieb unter Aufsicht eines Vorgesetzten verlassen. Es wurde ihm nicht einmal Zeit eingeräumt, sich von seinen Kollegen zu verabschieden. Erst einige Tage später informierte das Unternehmen die Arbeitnehmer, dass die Entlassung ihres Kollegen aus rein wirtschaftlichen Gründen erfolgt sei und nicht, wie man aus den Umständen der Entlassung annehmen konnte, weil ihm eine Verfehlung vorgeworfen wurde.

Kündigungsschutz ungenügend

Die Folgen der missbräuchlichen Kündigung sind für ein Unternehmen nicht sehr gravierend. Eine Kündigung wird nicht ungültig, weil sie missbräuchlich ist. Das Arbeitsverhältnis endet in jedem Fall bei Ablauf der normalen Kündigungsfrist. Die sechs Monatslöhne Entschädigung, die das Gesetz bei einer missbräuchlichen Entlassung vorsieht, sind zudem die oberste Grenze. In Wirklichkeit werden die Entschädigungen von den Gerichten fast durchwegs gekürzt, zum Beispiel wegen Mitverschuldens des Arbeitnehmers.

Von einem solchen Mitverschulden ging das Gericht im Fall eines entlassenen Mitglieds der Betriebskommission aus. Der Arbeitnehmer sei zwar seinen beruflichen Pflichten nachgekommen, er habe sich aber nicht im geringsten bemüht, das konfliktbeladene Verhältnis zu seinem Arbeitgeber ins Lot zu bringen.

Nur eine kleine Entschädigung erhält in der Regel auch, wer in einem kurzen Arbeitsverhältnis zum missbräuchlich kündigenden Arbeitgeber gestanden ist.

Erschwerend für den Arbeitgeber wirkt sich dagegen aus, wenn ihm ein besonders krasses Verschulden nachgewiesen werden kann. Berücksichtigt werden können auch grosse Familienlasten und finanzielle Probleme des Gekündigten, voraussehbare alters- oder gesundheitsbedingte Probleme beim Finden einer neuen Stelle, nicht aber der zufällige Umstand, ob der Arbeitnehmer gleich wieder eine Stelle findet.

Änderungskündigungen sind in der Regel zulässig

Wie Verträge unter Berücksichtigung der Kündigungsfristen jederzeit aufgelöst werden können, ist auch eine Abänderung von Verträgen jederzeit möglich – unter Berücksichtigung der gesetzlich vorgeschriebenen oder vertraglich abgemachten Kündigungsfristen. Im gemeinsamen Einvernehmen kann eine Vertragsänderung jedoch auch von heute auf morgen erfolgen.

Verweigern Angestellte ihre Zustimmung zu einer Abänderung des Vertrags, weil sie damit schlechter fahren, kann der Vertrag vom Betrieb unter Berücksichtigung der vertraglichen Fristen gekündigt werden. In der Regel werden die Angestellten vorher nochmals aufgefordert, die neuen, ungünstigeren Arbeitsbedingungen zu akzeptieren, weil sonst eine Kündigung des Arbeitsverhältnisses ausgesprochen werde.

Das Bundesgericht entschied in einem Urteil aus dem Jahr 1997, dass solche Änderungskündigungen grundsätzlich zulässig und nicht missbräuchlich sind. Eine

Auf die Spesen verzichten?

«Mein Arbeitgeber hat mir gekündigt und mich für die Dauer der zweimonatigen Kündigungsfrist freigestellt. Er zahlt während dieser Zeit zwar den Lohn, aber keine Spesen. Ist das in Ordnung?»

Ja. Im Prinzip muss der Arbeitgeber alle für den Job notwendigen Auslagen ersetzen. Der Betrieb muss Ihnen daher nur Spesen bezahlen, solange Sie arbeiten und damit verbunden auch tatsächlich Auslagen haben.

Während der Freistellung fallen keine Auslagen an – wie bei Ferien und Krankheit. Sind Sie freigestellt, bekommen Sie also keine Spesenvergütung – es sei denn, im Vertrag oder in Ihrer Freistellungsvereinbarung ist etwas anderes abgemacht worden.

Anpassung des Arbeitsvertrags an veränderte wirtschaftliche oder betriebliche Bedürfnisse müsse möglich und zulässig sein.

Es gibt aber gemäss Bundesgericht Grenzen, die der Arbeitgeber beachten muss: So darf er eine Kündigung nicht als Druckmittel benutzen, um Verschlechterungen bei den Lohn- und Arbeitsbedingungen herbeizuführen, die sich nicht rechtfertigen lassen. Wird ohne betriebliche Notwendigkeit eine Kündigung ausgesprochen für den Fall, dass der Arbeitnehmer die unfaire Verschlechterung der Arbeitsbedingungen nicht annimmt, so liegt ein Missbrauch vor. Allerdings stellte das Bundesgericht nicht klar, wann konkret von unfairen Arbeitsbedingungen gesprochen werden muss. Es hielt auch fest, dass allein die Tatsache, dass der Arbeitgeber eine erhebliche Verschlechterung von Lohn- oder Arbeitsbedingungen anstrebt, noch nicht auf Missbräuchlichkeit der Kündigung schliessen lasse. Wenn etwa die Leistung des Arbeitnehmers nicht mehr stimmt – sei dies gesundheitlich oder altersbedingt, sei dies aus anderen Gründen –, so wird die Änderungskündigung zulässig sein.

Vergebens wäre der Widerstand gegen eine Lohnkürzung wohl in dem Fall, wo der Betrieb sich auf eine schlechte Ertragslage berufen kann. Es wird einem Unternehmen auch kaum verwehrt werden, die Lohn- und Arbeitsbedingungen an veränderte Arbeitsmarktbedingungen anzupassen.

Nach einem Urteil des Bundesgerichts aus dem Jahr 2007 ist selbst die Halbierung des Einkommens eines Direktors nicht an sich schon ein Umstand, der den Missbrauch beweist. Es könnte ja auch sein, dass das Salär vorher viel zu hoch gewesen war. Das Kantonsgericht Waadt hatte in diesem Fall auf Missbräuchlichkeit der Änderungskündigung entschieden, weil es keine offenkundige wirtschaftliche Notwendigkeit für die Lohnkürzung sah – und wurde vom Bundesgericht zurückgepfiffen. Zuerst müsse untersucht werden, ob es vertretbare ökonomische Gründe für diese Massnahme gebe. Solche Gründe könnten auch in der Anpassung an Marktgegebenheiten und in der Standardisierung der Löhne im Unternehmen liegen.

Ein Missbrauch liege nur vor, wenn überhaupt keine vernünftigen Gründe auszumachen seien. Bei dieser Sichtweise werden wohl Klagen wegen missbräuchlichen Änderungskündigungen kaum je erfolgreich sein können.

Missbräuchlich ist es hingegen auf jeden Fall, wenn der Arbeitgeber die Lohnkürzung ohne Einhaltung der Kündigungsfrist durchsetzen will. Beharrt der Arbeitnehmer auf dem vollen Lohn für die Dauer der Kündigungsfrist und kündigt der Arbeitgeber deshalb, liegt eine missbräuchliche Kündigung vor – mit den entsprechenden Entschädigungsfolgen.

Kündigungen zur falschen Zeit können ungültig sein

Wer die Probezeit hinter sich hat, muss wissen, dass von diesem Termin an ein teilweiser Kündigungsschutz gilt. Das Gesetz zählt eine Anzahl von zeitlich befristeten Kündigungsverboten auf. Das heisst: Arbeitgeber dürfen in diesen Sperrfristen ihren Beschäftigten nicht kündigen. Tun sie es doch, sind die Kündigungen ungültig, das heisst wirkungslos. Unter folgenden Bedingungen ist eine Kündigung völlig unzulässig:

■ Während der Schwangerschaft und in den ersten 16 Wochen nach der Niederkunft einer Angestellten.
■ Während Krankheit oder Unfall, wobei die Sperrfrist je nach Dauer des Arbeitsverhältnisses unterschiedlich ist: Im ersten Dienstjahr dauert sie 30 Tage, ab dem zweiten bis zum fünften Dienstjahr 90 Tage und ab dem sechsten

Dienstjahr 180 Tage ab Ausbruch der Krankheit oder dem Unfallereignis.

■ Wenn ein Arbeitnehmer mit Zustimmung des Arbeitgebers an einer von einer Bundesbehörde angeordneten Dienstleistung für eine Hilfsaktion im Ausland teilnimmt.

■ Wer länger als elf Tage Zivildienst, Militär- oder Zivilschutzdienst leistet, ist vier Wochen vorher und vier Wochen nachher vor einer Kündigung sicher. Während des Dienstes ist die Kündigung auf jeden Fall verboten.

Diese Sperrfristen schützen den Arbeitnehmer vor einer Kündigung des Arbeitgebers. Sie fallen nur dann weg, wenn ein Beschäftigter seine Arbeitsunfähigkeit mutwillig herbeigeführt hat. Wer sich bei einer riskanten Sportart verletzt, handelt sicher nicht mutwillig. Anders sieht die Rechtslage aus, wenn ein Arbeitnehmer betrunken Auto fährt und verunfallt.

Der Kündigungsschutz kommt im Übrigen auch dann zum Tragen, wenn ein Arbeitgeber im Zeitpunkt der Kündigung keine Kenntnis davon hatte, dass eine Sperrfrist läuft. Das Kantonsgericht Waadt zum Beispiel erklärte eine Kündigung für nichtig, weil die betroffene Arbeitnehmerin am Datum der Kündigung schwanger war. Der Arbeitgeber hatte von der bevorstehenden Mutterschaft damals noch keine Kenntnis.

Umgekehrt gilt: Kündigt ein Angestellter, kann er sich nicht auf die gesetzlichen Sperrfristen berufen, auch wenn er später krank wurde. Angestellte können auch während des Militärdiensts, bei krankheitsbedingter Abwesenheit oder Schwangerschaft gültig ein Arbeitsverhältnis auflösen. Sie können also auf den gesetzlichen Schutz verzichten, jedenfalls dann, wenn dieser Verzicht nicht einseitig im Interesse des Arbeitgebers erfolgt.

Eine Krankheit kann das Arbeitsverhältnis verlängern

Wer vom Betrieb die Kündigung erhielt und während der Kündigungsfrist erkrankt, verunfallt oder Militärdienst leistet, muss wissen, dass sich die Kündigungsfrist in diesen Fällen um die Dauer der Arbeitsunfähigkeit beziehungsweise der Abwesenheit verlängert, maximal aber um die Dauer der Sperrfrist. Zur Kündigungsfrist ist somit die Zeit der Arbeitsunfähigkeit, sofern deren Dauer die Sperrfrist nicht übersteigt, hinzuzuzählen. Das Arbeitsverhältnis endet dann in der Regel am folgenden Monatsende. Beispiel: Ist jemand während der Kündigungsfrist während 20 Tagen krank, verlängert sich die Kündigungsfrist um 20 Tage. Weil der Kündigungstermin in der Regel auf den letzten Tag eines Monats fällt, verlängert sich das Arbeitsverhältnis insgesamt um einen Monat.

Gerechnet wird folgendermassen: Man geht vom Kündigungsendtermin aus und rechnet die Kündigungsfrist zurück. Das frühe Zusenden der Kündigung verkürzt deshalb die Sperrfrist nicht. Beispiel: Trifft bei einer zweimonatigen Kündigungsfrist das Kündi-

Bin ich verpflichtet, Krankheitstage nachzuholen?

«Ich habe meine Stelle gekündigt. Während der Kündigungsfrist lag ich eine Woche lang mit Grippe im Bett. Der Chef verlangt, dass ich diese Zeit nachhole. Muss ich das wirklich?»

Nein. Angestellte sind nie zum Nachholen verpflichtet, wenn sie krank sind. Die Kündigung ging von Ihnen aus, und damit endet das Arbeitsverhältnis mit Ablauf der ordentlichen Frist – ungeachtet der Grippe. Eine Verlängerung wegen Krankheit oder Unfall sieht das Gesetz nur für den Fall vor, dass der Arbeitgeber kündigt. Aber auch dann handelt es sich nicht um eine Pflicht, sondern um ein Recht des Arbeitnehmers. Wer schon eine neue Stelle hat oder aus anderen Gründen nicht länger am bisherigen Ort arbeiten will, kann auf die Verlängerung verzichten.

gungsschreiben am 2. Mai ein, beginnt die Frist am 1. Juni zu laufen und endet am 31. Juli. Wer also am 30. Juli krank wird, hat Anspruch auf eine verlängerte Kündigungsfrist, selbst wenn die Krankheit nur wenige Tage dauert.

Wichtig: Tritt ein Grund für die Verlängerung der Kündigungsfrist ein, sollten Angestellte sofort den Arbeitgeber darauf aufmerksam machen – am besten schriftlich. Nach der Genesung muss man wieder zur Arbeit. Das Arbeitsverhältnis läuft bis zum Ende der verlängerten Kündigungsfrist. Stellt sich der Arbeitgeber fälschlicherweise auf den Standpunkt, das Arbeitsverhältnis sei beendet, ob-

wohl die Kündigungsfrist wegen Krankheit verlängert wurde, sollte die Arbeit nach der Genesung unbedingt sofort angeboten werden, auch wenn der Arbeitgeber die Dienste des Arbeitnehmers gar nicht mehr will. Am besten geschieht dies mit eingeschriebenem Brief.

Angestellte, die von den krankheitsbedingten Verlängerungen der Kündigungsfrist keine Kenntnis haben, bekommen Probleme, wenn sie nach der Auflösung des Arbeitsverhältnisses arbeitslos werden. Die Arbeitslosenversicherung zahlt nämlich keine Taggelder, solange ein Anspruch auf Lohn besteht. Im schlimmsten Fall wirft die Arbeitslosenversicherung dem Arbeitslosen vor, seine ihm gesetzlich zustehenden Ansprüche gegen den Arbeitgeber nicht genügend wahrgenommen zu haben – und kürzt die Taggelder gleich um einen Monat.

Grundsätzlich führt jeder neue Anlass zu einer neuen zeitlichen Kündigungsbeschränkung. Doch einer Schwangeren kann nicht entgegengehalten werden, sie sei im gleichen Jahr ja auch schon krank gewesen und habe deshalb nicht mehr Anrecht auf die volle Sperrfrist mit der entsprechenden Verlängerung der Kündigungsfrist.

Wird ein Arbeitnehmer mehrmals krank, beginnt immer wieder eine neue Sperrfrist. Erforderlich ist dabei, dass die Krankheiten voneinander unabhängig sind. Bei Rückfällen oder mehreren akuten Phasen eines Grundleidens gibt es nicht jedesmal eine neue Sperrfrist – sonst wäre das Arbeitsverhältnis praktisch gar nicht mehr kündbar, wenn immer wieder eine neue Krankheitsphase eintritt. Der Kündigungsschutz besteht auch bei teilweiser Arbeitsunfähigkeit. Diese führt aber nicht zur prozentualen Verlängerung der Sperrfrist.

Die Verlängerung der Kündigungsfrist bedeutet nicht in jedem Fall, dass der Arbeitgeber während der ganzen Zeit den Lohn bezahlen muss. Die Lohnzahlungspflicht des Arbeitgebers richtet sich nach dafür aufgestellten eigenen Vorschriften (siehe dazu Seite 72).

Es kommt ab und zu vor, dass Arbeitgeber die gesetzlich gebotene Verlängerung der Kündigungsfrist ablehnen, indem sie behaupten, die Arbeitsunfähigkeit sei arbeitsplatzbezogen. Solche Situationen können sich meist nach schweren Konflikten am Arbeitsplatz ergeben, welche zu einer Erkrankung führen. Der Begriff der arbeitsplatzbezogenen Arbeitsunfähigkeit meint, dass der betreffende Arbeitnehmer nicht allgemein arbeitsunfähig ist, sondern nur an der gekündigten Stelle. Es heisst dann, dies hindere den Arbeitnehmer nicht an der Stellensuche, weshalb der Kündigungsschutz unnötig sei. Dazu besteht keine klare Rechtsprechung.

Massenentlassung und Betriebsschliessungen

Werden ganze Betriebe geschlossen oder wird während Restrukturierungen ein Teil der Belegschaft auf die Strasse gestellt, handelt es sich um sogenannte Massenentlassungen. Die betroffenen Arbeitnehmer können in diesem Fall einige – bescheidene – Rechte einfordern.

Eine Massenentlassung liegt gemäss Gesetz jeweils dann vor, wenn innert 30 Tagen
■ in einem Kleinbetrieb, der 20 bis 100 Personen beschäftigt, 10 Angestellten gekündigt wird,
■ in einem mittleren Betrieb mit 100 bis 300 Angestellten 10 Prozent der Belegschaft ihren Abschied nehmen müssen,
■ in einem Grossunternehmen mit über 300 Arbeitnehmern mindestens 30 Entlassungen ausgesprochen werden.

Plant ein Unternehmen Massenentlassungen, muss es im Vorfeld die Arbeitnehmervertretung konsultieren. Es muss ihr sämtliche zweckdienlichen Auskünfte erteilen und sie namentlich schriftlich über die Gründe der Massenentlassung informieren, über die Zahl der betroffenen Arbeitnehmer, über die Zahl der in der Regel beschäftigten Arbeitnehmer und über den Zeitraum, in dem die Kündigungen ausgesprochen werden sollen. Diese schriftliche Mitteilung muss in Kopie dem kantonalen Arbeitsamt zugestellt werden. Dieser Informationspflicht kommen die Unternehmen oft mit einer gewissen Lässigkeit nach. Arbeitnehmervertreter werden in vielen Fällen am gleichen Tag informiert, an dem auch die Presse über die geplanten «Massnahmen» in Kenntnis gesetzt wird.

Die Arbeitnehmervertretung hat die Möglichkeit, Vorschläge zur

Vermeidung der Kündigungen – oder wenigstens eines Teils davon – oder zur Milderung der Folgen der Entlassungen zu unterbreiten. Diese müssen vom Unternehmen entgegengenommen und geprüft werden. Eine Pflicht, die Vorschläge von Arbeitnehmerseite auch umzusetzen, besteht allerdings nicht.

Wie lange die Frist zur Stellungnahme sein muss, hängt von den konkreten Umständen ab. Bei grossen Unternehmen und einer grossen Zahl betroffener Arbeitnehmer liegen meist komplexere Verhältnisse vor, die eine längere Frist nötig machen. Innert zwei oder drei Tagen, womöglich noch

INFO

Sozialplan: Betriebsschliessungen und ihre Folgen

Im Sozialplan werden die Folgen einer Betriebsschliessung für die Beschäftigten geregelt und die Konsequenzen der Entlassung so weit wie möglich gemildert. Im Allgemeinen verhandeln Unternehmer mit Arbeitnehmervertretern, Verbands- oder Gewerkschaftsfunktionären.

Die gesetzlichen Bestimmungen zum Sozialplan sind wenig wirkungsvoll. Hingegen legen diverse Gesamtarbeitsverträge zumindest Rahmenbedingungen fest:

■ In einem Sozialplan können Kündigungsfristen zugunsten der Beschäftigten verlängert werden.
■ Fortschrittliche Betriebe installieren – gelegentlich mit Hilfe der zuständigen Arbeitsämter – für die Kündigungsfrist einen professionellen Stellenvermittler und verankern dies im Sozialplan.
■ Oft wird für die Arbeitnehmer die Möglichkeit eines vorzeitigen Abgangs vereinbart, sofern ein anderes Unternehmen daran interessiert ist, sie unverzüglich unter Vertrag zu nehmen.

■ Ausgehandelt werden meistens auch Abgangsentschädigungen und Abfindungen, deren Höhe an Dienstjahre und Alter gekoppelt wird.
■ Werden nur Betriebsteile geschlossen, können Versetzungen in andere Firmen des Unternehmens ausgehandelt werden. Gelegentlich werden die Umzugskosten der Arbeitnehmer mit einer Pauschale entschädigt.
■ Oft wird für ältere Angestellte ab 60 Jahren eine vorzeitige Pensionierung – mit Übergangsrenten – möglich gemacht.
■ Vor allem bei der vorzeitigen Pensionierung sind manchmal komplexe Probleme zu lösen. Die Ansprüche aus dem Sozialplan können nämlich unter Umständen in Konflikt kommen mit Ansprüchen gegenüber den Sozialversicherungen – vor allem der Arbeitslosenversicherung. Man muss auch stets im Auge behalten, ob und in welchem Mass die vorzeitige Pensionierung zu Kürzungen der Altersrenten bei AHV und Pensionskasse führt.

über das Wochenende, können keine fundierten Vorschläge zur Vermeidung der Kündigungen oder Milderung ihrer Folgen gemacht werden. Wenn das Unternehmen die Konsultation verspätet einleitet, kann es sich nicht auf eine besondere Dringlichkeit berufen. Die Konsultationsfrist kann auch nicht deshalb verkürzt werden, weil die Kündigungen andernfalls nicht mehr am letzten Tag des Monats ausgesprochen werden können. Das Bundesgericht hat entschieden, dass eine Frist von 24 Stunden offensichtlich zu kurz ist. Es erachtete aber die von Seiten der Gewerkschaften geforderten 4 bis 6 Wochen als erheblich zu lang. Die bisherige spärliche Rechtsprechung kann man so interpretieren, dass die Frist im Normalfall rund 5 bis 10 Tage betragen muss.

Das Ergebnis der Konsultation muss dem kantonalen Arbeitsamt mitgeteilt werden. Das Arbeitsamt hat die gesetzliche Pflicht, nach Lösungen für die durch die beabsichtige Massenentlassung verursachten Probleme zu suchen.

Gemäss dem Bundesgericht darf der Arbeitgeber mit der Konsultation nicht zuwarten, bis die Massenentlassung beschlossene Sache ist. Das Konsultationsverfahren darf nicht zur Alibiübung verkommen. Hat das Unternehmen bereits alle Entscheidungen gefällt, besteht keine Möglichkeit mehr für die Arbeitnehmer, auf die Entscheidfindung einzuwirken. Ein solches Vorgehen widerspricht dem Sinn des Konsultationsverfahrens und ist nicht rechtmässig.

Betriebe, die keine gewählte Arbeitnehmervertretung haben, müssen die ganze Belegschaft ins Konsultationsverfahren einbeziehen.

Verletzt ein Arbeitgeber seine Informations- und Konsultationspflicht, gilt die Massenentlassung als missbräuchlich. Die vorgesehene Entschädigung umfasst allerdings nur gerade zwei Monatslöhne.

Der Arbeitgeber muss zwar die Arbeitnehmervertretungen informieren und deren Vorschläge entgegennehmen. Er hat aber nicht die Pflicht, mit Mitgliedern der Betriebskommission, Arbeitnehmerverbänden oder Gewerkschaften zu verhandeln.

Sozialpläne bei Massenentlassungen

Obwohl keine gesetzliche Pflicht besteht, wird bei Massenentlassungen relativ häufig ein Sozialplan abgeschlossen. Vertragspartner auf Arbeitnehmerseite sind entweder die Gewerkschaften oder die Betriebskommission.

Seit dem Jahr 2014 gibt es bei Massenkündigungen eine gesetzliche Pflicht für gewisse Arbeitgeber, Verhandlungen über einen Sozialplan zu führen. Eine solche Verhandlungspflicht besteht, wenn mindestens 30 Kündigungen innert 30 Tagen ausgesprochen werden sollen und der Arbeitgeber normalerweise mindestens 250 Arbeitnehmer beschäftigt. Ist der Arbeitgeber selbst Partei eines Gesamtarbeitsvertrags, also nicht bloss als Mitglied eines Arbeitgeberverbands einem GAV angeschlossen, muss er mit den Arbeitnehmerverbänden verhandeln, ansonsten mit der Arbeitnehmervertretung des Betriebs. Existiert keine Arbeitnehmervertretung, muss der Arbeitgeber die Verhandlungen direkt mit den Arbeitnehmern führen. Falls sich Arbeitgeber und Arbeitnehmer nicht auf einen Sozialplan einigen können, wird es sehr kompliziert und auch teuer. Für diesen Fall bestimmt das Gesetz nämlich, dass ein Schiedsgericht bestellt werden muss. Dieses Schiedsgericht hat die Kompetenz, einen verbindlichen Sozialplan zu erlassen.

Manchmal wird ein Sozialplan gar nicht zwischen den Sozialpartnern ausgehandelt, sondern vom Unternehmen einseitig erlassen. Der Inhalt kann je nach konkreter Situation ganz verschieden sein: Verlängerung der Kündigungsfristen mit der Möglichkeit der vorzeitigen Auflösung, Beiträge an die Umzugskosten oder zusätzlichen Arbeitswegkosten, Laufbahnberatung, Hilfe bei der Stellensuche, Abgangsentschädigungen, vorzeitige Pensionierung usw. (siehe auch Kasten auf Seite 134).

Bei der vorzeitigen Pensionierung werden meist Überbrückungszahlungen bis zum Erreichen des AHV-Alters geleistet. Wird vom Recht auf vorzeitigen Bezug der AHV-Rente Gebrauch gemacht, ist ein Ausgleich der Rentenkürzung sinnvoll. Es sollte im Sozialplan auch festgeschrieben werden, dass der ehemalige Arbeitgeber die Pensionskassenbeiträge weiterhin bezahlt.

Wie verhält es sich mit der Arbeitslosenversicherung, wenn der Arbeitgeber eine Abgangsentschädigung entrichtet? Nach langem Hin und Her hat das Parlament diese Frage geklärt. Freiwillige Leistungen des Arbeitgebers – zum Beispiel auf Grund eines Sozialplans – werden nur berücksichtigt, wenn sie den Betrag von 148 200 Franken (Stand 2021) übersteigen. Wer also gekündigt wird und eine Abgangsentschädigung erhält, die niedriger ist, kann trotzdem stempeln. Grund für diese Regelung: Wenn Sozialplanleistungen im Endeffekt der Arbeitslosenversicherung zugutekommen würden, hätte niemand mehr ein Interesse, solche Leistungen zu erbringen.

Wer allerdings vorzeitig pensioniert wird, kann erst wieder Leistungen der Arbeitslosenversicherung beziehen, wenn er nach der vorzeitigen Pensionierung die notwendige Beitragzeit von einem Jahr erfüllt hat. Diese Regel gilt nicht, wenn die vorzeitige Pensionierung aus wirtschaftlichen Gründen erfolgte oder aufgrund von zwingenden Anordnungen der Pensionskasse. Voraussetzung für die Ausnahme ist, dass die Altersleistungen tiefer sind als die Arbeitslosenentschädigung.

Bei Betriebsschliessungen oder Umstrukturierungen und generell bei durch Sozialpläne geregelten kollektiven Entlassungen werden auf Abgangsentschädigungen erst ab einem Betrag von 129 060 Franken Sozialversicherungsbeiträge erhoben (Stand 2021). Diese Beitragsbefreiung gilt aber nur, wenn die Entlassung aus betrieblichen Gründen erfolgte. Als solche gelten Betriebsschliessungen oder Umstrukturierungen, wenn bei der Umstrukturierung ein Sozialplan vorhanden ist oder die Voraussetzungen für eine Teilliquidation der Pensionskasse erfüllt sind.

Besondere Beachtung ist bei Massenentlassungen auch der Pensionskasse zu schenken. Weil in solchen Fällen eine grosse Zahl von Mitarbeitern aus der Pensionskasse des Unternehmens ausscheidet, muss eine sogenannte Teilliquidation der Pensionskasse durchgeführt werden. Das bedeutet, dass die Ausgeschiedenen ebenfalls am freien Stiftungsvermögen beteiligt werden. Die Pensionskasse ist verpflichtet, einen Verteilungsplan auszuarbeiten, der von der kantonalen Aufsichtsbehörde über die Pensionskassen genehmigt werden muss.

Pflichten am Ende des Arbeitsverhältnisses

Der Arbeitnehmer muss alles zurückgeben, was dem Arbeitgeber gehört, etwa das Geschäftsauto samt Fahrzeugausweis, Schlüssel, Arbeitswerkzeuge, Handy, Kundenverzeichnisse, Preislisten usw. Umgekehrt gilt das Gleiche: Hat der Arbeitnehmer den Computer oder ein Spezialwerkzeug zur Verfügung gestellt, muss der Arbeitgeber es ihm zurückgeben.

Falls der Arbeitgeber sich weigert, berechtigte Geldforderungen zu erfüllen, hat der Arbeitnehmer ein sogenanntes Retentionsrecht:

INFO

Abgangsentschädigung: Normale Büezer haben das Nachsehen

In den Medien ist oft von Abgangsentschädigungen die Rede. Gemeint sind damit praktisch ausschliesslich hochbezahlte Manager, die sich solche goldenen Fallschirme schon am Anfang vertraglich zusichern liessen. Gewöhnliche Arbeitnehmer erhalten in der Praxis kaum je eine Abgangsentschädigung – oder höchstens im Rahmen eines Sozialplans.

Die Abgangsentschädigung existiert zwar im Gesetz. Deren Voraussetzungen sind aber so eng definiert, dass selten eine Abgangsentschädigung bezahlt werden muss. Wer sie beanspruchen will, muss mindestens 50 Jahre alt sein und 20 oder mehr Jahre beim gleichen Arbeitgeber gearbeitet haben. Darüber hinaus darf der Arbeitgeber seine Beiträge an die Pensionskasse, die er in all den Jahren geleistet hat, in Abzug bringen. Das Ergebnis ist fast immer null.

Die gesetzliche Situation führt dazu, dass Unternehmen altgediente Arbeitnehmer nach 20 und mehr Dienstjahren einfach auf die Strasse setzen können, ohne einen Franken Entschädigung zu schulden.

Er kann zum Beispiel den Geschäftswagen zurückbehalten, bis die Forderungen erfüllt sind, oder er kann im schlimmsten Fall die Verwertung durch das Betreibungsamt verlangen. Ein solches Retentionsrecht kann es aber nur an Sachen mit einem Verkaufswert geben, nicht etwa an Geschäftsunterlagen oder Schlüsseln.

Der Arbeitgeber ist verpflichtet, ein Zeugnis auszustellen (siehe Kapitel 10). Er muss zudem dem Arbeitnehmer gegebenenfalls die Arbeitgeberbescheinigung zuhanden der Arbeitslosenversicherung ausstellen. Wenn der Arbeitnehmer eine neue Stelle antritt, muss die Austrittsleistung an die neue Pensionskasse überwiesen werden, andernfalls ist sie auf ein Freizügigkeitskonto zu übertragen.

Überbrückungsleistungen für ausgesteuerte Arbeitslose

Ab 1. Juli 2021 haben ältere ausgesteuerte Arbeitslose Anrecht auf Überbrückungsleistungen. Damit wird der Tatsache Rechnung getragen, dass es für ältere Angestellte, die entlassen werden, oft unmöglich ist, nochmals eine Stelle zu finden. Anspruchsberechtigt ist, wer im Zeitpunkt der Aussteuerung bei der Arbeitslosenversicherung das 60. Altersjahr vollendet hat. Wer die AHV-Rente vorbezieht, hat keinen Anspruch auf die Überbrückungsleistungen. Wenn die Aussteuerung auch nur wenige Monate vor dem 60. Geburtstag erfolgt, besteht kein Anspruch. Die Aussteuerung tritt ein, wenn entweder die maximale Anzahl von Taggeldern bezogen oder aber die Rahmenfrist für den Leistungsbezug abgelaufen ist. Wer bei der Entlassung jünger als 58 Jahre ist, erfüllt diese Voraussetzung nicht. Anspruchsberechtigt ist nur, wer mindestens 20 Jahre in der AHV versichert war (davon mindestens fünf Jahre nach dem 50. Altersjahr) und jährlich mindestens 75 % der AHV-Maximalrente verdiente. Eine weitere Voraussetzung ist, dass der Ausgesteuerte nicht mehr als 50 000 Franken (Alleinstehende) oder 100 000 Franken (Paare) Reinvermögen besitzt – die 3. Säule wird dabei mitgezählt (Stand 2021). Hohe Guthaben bei der Pensionskasse über 500 000 Franken werden ebenfalls berücksichtigt.

Die Leistungen unterscheiden sich nur geringfügig von den Ergänzungsleistungen EL. Maximal kann die Überbrückungsleistung 3650 Franken (Alleinstehende) oder 5470 Franken (Ehepaare) betragen (Stand 2021).

9 Fristlose Kündigung
Was zum sofortigen Aus führen kann

Viele arbeitsgerichtliche Streitfälle drehen sich um fristlose Kündigungen. Eine sofortige Beendigung der Zusammenarbeit ist grundsätzlich nur möglich, wenn das Vertrauensverhältnis so fundamental gestört ist, dass eine Fortsetzung des Arbeitsverhältnisses dem Kündigenden unter keinen Umständen mehr zumutbar ist.

Das Gesetz hält nur fest, dass ein Arbeitsverhältnis beim Vorliegen von wichtigen Gründen fristlos gekündigt werden darf. Was solche «wichtigen Gründe» sind, wird den Gerichten überlassen. Weil fristlose Kündigungen insbesondere für die Beschäftigten eine grosse Härte darstellen, sind die Gerichte eher zurückhaltend mit dem Akzeptieren fristloser Entlassungen.

«Wichtige Gründe» für eine fristlose Entlassung

Aus der jahrelangen Rechtsprechung der verschiedenen Arbeitsgerichte lassen sich einige wichtige Grundsätze zusammenfassen:

■ Straftaten am Arbeitsplatz wie Betrug, Diebstahl oder Veruntreuung zulasten des Arbeitgebers oder von Mitarbeitern können zu einer berechtigten fristlosen Entlassung führen. Wer einen Arbeitskollegen mit dem Stempeln seiner Präsenzenkarte beauftragt, selbst jedoch nicht oder verspätet zur Arbeit erscheint, darf sich über eine fristlose Kündigung nicht wundern. Wer ein einziges Mal eine unredliche Spesenabrechnung abliefert, darf nach Ansicht des Bundesgerichts jedoch noch nicht fristlos entlassen werden.

■ Eine fristlose Kündigung ist gegenüber einem Mitarbeiter möglich, der die Arbeit verweigert, den Arbeitsplatz unbegründet verlässt oder eigenmächtig Ferien bezieht. Auch die Verweigerung, Überstunden zu leisten, kann darunter fallen.

■ Ein Arbeitnehmer, der Schmiergeld annimmt oder solches gar verlangt, kann ebenfalls fristlos entlassen werden. Dasselbe gilt für Angestellte, die Mitarbeiter oder Kunden sexuell belästigen.

■ Die Konkurrenzierung des Arbeitgebers, etwa durch Schwarzarbeit und Geschäfte auf eigene Rechnung, stellt ebenfalls einen Grund für eine fristlose Entlassung dar. Allerdings ahndet die Gerichtspraxis eine konkurrenzierende Tätigkeit nicht in jedem Fall mit einer fristlosen Kündigung. Zum Beispiel wird keine schwerwiegende Verletzung des Konkurrenzverbots angenommen, wenn ein Angestellter einer Konkurrenzfirma ein Geschäft vermittelt, an dem sein Arbeitgeber kein Interesse zeigte.

■ Auch der Verrat von Geschäftsgeheimnissen gehört in die Kategorie von Verfehlungen, die eine fristlose Entlassung rechtfertigen.

■ Tätlichkeiten, Beschimpfungen und Beleidigungen gegenüber dem Arbeitgeber oder Arbeitskollegen sind ebenfalls Grund zu einer fristlosen Entlassung. Es muss sich allerdings um einen schwerwiegenden Vorfall handeln. Laut einem

Bundesgerichtsurteil aus dem Jahr 2002 bedeutete es keine schwerwiegende Persönlichkeitsverletzung, als ein Arbeitgeber seiner Arbeitnehmerin leicht auf den Kopf schlug, obwohl dies weder als scherzhaft noch als harmlos bezeichnet werden dürfe. Dennoch sei es dieser Arbeitnehmerin zumutbar gewesen, das Arbeitsverhältnis bis zum Ablauf der ordentlichen Kündigungsfrist fortzusetzen. Der gleiche Massstab muss selbstverständlich auch bei Verfehlungen des Arbeitnehmers angewandt werden.

Stets müssen die Umstände des Einzelfalls beachtet werden. Auf dem Bau wird eine andere Sprache gesprochen als bei einer Bank. Die Verwendung eines Kraftausdrucks gegenüber einem Vorgesetzten mag auf dem Bau noch durchgehen, bei einer Bank – vielleicht noch vor Kunden – jedoch nicht. Berücksichtigt werden müsste auch, ob allenfalls eine Provokation vorlag oder der Arbeitgeber vorgängig den Arbeitnehmer mit ungerechtfertigten Vorwürfen kränkte.

■ Gemäss Bundesgericht war die fristlose Entlassung eines Lastwagenchauffeurs rechtens, der vorsätzlich ein Stoppsignal überfahren und mit einem korrekt fahrenden Personenwagen kollidiert war.

Bei weniger schwerwiegenden Verfehlungen: Verwarnung nötig
Nur in klaren Fällen wie in den oben erwähnten dürfen Arbeitgeber ohne Vorwarnung fristlos

kündigen. Bei weniger schwerwiegenden Gründen verlangt die Gerichtspraxis eine klare Verwarnung.

Aus dieser Verwarnung muss deutlich ersichtlich sein, was der Arbeitgeber dem betreffenden Arbeitnehmer genau vorwirft. Und es muss dem Arbeitnehmer unmissverständlich vor Augen geführt werden, welche Konsequenzen eine erneute Verfehlung haben wird.

Nach dem Bundesgericht hat die Abmahnung zugleich Rüge- und Warnfunktion. Die fristlose Entlassung muss aber laut Bundesgericht nicht unter allen Umständen ausdrücklich angedroht werden. Doch kann die Abmahnung ihren Warnzweck nur erfüllen, wenn der Arbeitgeber dem Arbeitnehmer unmissverständlich klarmacht, dass

9
Fristlose Kündigung

er den begangenen Fehler als schwerwiegend betrachtet und nicht bereit ist, eine Wiederholung sanktionslos hinzunehmen.

Sicher ist, dass auch die Verwarnung berechtigt sein muss. Sollte es sich herausstellen, dass die Vorwürfe, die zur Verwarnung führten, gar nicht begründet waren, kann sich der Arbeitgeber auch nicht auf diese falsche Verwarnung berufen, um eine spätere fristlose Entlassung zu rechtfertigen.

Musterbrief Einsprache

Absender

Einschreiben
Adresse

Ort, Datum

Sehr geehrte Damen und Herren,

Soeben haben Sie mich fristlos entlassen. Sie beschuldigen mich zu Unrecht. Es trifft nicht zu, dass ich... (hier die Begründung des Arbeitgebers einfügen).

Ich bitte Sie deshalb, die fristlose Kündigung zurückzuziehen. Selbstverständlich werde ich morgen meine Arbeit pünktlich aufnehmen. Ich halte an meinem Arbeitsverhältnis fest und biete meine Dienste weiterhin an.

Ich gehe davon aus, dass Sie die fristlose Kündigung umgehend zurückziehen. Sollten Sie dazu nicht bereit sein, bitte ich Sie, gestützt auf Artikel 337 Absatz 1 des Obligationenrechts, Ihren willkürlichen Schritt schriftlich und detailliert zu begründen.

Freundliche Grüsse
Unterschrift

Wer zum Beispiel wiederholt zu spät kommt, sollte zuerst verwarnt werden, bevor die fristlose Kündigung erfolgt. Wer aber eine ganze Woche unentschuldigt nicht zur Arbeit erscheint, kann ohne Verwarnung fristlos entlassen werden. Ein Arbeitnehmer, der stundenlang auf Kosten des Arbeitgebers privat telefoniert oder das Betriebsklima vergiftet, sollte zuerst verwarnt und schriftlich über eine bevorstehende fristlose Kündigung im Wiederholungsfall informiert werden.

Laut einem Urteil des Bundesgerichts rechtfertigt die private Internetbenutzung – falls sie sich auf wenige Male beschränkt – eine fristlose Entlassung ohne vorgängige Verwarnung nicht, selbst wenn der Arbeitnehmer auf Sexseiten gesurft ist. Das Gericht betonte aber, dass es nicht angeht, wenn ein Arbeitnehmer sich während der Arbeitszeit in erheblichem Umfang privaten Tätigkeiten hingibt.

Erscheint ein Arbeitnehmer einmalig betrunken am Arbeitsplatz, darf er ebenfalls kaum ohne Verwarnung entlassen werden. Im Wiederholungsfall hingegen dürfte eine fristlose Entlassung vor dem Richter bestehen.

Auch der Konsum harter Drogen genügt nicht einfach so für eine fristlose Entlassung, so die Meinung des Bundesgerichts. Die Leistungen des betreffenden Arbeitnehmers waren vom Arbeitgeber selbst als gut bewertet worden, negative Auswirkungen auf das Arbeitsklima waren nicht festzustellen, und der Arbeitnehmer hatte auch keinerlei Repräsentierungspflichten.

**Fristlose Kündigung bei
Verdacht strafbarer Handlungen**
Stehen Angestellte unter Verdacht, den Betrieb mit einer strafbaren Handlung geschädigt zu haben, reicht dies für eine fristlose Kündigung nicht aus. In aller Regel ist ein blosser Verdacht kein ausreichender Grund. Gemäss Bundesgericht ist jedoch in gewissen Ausnahmefällen schon der Verdacht auf eine schwere Pflichtverletzung ausreichend, damit dem Arbeitgeber die Fortsetzung des Arbeitsverhältnisses nicht mehr zumutbar ist – selbst wenn sich der Verdacht letztlich nicht erhärtet. Voraussetzung für eine fristlose Kündigung ist in solchen Fällen jedoch stets, dass der Arbeitgeber alle zumutbaren Abklärungen macht und den betroffenen Arbeitnehmer auch anhört.

Entlässt ein Arbeitgeber einen Mitarbeiter bloss wegen eines Verdachts, trägt er selbst das Risiko, dass sich der Verdacht am Schluss nicht erhärtet. Ein Beispiel: Eine Firma kündigte ihrem EDV-Betreuer fristlos, weil sie ihn verdächtigte, Daten aus dem Firmencomputer, die Geschäftsgeheimnisse darstellen, auf seinen eigenen Computer übertragen zu haben. Der Verdacht stellte sich im Gerichtsverfahren als falsch heraus. Der EDV-Betreuer erhielt vollen Schadenersatz für die ungerechtfertigte fristlose Entlassung zugesprochen.

Nicht immer wird zu Unrecht Entlassenen eine zusätzliche Entschädigung von bis zu sechs Monatslöhnen zugesprochen: Laut Bundesgericht muss der Arbeitgeber, der einen begründeten Verdacht hat und der deshalb eine fristlose Entlassung ausspricht, unter Umständen nur den Lohn bezahlen, aber keine Strafzahlung leisten.

**Ungenügende Leistungen
sind kein Grund**
Ungenügende Arbeitsleistungen sind in der Regel kein Grund für eine fristlose Entlassung. Nur ein Arbeitnehmer, der seine Arbeit gezielt schlecht verrichtet oder sich regelmässig davor drückt, muss

mit einer fristlosen Kündigung rechnen. Die Verletzung elementarer Pflichten wurde auch schon als Grund für eine «Fristlose» akzeptiert, etwa in einem Fall, wo ein Koch dreimal kurz hintereinander verdorbenes Essen ausgegeben hatte. Sonst gilt der Grundsatz: Mangelnde Qualifikation und mangelnde Leistung können höchstens zu einer normalen Kündigung führen.

Auch ein Streik darf nicht zur fristlosen Entlassung führen, wenn sich das Personal an die Regeln der Arbeitsniederlegung hält.

Fristlose Kündigung nur bei sofortiger Reaktion zulässig

Der Arbeitgeber muss rasch handeln, wenn er glaubt, Gründe für eine fristlose Kündigung zu haben: innerhalb von zwei bis drei Arbeitstagen nach dem Vorfall, der Anlass für die fristlose Entlassung ist. Andernfalls hat er das Recht zur fristlosen Kündigung verwirkt. Eine etwas längere Frist wird grösseren Betrieben zugestanden, denn handeln müssen hier die zuständigen Organe des Unternehmens, die unter Umständen nicht immer präsent sind.

Unterschiedlich lang ist die zulässige Reaktionsfrist auch, je nachdem ob der Arbeitgeber noch zuerst die Begründung der Vorwürfe abklären muss. Der Arbeitgeber verwirkt das Recht, eine fristlose Kündigung auszusprechen nicht, wenn er den Sachverhalt zuerst gründlich abklärt und dem betroffenen Arbeitnehmer Gelegenheit gibt, sich zu den Vorwürfen zu äussern. Vorausgesetzt ist allerdings, dass er seine Abklärungen sofort, nachdem ein Verdacht aufgetaucht ist, einleitet und sie zügig vorantreibt.

Vor Bundesgericht erhielt eine Bank recht, die einen Kadermann erst 35 Tage nach dessen Verhaftung wegen vermuteter Geldwäsche fristlos entliess. Das Bundesgericht fand, dass es trotz Verhaftung nicht ausgeschlossen gewesen sei, dass der Angestellte unschuldig war. Für die Bank sei jedoch die Verlängerung der Untersuchungshaft ein genügendes Indiz gewesen, dass ein fehlerhaftes Verhalten vorlag.

Bei willkürlicher Entlassung sofort protestieren

Nicht selten kommt es bei den Gerichtsverfahren um fristlose Entlassungen zum Streit darüber, ob überhaupt eine fristlose Kündigung ausgesprochen worden ist.

Der Arbeitnehmer behauptet etwa, der Vorgesetzte habe ihm fristlos gekündigt, und der Betrieb argumentiert, der Arbeitnehmer sei einfach aus unbekannten Gründen nicht mehr zur Arbeit erschienen. Auch kommt es vor, dass von Arbeitgeberseite behauptet wird, die sofortige Trennung sei im gegenseitigen Einvernehmen erfolgt.

Hier zeigt sich eine weitere Schwäche der schweizerischen Arbeitsgesetzgebung: Kündigungen – selbst fristlose – können mündlich oder sogar «stillschweigend» (durch entsprechendes Verhalten) ausgesprochen werden. Um solche Streitigkeiten zu vermeiden,

Arbeitsverweigerung: Plötzlicher Abgang kann teuer werden

Wer ohne Kündigung einfach eines Tages die Arbeit verweigert oder nicht mehr an seinem Arbeitsplatz erscheint, muss dem Arbeitgeber nach Gesetz mindestens einen Viertel eines Monatslohns bezahlen. Beschränkt sich der Arbeitgeber auf dieses Lohnviertel, muss er dem Gericht nur glaubhaft machen, er habe dadurch einen Nachteil erlitten, dass der Arbeitnehmer die Stelle verlassen hat.

Beansprucht der Arbeitgeber aber vollen Schadenersatz – was ihm das Gesetz erlaubt –, so muss er seinen Schaden beweisen. Dies ist häufig nicht leicht. Kein Problem ist es, wenn er kurzfristig etwa bei einer Stellenvermittlung einen Ersatz für teures Geld einkaufen muss.

Schadenersatz zugesprochen erhielt auch ein Taxihalter, der beweisen konnte, dass sein Taxi während der ganzen Dauer der Kündigungsfrist herumstand und er keinen Ersatzchauffeur für den davongelaufenen Taxifahrer finden konnte.

Arbeitsverweigerung und die plötzliche Aufgabe der Arbeitsstelle lohnen sich somit für den Arbeitnehmer eindeutig nicht.

Der Arbeitgeber muss seine Forderung innerhalb einer 30-tägigen Frist stellen, sonst ist sie verwirkt.

---

müssen umgehend die Fakten klargestellt werden. Wer fristlos entlassen worden ist, soll sofort dagegen schriftlich protestieren und gleichzeitig klarstellen, dass seine Arbeitskraft weiterhin zur Verfügung steht (siehe Musterbrief Seite 142). Aus Beweisgründen sollte dieser Brief eingeschrieben abgesandt und eine Kopie zu den Akten gelegt werden.

Auf Begehren des Arbeitnehmers ist der Betrieb verpflichtet, eine fristlose Entlassung schriftlich zu begründen. An diese Begründung ist er später vor Gericht weitgehend gebunden. Das heisst: Auf Verfehlungen, von denen der Arbeitgeber erst erfährt, nachdem er einem Angestellten fristlos kündigte, darf eine fristlose Kündigung nicht gestützt werden. Solche Gründe können den Vertrauensbruch, der Voraussetzung für eine zulässige fristlose Kündigung ist, nicht verursacht haben.

Ausnahmsweise kann ein Arbeitgeber aber auch erst nachträglich bekannt gewordene Gründe vorbringen. Es muss sich dabei allerdings um derart schwerwiegende Tatsachen handeln, dass man annehmen muss, sie hätten den Arbeitgeber auch zur fristlosen Kündigung bewogen, wenn er sie damals gekannt hätte.

Ein Beispiel: Ein Arbeitgeber verdächtigt seine Serviceangestellte, unerlaubterweise Gratisdrinks an Bekannte abzugeben. Er kann diesen Vorwurf im Prozess nicht beweisen. Zufälligerweise gerät er aber in den Besitz von Beweisen, dass diese Serviceangestellte zuvor schon Geld aus der Kasse entwendet hatte. Wegen dieser Entwendung, von welcher der Arbeitgeber bei der Entlassung noch gar nichts wusste, wird das Gericht die fristlose Kündigung schützen.

Ungerechtfertigte fristlose Kündigungen

Ganz egal, ob eine fristlose Kündigung berechtigt ist oder nicht, das Arbeitsverhältnis ist per sofort beendet. Eine Pflicht zur Weiterbeschäftigung des Arbeitnehmers besteht auch dann nicht, wenn ein Gericht später einmal die fristlose Entlassung für unrechtmässig erklärt.

Ist eine fristlose Entlassung gerechtfertigt, erlischt der Lohnanspruch per sofort. Nach einer unrechtmässigen fristlosen Entlassung muss der Arbeitgeber dem Arbeitnehmer sämtlichen Schaden ersetzen, der diesem durch das rechtswidrige Verhalten des Betriebs entstanden ist. Dazu gehören alle Lohnbestandteile: der Lohn bis zum Ablauf der ordentlichen Kündigungsfrist, der anteilsmässige 13. Monatslohn, Umsatzbeteiligungen, Schichtzulagen, Pauschalspesen usw.

Unrechtmässig Entlassene müssen so gestellt werden, dass ihnen keinerlei finanzielle Nachteile entstehen. Das bedeutet aber auch: An ihre Ansprüche darf angerechnet werden, was sie während der ordentlichen Kündigungsfrist verdienen. Das Gesetz verlangt nämlich von unrechtmässig fristlos Entlassenen, dass sie sich nach einer neuen Stelle umsehen. Sie müssen eine neue Stelle suchen, sind jedoch keineswegs gezwungen, sofort irgendeine schlechter bezahlte oder sonst nicht passende Arbeit anzunehmen. Wenn sie aber das Glück haben, schon innert kurzer Zeit eine neue Stelle annehmen zu können, sollen sie nach dem Willen des Gesetzes nicht profitieren können, indem sie doppelten Lohn beziehen.

Was ein allfälliges Ferienguthaben betrifft, gilt Ähnliches wie bei der Freistellung (siehe Seite 116). Bei vielen offenen Ferientagen und einer kurzen Kündigungsfrist darf der Arbeitnehmer eine Entschädigung in Geld beanspruchen. Vom Erholungszweck der Ferien kann in diesem Fall keine Rede sein, denn der Arbeitnehmer braucht seine Zeit für die Stellensuche. Bei einer Kündigungsfrist ab zwei oder drei Monaten und nur wenigen Ferientagen wird der Bezug «in natura» vermutet, und es wird schwierig sein, Geld für die Ferien zu erhalten.

Wer zu Unrecht fristlos auf die Strasse gestellt wurde, hat nicht nur Anspruch auf Schadenersatz, sondern zusätzlich ein Recht auf eine Entschädigung für die erlittene Demütigung. Diese Entschädigung darf laut Gesetz maximal sechs Monatslöhne ausmachen. Bei einer unbegründeten fristlosen Entlassung sind solche Entschädigungen in der Regel obligatorisch. Das Bundesgericht betrachtet sie als Entschädigung für die psychische Belastung, die Rufschädigung und die Erschwerung des beruflichen Fortkommens für den betroffenen Arbeitnehmer. Die Gerichte sind dann jedoch bei der Festsetzung der Höhe der Entschädigungen sehr zurückhaltend.

Obwohl der gesetzliche Rahmen bis zu sechs Monatslöhnen geht, werden im Allgemeinen ein bis drei Monatslöhne als ausreichend angesehen. Berechnungsgrundlage für die Höhe der Entschädigung ist der Bruttolohn vor Abzug der Sozialkosten. Die folgenden Umstände können die Höhe einer solchen Entschädigung beeinflussen:

■ Die finanzielle Situation von Arbeitnehmer und Arbeitgeber.
■ Das Ausmass der durch die unrechtmässige fristlose Entlassung erlittenen Persönlichkeitsverletzung.
■ Die Anzahl Dienstjahre des Arbeitnehmers.
■ Allfällige Auswirkungen auf das Privatleben des Arbeitnehmers.
■ Wenn nicht nur eine unrechtmässige fristlose Kündigung, sondern darüber hinaus auch eine missbräuchliche Kündigung vorliegt, kann die Entschädigung bis zum Maximum von sechs Monaten erhöht werden.
■ Falls die fristlose Entlassung zwar – knapp – ungerechtfertigt ist, der Arbeitnehmer aber durch sein Verhalten mit einen Grund für die Kündigung geliefert hat, reduziert das Gericht die Entschädigung wegen Mitverschuldens.

**Probleme mit der
Arbeitslosenversicherung**

Wer seinen Arbeitsplatz wegen fristloser Kündigung verloren hat, kann bei der Arbeitslosenversicherung Ansprüche geltend machen. Zur Sicherheit sollte umgehend das Arbeitsamt am Wohnort aufgesucht werden. Nicht ratsam ist es, zuzuwarten und zu hoffen, ein Gericht würde zu einem späteren Zeitpunkt die Unrechtmässigkeit der fristlosen Kündigung festhalten.

Die Arbeitslosenkasse wird den Sachverhalt prüfen und entscheiden, ob die fristlose Entlassung ihrer Ansicht nach vom Arbeitnehmer mitverschuldet wurde. Bejaht sie diese Frage, kann sie die Auszahlung von Taggeldern für eine bestimmte Zeit sperren:

■ Bei einer leichten Mitschuld bis zu 15 Tage.
■ Bei mittelschwerem Verschulden bis zu 30 Tage.
■ Bei schwerem Verschulden bis zu 60 Tage.

Ergibt sich nach einem Gerichtsverfahren, dass die fristlose Kündigung unzulässig war, erhält der Entlassene wie erwähnt vom Arbeitgeber Schadenersatz bis zum Ende der Kündigungsfrist. Zahlt die Arbeitslosenkasse dem fristlos Entlassenen Taggelder aus, gehen seine Ansprüche im Umfang der erhaltenen Taggelder an die Kasse über. Das bedeutet: Spricht ihm das Gericht später einmal eine bestimmte Forderung gegen seinen Ex-Arbeitgeber zu, hat die Arbeitslosenkasse Anspruch auf dieses Geld, soweit sie Arbeitslosengelder ausbezahlt hat. Der Arbeitnehmer selbst hat dann nur noch Anspruch auf die Differenz zwischen dem ihm von der Kasse ausbezahlten Taggeld (also 70 bis 80 Prozent seines Lohns) und dem vollen Gehalt.

Auch Angestellte können fristlos kündigen

Unter bestimmten Voraussetzungen können auch Arbeitnehmer fristlos kündigen. Ist für sie ein weiteres Verbleiben am Arbeitsplatz unzumutbar, können sie den Vertrag sofort beenden – mit Schadenersatzfolgen für den Arbeitgeber. In einem solchen Fall ist es jedoch nicht möglich, vom Arbeitgeber eine Strafzahlung zu bekommen.

Auch hier hat eine langjährige Gerichtspraxis die «wichtigen Gründe» näher konkretisiert. Die Voraussetzungen sind ähnlich streng wie im umgekehrten Fall der fristlosen Kündigung durch den Arbeitgeber. Die Weiterführung des Arbeitsverhältnisses bis zum Ende der ordentlichen Kündigungsfrist muss unzumutbar sein. Als Gründe für eine fristlose Vertragsauflösung werden etwa genannt:

■ Angestellte müssen sich von Vorgesetzten weder Tätlichkeiten noch Beschimpfungen gefallen lassen. Ja, sie müssen sich nicht einmal gefallen lassen, dass sie von Arbeitskollegen wiederholt beschimpft werden, wenn der Arbeitgeber untätig bleibt. Stets muss es sich aber um schwerwiegende Vorfälle handeln, Bagatellen genügen nicht.

■ Erhält ein Arbeitnehmer seinen Lohn Ende Monat nicht und wird die Zahlung immer wieder hinausgezögert, so kann er sein Arbeitsverhältnis nach vorheriger Androhung fristlos auflösen.

■ Schwierig ist die Situation, wenn sich Indizien für eine Zahlungsunfähigkeit des Arbeitgebers häufen, aber die Löhne noch immer bezahlt werden. Wird die Lage für den Arbeitgeber sichtbar prekär, können die Arbeitnehmer eine Sicherheit für ihr Gehalt verlangen. Wird diese nicht geleistet, kann der Arbeitnehmer fristlos kündigen. Im Zweifel ist es aber sicherer, lediglich die Arbeit einzustellen und nicht fristlos zu kündigen, jedenfalls wenn nicht ein wiederholter und längerer Verzug mit den Lohnzahlungen vorliegt oder die Zahlungsunfähigkeit des Arbeitgebers nicht klar gegeben ist.

Arbeitnehmer, die nicht sehr gute Gründe haben, sollten sich davor hüten, ihre Stelle fristlos zu kündigen oder einfach zu verlassen. Es gilt hier das Gleiche wie bei der fristlosen Kündigung durch den Arbeitgeber: Sie ist nur im Ausnahmefall zulässig. Bei ungerechtfertigtem Verlassen der Stelle spricht das Gesetz dem Arbeitgeber eine Entschädigung in der Höhe eines Viertels des Monatslohns zu. Ausserdem hat der Arbeitgeber Anspruch auf Schadenersatz, wenn er einen höheren Schaden nachweisen kann.

Weder den Schadenersatz noch den Lohnviertel kann der Arbeitgeber fordern, wenn er den abgesprungenen Arbeitnehmer nahtlos durch einen anderen ersetzen kann. Muss der Arbeitgeber jedoch eine Temporärarbeitskraft einsetzen und löst dies Mehrkosten aus, so muss der Arbeitnehmer für diese Mehrkosten aufkommen. Kann der Arbeitgeber seinen Schaden nicht mit ausstehendem Lohn verrechnen, so muss er innert 30 Tagen gegen den Arbeitnehmer eine Betreibung einleiten oder Klage erheben, sonst ist sein Anspruch verwirkt.

10 Arbeitszeugnis
Das Wichtigste steht zwischen den Zeilen

Wer in einem Arbeitsverhältnis angestellt ist, hat jederzeit ein Anrecht auf ein Zeugnis. Das Arbeitszeugnis muss Aussagen enthalten über Leistung und Verhalten – und zwar in einer objektiven und fairen Art und Weise.

Jeder Angestellte kann wählen, ob er ein Arbeitszeugnis will oder nur eine Arbeitsbestätigung. Letztere enthält lediglich den Namen des Beschäftigten, seine Stellung und Funktion im Unternehmen sowie Beginn und Ende des Anstellungsverhältnisses.

Das gehört in ein Arbeitszeugnis

Ein Arbeitszeugnis muss darüber hinaus die hauptsächlichen Aufgaben aufzählen, die übertragenen Verantwortungen erwähnen und auf allenfalls erfolgte Beförderungen hinweisen. Von grösster Bedeutung ist die Beurteilung der Arbeitsleistung seitens des Arbeitgebers sowie ein Hinweis auf selbständiges Erledigen der aufgetragenen Arbeiten. Neben der Beschreibung der Leistung sind Angaben des Arbeitgebers über das Verhalten am Arbeitsplatz und gegenüber Mitarbeitern, Vorgesetzten sowie Kunden obligatorisch.

Das Arbeitszeugnis endet normalerweise mit einer Schlussformel, welche den Auflösungsgrund nennt, dem Arbeitnehmer Dank für die Zusammenarbeit ausspricht sowie Wünsche für die Zukunft enthält. Ein rechtlicher Anspruch auf Dank und gute Wünsche besteht allerdings nicht. Auch die Nennung des Auflösungsgrunds ist nicht zwingend vorgeschrieben. Allerdings wird ein künftiger Arbeitgeber seine Schlüsse ziehen, wenn sich das Zeugnis über diesen Punkt ausschweigt.

Feststellungen über krankheitsbedingte Abwesenheiten werden von künftigen Arbeitgebern möglicherweise als Hinweis auf eine fehlende Leistungsfähigkeit oder -bereitschaft missverstanden und sind deshalb nicht in das Arbeitszeugnis aufzunehmen. Wenn allerdings die Krankheit einen gravierenden Einfluss auf die Leistung oder das Verhalten des Arbeitnehmers hat, darf nach einem Urteil des Arbeitsgerichts Zürich im Arbeitszeugnis in schonender Form darauf hingewiesen werden.

Gemäss einem Urteil des Bundesgerichts dürfen Absenzen wegen Krankheit oder Mutterschaft im Arbeitszeugnis erwähnt werden, wenn die Dauer der Absenzen im Verhältnis zur Anstellungsdauer erheblich ins Gewicht fällt, weil andernfalls ein falsches Bild über die erworbene Berufserfahrung entstünde.

Als Hauptprinzipien gelten: Das Arbeitszeugnis muss vollständig, wahr und wohlwollend formuliert sein. Es ist klar, dass «wohlwollend» und «wahr» in einen Widerspruch geraten können, dann nämlich, wenn die Leistungen oder das Verhalten eines Arbeitnehmers nicht über alle Zweifel erhaben sind.

Vorrang kommt der Wahrheitspflicht zu. Sind aber verschiedene

Bewertungen vertretbar, soll eine für den Arbeitnehmer günstige in das Arbeitszeugnis aufgenommen werden. Einzelne Vorfälle dürfen nicht willkürlich aufgebauscht werden, massgeblich ist der Gesamteindruck.

Das Zeugnis muss Leistungen und Verhalten während der ganzen Dauer des Arbeitsverhältnisses beschreiben und nicht nur für die letzten paar Monate, wo vielleicht ein Konflikt mit einem Vorgesetzten das Klima getrübt hat. Ein Arbeitszeugnis darf aber durchaus auch ungünstige Beurteilungen der Leistung oder des Verhaltens enthalten, wenn dies der Wahrheit entspricht.

Im Fall einer ungerechtfertigten fristlosen Kündigung hat der Arbeitnehmer Anspruch darauf, dass das Enddatum des Arbeitsverhältnisses auf den nächsten Kündigungstermin korrigiert wird. Mit einem Datum mitten im Monat könnte der Eindruck entstehen, der Arbeitnehmer sei zu Recht fristlos entlassen worden.

Anspruch auf Ergänzung des Arbeitszeugnisses

Die Redaktion des Zeugnisses ist Sache des Arbeitgebers. Dieser kann nicht zu subjektiven Wertungen – wie etwa dem Ausdruck des Bedauerns über den Weggang eines Arbeitnehmers – gezwungen werden. Ein Anspruch auf Ergänzung besteht aber dann, wenn besondere Leistungen und Fähigkeiten nicht erwähnt werden. Kein Korrekturanspruch besteht im Allgemeinen, wenn der Arbeitnehmer bloss eine ausführlichere Beurtei-

lung, eine andere Gewichtung oder sprachliche Änderungen verlangt, die keine inhaltliche Bedeutung haben. Selbstverständlich muss sich der Arbeitnehmer nicht mit einem Fünfzeiler zufriedengeben, und er muss auch grobe sprachliche Fehler nicht akzeptieren.

Das Arbeitszeugnis sollte von einem unterschriftsberechtigten Mitglied des Kaders unterzeichnet werden. Ist ein Betrieb in Konkurs gegangen und dieser bereits eröffnet worden, liegt die Pflicht zur Ausstellung des Zeugnisses weiterhin beim konkursiten Arbeitgeber. Hat das Konkursamt das Personal weiterbeschäftigt, hat es auch die Pflicht, das Zeugnis auszustellen. Stirbt der Arbeitgeber, müssen seine Erben die Arbeitszeugnisse ausstellen.

Wer in einem Vertrag mit einer Temporärfirma steht, hat ebenfalls Anspruch auf die Ausstellung eines Zeugnisses. Dazu verpflichtet ist die Temporärfirma, nicht etwa der Einsatzbetrieb.

10
Arbeitszeugnis

Beim Chefwechsel ein Zwischenzeugnis verlangen

Sinn des Arbeitszeugnisses ist es, den Arbeitnehmern das wirtschaftliche Fortkommen nach Beendigung des Arbeitsverhältnisses zu erleichtern. Aus diesem Grund sollte man nicht bloss am Ende eines Arbeitsverhältnisses ans Arbeitszeugnis denken. Wenn einer oder mehrere Vorgesetzte wechseln und mit ihnen ein gutes Verhältnis bestand, sollte man von ihnen ein Zwischenzeugnis verlangen. Kein Angestellter weiss mit Sicherheit, wie gut die Zusammenarbeit mit dem Nachfolger des bisherigen Chefs aussieht. Gute Zwischenzeugnisse können spätere schlechtere Zeugnisse entkräften.

Ein unrichtiges Zeugnis kann Folgen haben

Wer ein unrichtiges Zeugnis ausstellt, kann schadenersatzpflichtig werden. Beispiel: Wer einen Buch-

ARBEITSZEUGNISSE

Formulierung	Interpretation
Keinerlei Bemerkungen über die Leistungen und das Verhalten.	Es kann angenommen werden, dass sowohl Leistung wie Verhalten nicht befriedigten.
Lediglich Bemerkungen über das Verhalten.	Es ist wahrscheinlich, dass die Leistungen nicht befriedigten.
Lediglich Bemerkungen über die Leistungen.	Man muss annehmen, dass das Verhalten nicht den Erwartungen und Gepflogenheiten entsprach.
«In seinem Verhalten war er stets ein Vorbild.»	Ansonsten war er eine Niete.
«Die ihm übertragenen Arbeiten erledigte er mit grossem Fleiss.»	Er bemühte sich, hatte aber wenig Erfolg.
«Er ist ein gewissenhafter Mitarbeiter.»	Er tut, was er kann.
«Gegenüber den Mitarbeitern zeigte er grosses Einfühlungsvermögen.»	Er suchte Kontakt zum anderen Geschlecht.
«Er trug zur Verbesserung des Arbeitsklimas bei.»	Er vertrödelte die Arbeitszeit mit Sprücheklopfen und Nebensächlichkeiten.
«Er bemühte sich, die ihm übertragenen Arbeiten bestens zu erledigen.»	Die Leistungen waren mangelhaft.
«Er hat alle seine Fähigkeiten eingesetzt.»	Die Leistungen waren schwach.
«Er hat alle Arbeiten ordnungsgemäss erledigt.»	Keine Eigeninitiative.
«Er hat sich stets um gute Vorschläge bemüht.»	Er war ein Besserwisser.
«Wir schätzten seinen grossen Eifer.»	Er war ein Streber.

halter fristlos entlässt, weil dieser grössere Beträge veruntreut hat, muss unter bestimmten Umständen für den Schaden eines künftigen Arbeitgebers haften, der im Vertrauen auf ein gutes Arbeitszeugnis den straffälligen Buchhalter einstellt.

Auch der umgekehrte Fall ist möglich: Wenn ein Arbeitgeber ein unrichtiges schlechtes Zeugnis ausstellt und damit einem Arbeitnehmer das Fortkommen erschwert, muss er seinem ehemaligen Arbeitnehmer den Schaden ersetzen, falls dieser aus diesem Grund erst nach einer längeren Zeit eine neue Arbeit findet. Die Hürden für solche Schadenersatzprozesse sind aber sehr hoch.

Weigert sich ein Betrieb, auf Verlangen eines Angestellten ein Arbeitszeugnis auszustellen, können notfalls die Gerichte angerufen werden. Zuständig ist das Gericht am Firmensitz oder am Arbeitsort

ARBEITSZEUGNISSE

Formulierung	Interpretation
«Er bemühte sich stets um ein gutes Verhältnis mit den Vorgesetzten.»	Er war ein Anpasser.
«Er bemühte sich, seine Aufgaben so gut wie möglich zu erfüllen.»	Seine Leistungen befriedigten nicht, es ging «harzig» mit ihm.
«Seine Leistungen waren zufriedenstellend.»	Die Leistungen genügten knapp, sie hätten besser sein können.
«Mit seinen Leistungen waren wir zufrieden.»	Normale Leistungen, lag im grossen Durchschnitt.
«... zu unserer vollen Zufriedenheit» oder «Seine Leistungen waren gut».	Er war ein guter Mitarbeiter.
«Seine Leistungen waren überdurchschnittlich» oder «... zur vollsten Zufriedenheit.»	Der Mitarbeiter war über dem Durchschnitt, man lässt ihn nur ungern ziehen.
«Er war stets freundlich und aufmerksam.»	Angenehmer Mitarbeiter.
Keine Bemerkung über den Austrittsgrund.	Es besteht die Möglichkeit, dass er «gefeuert» wurde.
«Der Austritt erfolgte im gegenseitigem Einverständnis.»	Man ist wahrscheinlich froh, dass der Mitarbeiter ausgetreten ist.
«Der Austritt erfolgte auf eigenen Wunsch.»	Es handelt sich um einen normalen Austritt, der keine besonders grosse Lücke hinterlässt.
«Der Austritt wird bedauert.»	Man verliert diesen Mitarbeiter nur ungern, er war tüchtig.
«Der Austritt wird sehr bedauert.»	Der Mitarbeiter war sehr tüchtig, er hinterlässt eine empfindliche Lücke.

des Angestellten. Wer entgegen seinem Begehren überhaupt kein Arbeitszeugnis erhält, kann vom Gericht verlangen, dass der Arbeitgeber verpflichtet wird, ihm ein Zeugnis auszustellen. Nähere Ausführungen zum Inhalt des Zeugnisses sind dabei nicht nötig. Allerdings kann es nicht schaden, einen eigenen Vorschlag ins Spiel zu bringen. Denn andernfalls riskiert man eine zweite Auseinandersetzung, wenn der Arbeitgeber das Zeugnis nach gerichtlicher Aufforderung zwar ausstellen muss, der Arbeitnehmer mit dem Inhalt aber nicht einverstanden ist.

Anders sieht die Sache aus, wenn ein Arbeitszeugnis ausgestellt wurde, der Angestellte aber mit dem Inhalt nicht einverstanden ist. Auch dann kann er notfalls ans Gericht gelangen. In diesem Fall sollte er genau bezeichnen, welche Zeugnisstellen unrichtig sind und wie seines Erachtens die richtige Beurteilung von Leistung und Verhalten formuliert sein müsste.

Kann weder der Arbeitnehmer besonders herausragende Leistungen beweisen noch der Arbeitgeber unterdurchschnittliche, wird das Gericht den Arbeitgeber zur Ausstellung eines normalen, durchschnittlichen Arbeitszeugnisses verpflichten. Falsche Scheu vor solchen Gerichtsverfahren ist unangebracht: Die Gerichte haben im Allgemeinen wenig Verständnis für Arbeitgeber, die ihren Ex-Mitarbeitern die Zukunft verbauen wollen. Im Übrigen sind solche Gerichtsverfahren kostenlos.

Was sagt der Inhalt eines Arbeitszeugnisses aus?

Nicht jedes Arbeitszeugnis, das auf den ersten Blick gut tönt, sagt auch tatsächlich etwas Positives über einen Angestellten aus. Zeugnisse sind interpretationsbedürftig (siehe dazu Kasten auf den Seiten 152 und 153). Dabei kann nicht einfach auf den «gesunden Menschenverstand» abgestellt werden.

Von Bedeutung ist, was zwischen den Zeilen gesagt wird, was fehlt und was betont wird. Wer eine gute Arbeitsleistung erbracht hat, sollte auf jeden Fall darauf achten, dass im Zeugnis steht, er habe die ihm übertragenen Arbeiten «zur vollen Zufriedenheit» oder «zur vollsten Zufriedenheit» erfüllt. Sehr positiv ist auch, wenn der Betrieb den Weggang ausdrücklich bedauert und am Schluss des Zeugnisses erwähnt, er wäre jederzeit bereit, die entsprechende Person wieder einzustellen.

Ein Zeugnis kann in bestimmten Berufen mit Arbeitsbelegen ergänzt werden. Das Gewerbliche Schiedsgericht Basel-Stadt zum Beispiel hat entschieden, dass im grafischen Gewerbe Druckbelege ein massgeblicher Bestandteil des Leistungsnachweises sind, und hat einen Arbeitgeber verpflichtet, entsprechende Arbeitsproben herauszurücken.

11 Rechtsmittel
Gut dokumentiert ans Gericht gelangen

Gute Aussichten im Prozess hat, wer Ansprüche beweisen kann. Deshalb muss man bereits bei Vertragsabschluss auf der Festschreibung von Details beharren. Wichtig ist auch das Aufbewahren von Lohnabrechnungen und Belegen über geleistete Überstunden.

Täglich werden Beschäftigte zu Unrecht entlassen, werden am Ende des Arbeitsverhältnisses Überstunden ohne Entlöhnung verlangt, werden Ferienansprüche nicht ausbezahlt oder 13. Monatsgehälter willkürlich gekürzt. Nicht immer handeln Arbeitgeber dabei gezielt. Werden gesetzliche und vertragliche Regeln aus Nachlässigkeit oder Unwissen missachtet, ist der Fehler meist mit einem Gespräch oder einem Brief ins Lot zu bringen. Ist aber jedes gegenseitige Vertrauen dahin, hilft oft nur noch der Gang zum Gericht.

Wer seine Unterlagen ordentlich gebündelt hat (siehe «Checkliste Arbeitsvertrag» auf Seite 18 und Kapitel «Lohn, Spesen, Gratifikation»), ist wenigstens nicht in Beweisnot. Wer unsicher ist, kann sich bei den Rechtsberatungsstellen der Arbeitnehmerverbände und Gewerkschaften und teilweise bei den örtlichen Arbeitsgerichten über seine Chancen bei einer Klage informieren.

Die meisten arbeitsrechtlichen Prozesse werden erst nach der Kündigung eingeleitet. Ein Gerichtsverfahren sollte wirklich erst ins Rollen gebracht werden, wenn alle Möglichkeiten, eine Einigung zu erzielen, ausgeschöpft sind: Eine gerichtliche Auseinandersetzung ist kein Sonntagsspaziergang, sie beansprucht Zeit, kostet Geld und strapaziert die Nerven.

Keine Gerichtskosten bis 30 000 Franken

Eine Erleichterung für klagende Arbeitnehmer ist die Tatsache, dass das arbeitsrechtliche Gerichtsverfahren bis zu einem Streitwert von 30 000 Franken kostenlos ist. Achtung: Viele Gerichte stellen auf den Bruttobetrag der eingeklagten Summe ab.

Diese Kostenbefreiung gilt für die kantonalen Instanzen. Wer das Bundesgericht anruft, muss auch in arbeitsrechtlichen Streitigkeiten mit einem Streitwert von weniger als 30 000 Franken mit einer Gerichtsgebühr von bis zu 1000 Franken rechnen. Die Anwaltskosten sind selbstverständlich ausgenommen.

Geht es um mehr als 30 000 Franken, fallen Gerichtskosten an. Diese sind von Kanton zu Kanton sehr unterschiedlich. Werden zum Beispiel im Kanton Zürich 40 000 Franken eingeklagt, belaufen sich die Gerichtskosten im besten Fall auf 4750 Franken. Wenn ein Beweisverfahren durchgeführt werden muss, kommt ein Urteil in erster Instanz auf mehr als 6000 Franken zu stehen. Das Gericht verlangt meistens einen Kostenvorschuss, und zwar in der Höhe der gesamten zu erwartenden Gerichtskosten, bevor es seine Arbeit überhaupt aufnimmt. Bezahlt der Kläger den Vorschuss nicht, tritt das Gericht auf die Klage gar nicht erst ein. Diese Vorschusspflicht ist ein ernsthaftes Hindernis für Klagen mit einem Streitwert über 30 000 Franken.

Und Achtung: Das Gericht muss den Kostenvorschuss auch dann nicht zurückerstatten, wenn der Kläger den Prozess gewinnt. Grundsätzlich ist es zwar so, dass die unterliegende Partei die Gerichtskosten übernehmen muss. Laut einer Bestimmung der eidgenössischen Zivilprozessordnung bedeutet dies aber nur, dass der Kläger das Recht hat, die von ihm vorgeschossenen Prozesskosten beim Prozessgegner einzutreiben. Ist dieser nicht oder nicht mehr zahlungsfähig, bleiben die gesamten Prozesskosten am Kläger hängen – trotz des Prozessgewinns.

Aber auch wenn um weniger als 30 000 Franken gestritten wird, können – über die Rechtsvertretung hinaus – Mehrkosten anfallen. Während die Richter ihre Arbeit dann gratis verrichten, kann die Gegenpartei, wenn sie gewinnt, eine Entschädigung geltend machen. Bei einem Streitwert von 20 000 Franken sind das im Kanton Zürich 3900 Franken. War ein Beweisverfahren notwendig, wird es noch teurer. Wer allerdings die Rechtslage sorgfältig abgeklärt hat, sollte sich von diesem Risiko nicht abschrecken lassen. Im besten Fall kann er am Schluss selbst eine Prozessentschädigung einstreichen.

Für die Verteilung von Kosten und Entschädigungen auf die Prozessparteien gibt es feste Regeln.

Die Aufteilung erfolgt in der Regel nach dem Verhältnis zwischen dem eingeklagten und dem vom Gericht zugesprochenen Betrag. Wer 60 000 Franken einklagt, aber nur mit 48 000 Franken durchkommt, muss 20 Prozent der Gerichtskosten tragen. Dazu erhält er eine um 40 Prozent geringere Entschädigung, als wenn er vollumfänglich gesiegt hätte. Würde seine Klage nur zur Hälfte – also im Betrag von 30 000 Franken – gut-

TIPP

30 000-Franken-Limite beachten

Bis zu 30 000 Franken sind arbeitsrechtliche Gerichtsverfahren kostenlos. Ist die Forderung nur wenig höher, lohnt es sich, den Streitwert etwas zu reduzieren, um das Prozessrisiko zu verringern.

**11
Rechtsmittel**

Gleichstellungsgesetz: Kostenlose Klagen wegen Diskriminierung

Wer gegen Geschlechterdiskriminierung am Arbeitsplatz vorgehen will, kann dies ohne Kostenrisiko bei speziellen Behörden tun. Für Klagen aus dem Gleichstellungsgesetz haben sämtliche Kantone separate Schlichtungsstellen eingerichtet (Adressen im Anhang).

geheissen, müsste er die Hälfte der Gerichtskosten tragen und hätte keinen Anspruch auf eine Entschädigung für seinen Anwalt.

Der rechtliche Beistand hat seinen Preis

Laien tun sich mit gesetzlichen Fristen und anderen Verfahrensvorschriften oft schwer. Wer seine Chance für die Einreichung einer Klage abklärt, sollte sich gleichzeitig bei Berufsverbänden und Gewerkschaften nach spezialisierten Anwälten erkundigen. Viele Arbeitnehmerorganisationen sind bereit, ihren Mitgliedern bei arbeitsrechtlichen Problemen mit Fachleuten kostenlos zur Seite zu stehen (Adressen siehe Anhang).

Wann ist ein Anwalt notwendig? Ein Anwalt erübrigt sich, wenn Leistungen eingeklagt werden müssen, die im Vertrag klar festgelegt worden sind. Wenn im Arbeitsvertrag ein Lohn von 5000 Franken vereinbart worden ist und der Arbeitgeber nur 4000 Franken zahlt, ist

das Verfahren für jeden Angestellten einfach zu bewältigen.

Geht es um komplexere Belange, etwa eine unklare Überstundenentschädigung für Kaderleute oder eine fristlose Kündigung, sind Beschäftigte gut beraten, wenn sie einen Anwalt beiziehen. Dieser wird einen Klagewilligen auch auf Risiken aufmerksam machen und gemeinsam mit ihm entscheiden, ob ein anwaltschaftlicher Auftritt vor Gericht möglich und nötig ist.

Wer eine Rechtsschutzversicherung hat, muss die Risiken nicht fürchten. Er kann prozessieren, ohne an die Kosten zu denken. Anspruch auf Erstattung seiner Anwalts- und Gerichtskosten durch die Versicherung hat aber nur, wer nicht ohne Erfolgsaussichten klagt.

Jeder Versicherte kann selbst bestimmen, durch welchen Anwalt er sich beraten und vertreten lassen will. Er muss keinen Anwalt akzeptieren, den die Versicherung vorschlägt, auch wenn diese das Gegenteil behauptet. Je nach Versicherungsbedingungen ist es jedoch möglich, dass die Rechtsschutzversicherung den Fall in einer ersten Phase durch eigene Juristen bearbeitet und erst im Prozessfall eine Kostengutsprache für einen Anwalt erteilt.

Wer sich im Alleingang Unterstützung bei einem Anwalt holt, muss sich klar darüber sein, dass juristischer Rat teuer werden kann. Die Honorare der Rechtsanwälte sind von Kanton zu Kanton unterschiedlich. Die unterste Grenze liegt bei 200 bis 250 Franken pro Stunde. Die Kosten richten sich aber auch hier meist nach dem Streitwert: je höher die eingeklagte Summe, desto höher die Anwaltskosten.

Wer mit der Klage durchkommt, hat Anspruch auf eine Entschädigung durch die Gegenpartei, die seine Anwaltskosten deckt. Eine Ausnahme besteht bei Forderungen in geringer Höhe: Hier genügt die Prozessentschädigung meist nicht, um die eigenen Anwaltskosten zu begleichen.

Wer nicht unbeschränkte Prozessrisiken eingehen kann oder will, sollte bei einer ersten Besprechung mit dem Anwalt eine schriftliche Abmachung treffen über die Höhe des Stundenansatzes. In vielen Fällen können Anwälte den Arbeitsaufwand für einen Fall nicht im Detail abschätzen. Aber sie können mit ihren Klienten eine Kostenlimite vereinbaren, die in einem vernünftigen Verhältnis zum Streitwert steht.

Wer kein Geld hat, muss keine Prozesskosten tragen

Wer mittellos ist, hat Anspruch auf unentgeltliche Rechtspflege. Gerichts- und Anwaltskosten werden von der Staatskasse übernommen. Mittellos ist, wer über kein Vermögen verfügt und mit seinem Einkommen knapp den Lebensunterhalt für sich und seine Familie decken kann. Eine Kostenübernahme durch den Staat findet aber nur statt, wenn die Klage nicht von vornherein aussichtslos ist. Kommt dazu: Wer die unentgeltliche Rechtspflege beansprucht hat und später zu einem guten Einkommen oder zu Vermögen kommt, muss die Prozesskosten nachzahlen.

Eingereicht werden kann eine Klage beim Gericht am Sitz des Arbeitgebers oder am Arbeitsort. Nicht zuständig ist das Gericht am Wohnort des Arbeitnehmers.

Was heisst Arbeitsort? Eine Baustelle oder der Ort, an dem ein Verkaufsstand steht, stellt für die Einreichung der Klage keinen Arbeitsort dar. Die Gerichte verlangen eine minimale Infrastruktur: Ein kleines Büro mit Telefonleitung, Sekretariat und Postadresse entspricht aber diesen Minimalanforderungen. Kläger können zwischen dem Gericht am Sitz des Unternehmens und jenem am Arbeitsort wählen. Das gilt selbst dann, wenn im Arbeitsvertrag ein anderer Gerichtsstand vermerkt ist. Wer in Bern bei einem Bieler Unternehmen gearbeitet hat, muss sich keinen Gerichtsstand im Tessin aufzwingen lassen.

Vereinfachtes Verfahren bis Streitwert von 30 000 Franken

Eingeleitet wird das Gerichtsverfahren stets durch ein Schlichtungsgesuch bei der Schlichtungsbehörde. Welche das ist, bestimmen die Kantone. Die ganze Gerichtsorganisation bleibt auch unter der eidgenössischen Zivilprozessordnung kantonal geregelt.

An der Schlichtungsverhandlung müssen die Prozessparteien persönlich teilnehmen. Eine anwaltliche Vertretung ist nicht zulässig, höchstens eine Begleitung durch einen Anwalt. Gelingt es nicht, in

159

Die zuständigen Gerichte

■ Die Verfahrensvorschriften des Obligationenrechts regeln Streitigkeiten aus privaten Arbeitsverhältnissen. Beamte und Angestellte aus dem öffentlich-rechtlichen Bereich können ihre Klagen nicht bei den Arbeitsgerichten einreichen. Für ihre Beschwerden wurden Verwaltungsverfahren geschaffen. Meistens muss eine Rekurskommission und dann das kantonale Verwaltungsgericht angerufen werden. Eventuell ist zuvor eine Einsprache nötig. Fast immer sind kurze Fristen beim Ergreifen des Rechtsmittels zu beachten. Auch beim öffentlich-rechtlichen Arbeitsverhältnis kann das Bundesgericht in der Regel nur angerufen werden, wenn der Streitwert 15 000 Franken beträgt.

■ Aber auch für Beschäftigte im privaten Bereich gibt es Ausnahmen: Für Verstösse gegen das Arbeitsgesetz sind die kantonalen Arbeitsinspektorate zuständig. Die Sozialversicherungsgerichte sind die Anlaufstelle für Klagen im Bereich der Kinder- und Familienzulagen.

■ Auch für Ansprüche an die Pensionskasse sind die Arbeitsgerichte nicht zuständig (mehr dazu im *saldo*-Ratgeber **Die drei Säulen**). In allen Kantonen sind Sozialversicherungs- oder Verwaltungsgerichte für Klagen gegen die Pensionskasse zuständig. Letzte Instanz ist das Bundesgericht.

der Schlichtungsverhandlung zu einem Vergleich zu kommen, stellt die Schlichtungsbehörde die Klagebewilligung aus. Die klagende Partei muss dann innert einer Frist von drei Monaten an das Gericht gelangen, sonst verfällt die Klagebewilligung.

Je nach kantonaler Gerichtsorganisation ist für die Behandlung arbeitsrechtlicher Klagen ein Arbeitsgericht oder das ordentliche Zivilgericht zuständig. Dabei können die Kantone auch Einzelgerichte einsetzen.

Für das gerichtliche Verfahren ist entscheidend, ob die Klage einen Streitwert von maximal 30 000 Franken oder einen höheren Streitwert hat. Bis zu einem Streitwert von 30 000 Franken kommt nämlich ein vereinfachtes Verfahren zur Anwendung. Dieses bietet für die Kläger einige Vorteile. Die Klage kann ohne schriftliche Begründung eingereicht werden. Es findet eine mündliche Gerichtsverhandlung statt. Das Gericht muss den Sachverhalt von Amtes wegen feststellen. Das bedeutet, dass das Gericht die Parteien ausführlich befragen muss, wenn sie selber nicht in der Lage sind, den für den Gerichtsentscheid massgeblichen Sachverhalt genügend klar vorzutragen.

Die Feststellung des Sachverhaltes von Amtes wegen bedeutet

aber nicht, dass das Gericht selbst nach Beweisen forscht. Wer vor Gericht geht, sollte gut vorbereitet sein. Man sollte genau wissen, welchen Sachverhalt man dem Gericht vortragen und welche Beweisanträge man stellen will. Zu den Aussagen der Gegenpartei sollte Punkt für Punkt Stellung genommen werden.

Urteil oder Vergleich?

Fast durchwegs würdigen die Richter nach einer ersten Verhandlung die beiden Parteistandpunkte und erarbeiten einen Vergleichsvorschlag. Allgemein lohnt es sich, den Vergleichsvorschlag des Gerichts aufmerksam anzuhören und sich gut zu überlegen, ob man weitermachen will. Die Kosten – soweit der Streitwert über 30 000 Franken liegt – werden von Verhandlung zu Verhandlung höher, die Prozessrisiken steigen.

Ein Vergleich drängt sich dann auf, wenn die vorgebrachten Sachverhalte schlecht beweisbar sind und deshalb die Rechtslage unsicher ist. Nicht angebracht ist ein Eingehen auf den Vergleichsvorschlag aber dann, wenn sich eine Partei klar im Recht fühlt und dieser Standpunkt auch nicht von schwer greifbaren Beweismitteln abhängig ist. Wer einen Vergleich abschliesst, muss wissen, dass er den Streit nicht mehr vor eine weitere Instanz bringen kann. Ein abgeschlossener Vergleich ist nur rechtlich anfechtbar, wenn er durch eine Täuschung, eine Drohung oder einen Irrtum bewirkt wurde.

Manchmal braucht man für einen Entscheid über einen Vergleich noch etwas Zeit. Es lohnt sich oft, sich die Sache ausserhalb des Gerichts nochmals gründlich zu überlegen oder sich beraten zu lassen. In solchen Fällen kann ein sogenannter Ratifikations- oder Widerrufsvorbehalt in den Vergleich aufgenommen werden. Dies bedeutet, dass man noch einige Tage Zeit hat, um den Vergleich zu widerrufen. Beispiel eines solchen Vorbehalts: «Wird der Vergleich nicht bis zum 31.5. 2021 beim Gericht widerrufen, gilt er als genehmigt.»

Wer seine Stelle wegen einer umstrittenen fristlosen Entlassung verloren hat und anschliessend arbeitslos ist, sollte im Vergleich erwähnen, auf welchen Termin hin das Arbeitsverhältnis aufgelöst wurde. Dies ist entscheidend für die Berechnung allfälliger Arbeitslosengelder. Es sollte auch im Vergleich klar auseinandergehalten werden, ob die Vergleichssumme Lohn, Entschädigung für eine ungerechtfertigte Kündigung, Abgangsentschädigung oder etwas anderes darstellt. Dies kann für Steuern und Sozialversicherungsbeiträge von Bedeutung sein.

Kommt kein Vergleich zustande, entscheidet das Gericht, ob ein Beweisverfahren durchzuführen ist. Dies ist dann der Fall, wenn sich die Sachverhaltsdarstellungen der Parteien in wesentlichen Punkten widersprechen. Stehen rechtliche Fragen im Vordergrund, kann das Gericht diese ohne Beweisverfahren beurteilen. Es ist Sache der Parteien, Beweisanträge zu stellen. Dokumente, in deren Besitz eine Prozesspartei bereits ist, müssen dem Gericht eingereicht werden. Weiss man von wesentlichen Dokumenten, befinden sich diese aber bei der gegnerischen Prozesspartei oder bei Dritten, kann beim Gericht die Edition (Herausgabe) dieser Dokumente beantragt werden.

Ein anderes wichtiges Beweismittel sind Zeugenaussagen. Die Prozessparteien sind gut beraten, sich bereits im Vorfeld des Gerichtsverfahrens Gedanken zu machen, was mögliche Zeugen realistischerweise aussagen könnten. Oft bestehen hier grosse Illusionen. Ehemalige Arbeitskollegen, die weiterhin beim Ex-Arbeitgeber des Klägers arbeiten, sind in der Regel keine guten Zeugen, weil sie nicht unbefangen aussagen können, solange sie die Stelle behalten wollen.

Nach durchgeführtem Beweisverfahren fällt das Gericht das Urteil. Manchmal verschickt das Gericht ein unbegründetes Urteil und setzt eine Frist von zehn Tagen an, innert der die Begründung des Urteils verlangt werden kann. Wer diese Frist verstreichen lässt, kann das Urteil nicht mehr vor einer zweiten Instanz anfechten.

Erschwertes Prozessieren über 30 000 Franken

Bei Klagen mit einem Streitwert von über 30 000 Franken gibt es neben dem Wegfall der Unentgeltlichkeit weitere Erschwernisse. Es muss eine schriftliche Klage mit umfassender Sachverhaltsdarstel-

lung und Beweisanträgen eingereicht werden. Mit dem zweiten Parteivortrag – dies kann als schriftliche Replik oder mündlich an einer Instruktions- oder an der Hauptverhandlung geschehen – muss alles gesagt sein, was der Kläger zur Sache zu sagen hat, und es müssen sämtliche Beweismittel genannt werden. Was hier verpasst wird, kann später nicht mehr nachgeholt werden, auch nicht vor einer zweiten Instanz.

Der Weiterzug an eine höhere Instanz

Jede Partei, die mit dem Urteil nicht einverstanden ist, kann es an eine höhere Instanz weiterziehen. Hat der Streitwert vor der ersten Instanz zuletzt noch mindestens 10 000 Franken betragen, heisst das Rechtsmittel Berufung. Bei tieferen Streitwerten ist nur die Beschwerde möglich. Bei der Berufung überprüft die obere Instanz das Urteil umfassend, bei der Beschwerde nur eingeschränkt.

Bei der Beschwerde kann insbesondere nicht gerügt werden, die untere Instanz habe die Beweise falsch gewürdigt. Hier müsste nachgewiesen werden können, dass sich die erste Instanz eine offensichtlich falsche, geradezu willkürliche Sachverhaltswürdigung zuschulden kommen liess. Dies dürfte jedoch eher selten gelingen.

Reine Rechtsfragen können bei Berufung und Beschwerde gleichermassen aufgeworfen werden. Berufung und Beschwerde müssen innert 30 Tagen ab der Zustellung des erstinstanzlichen Urteils schriftlich und mit Begründung bei der Rechtsmittelinstanz eingereicht werden.

Auch bei den Rechtsmitteln gilt die Kostenfreiheit bis zu einem Streitwert von 30 000 Franken. Das Gesuch um unentgeltliche Prozessführung muss vor der zweiten Instanz neu gestellt und begründet werden.

Das Bundesgericht kann angerufen werden, wenn der Streitwert 15 000 Franken beträgt. Sollte es sich ausnahmsweise um eine Rechtsfrage von grundsätzlicher Bedeutung handeln, nimmt sich das Bundesgericht des Falls auch dann an, wenn diese Streitwertgrenze nicht erreicht wird.

→ Ein Musterformular zum Einreichen einer Gerichtsklage finden Sie auf der nächsten Doppelseite.

11 Musterformular
für die Gerichtsklage

Proz.-Nr.: AN   Gruppe: Eingang

Kläger:

Name:	**Vorname:**
Geburtsdatum:	Heimatort:
Adresse:	Ort/PLZ:
Beruf:	angestellt als:
Tagsüber erreichbar	Telefon-Nr.
unter Telefon-Nr.:	Privat/Handy:

Werden Sie vertreten oder bevormundet?

Vertreten: ☐ Ja ☐ Nein   Bevormundet: ☐ Ja ☐ Nein

Name und Adresse des Vertreters/Vormunds:

Beklagter:

Name (oder Firmenbezeichnung):	**Vorname:**
Geburtsdatum:	Heimatort/Sitz:
Adresse:	Ort/PLZ:
Tagsüber erreichbar	Telefon-Nr.
unter Telefon-Nr.:	Privat/Handy:

Art und Dauer der Anstellung:

Schriftlicher Vertrag: ☐ Ja ☐ Nein	vom: (beilegen)
Eintritt am:	Probezeit (Dauer):
Arbeitsort:	
Lohn (pro Monat/Std.[1]):	brutto: netto:
Provision:	Spesen:
13. Monatslohn/Gratifikation[1]:	Weitere Zulagen:

Beendigung der Anstellung:

Ordentliche Kündigung/fristlose Entlassung[1]

mündlich/schriftlich[1]

durch wen: Arbeitgeber/Arbeitnehmer[1]

Kündigung erfolgt am:	Auf wann:
Fristlose Entlassung am:	Letzter Arbeitstag:

Ist die Kündigung (schriftlich) begründet worden: ☐ Ja ☐ Nein

---

Sprachkenntnisse und Gerichtstermine:

Wenn Sie nicht genügend Deutsch sprechen, um den Prozess führen zu können, benötigen Sie einen **Übersetzer**!

Ich benötige einen Übersetzer des Gerichts: ☐ Ja ☐ Nein

Sprache:

Sind Sie in der nächsten Zeit zwingend verhindert, Termine wahrzunehmen (Militärdienst, bereits gebuchte Ferien usw.), geben Sie dies bitte an:

Abwesend vom: bis:

Geldforderungen:

Fehlender Lohn bis zum Austritt:	vom:	bis:	Fr.
Fehlender Lohn für Kündigungsfrist:	vom:	bis:	Fr.
Entschädigung wegen fristloser Entlassung:			Fr.
Entschädigung wegen missbräuchlicher Kündigung:			Fr.
13. Monatslohn/Gratifikation:			Fr.
Provisionen (gemäss beiliegender Aufstellung):			Fr.
Ferienlohn (Anzahl Ferientage):			Fr.
Unfall-/Krankenlohn:	vom:	bis:	Fr.
Überstundenlohn (gemäss beiliegender Aufstellung):			Fr.
Ungerechtfertigte Abzüge (Abrechnung beilegen):			Fr.
Spesen:			Fr.

Weitere Geldforderungen (bitte genau bezeichnen):

_____ Fr.

_____ Fr.

Verzugszins zu 5 Prozent ab (wann): Fr.

Total der Forderung (Bruttobetrag) **Fr.**

Andere Forderungen:

Zeugnis über Leistungen und Verhalten:	☐ Ja	☐ Nein
Arbeitsbestätigung (nur über Art und Dauer der Anstellung):	☐ Ja	☐ Nein
Zeugnisänderung (Zeugnis beilegen):	☐ Ja	☐ Nein
Begründung der Kündigung:	☐ Ja	☐ Nein

Provisions-/Lohnabrechnung für die Zeit vom: bis:

Herausgabe von (was):

Bitte reichen Sie **alle Unterlagen** im Zusammenhang mit diesem Verfahren (Arbeitsvertrag, Lohnabrechnungen, Korrespondenzen usw.) dem Friedensrichteramt mit diesem Klageformular ein!

Übersteigt der Gesamtstreitwert («Geldforderungen» brutto plus «Andere Forderungen») den Betrag von Fr. 30 000.– nicht, ist das Gerichtsverfahren kostenlos. Zu beachten ist, dass auch Zeugnisse und Arbeitsbestätigungen einen Streitwert haben (in der Regel höchstens 1 Monatslohn).

Ort und Datum: Unterschrift:

Im Doppel an das zuständige Gericht senden

1 Nichtzutreffendes jeweils streichen

12 Nützliche Adressen
Hier erhalten Sie Auskunft und Beratung

Gewerkschaften und Angestellten-organisationen

SGB USS Schweizerischer Gewerkschaftsbund
Monbijoustrasse 61
3007 Bern
Tel. 031 377 01 01
info@sgb.ch
www.sgb.ch

Unia
Zentralsekretariat
Weltpoststrasse 20
Postfach 272, 3000 Bern 15
Tel. 031 350 21 11
www.unia.ch, E-Mail über
Kontaktfeld der Website

Syndicom
Gewerkschaft Medien
und Kommunikation
Zentralsekretariat
Monbijoustrasse 33
3001 Bern
Tel. 058 817 18 18
info@syndicom.ch
www.syndicom.ch

SEV – Gewerkschaft des Verkehrspersonals
Zentralsekretariat
Steinerstrasse 35
3000 Bern 6
Tel. 031 357 57 57
www.sev-online.ch, E-Mail über
Kontaktfeld der Website

VPOD – SSP
Die Gewerkschaft im
Service public
Zentralsekretariat
Birmensdorferstrasse 67
8036 Zürich
Tel. 044 266 52 52
vpod@vpod-ssp.ch
www.vpod.ch

SYNA
Zentralsekretariat
Römerstrasse 7
4600 Olten
Tel. 0848 848 868
info@syna.ch
www.syna.ch

SMV – USDAM Schweizerischer Musikerverband
Zentralsekretariat
Kasernenstrasse 15
8004 Zürich
Tel. 043 322 05 22
info@smv.ch
www.smv.ch

SMPV – Schweizerischer Musikpädagogischer Verband
Zentralsekretariat
Bollstrasse 43
3076 Worb
Tel. 031 352 22 66
zentralsekretariat@smpv.ch
www.smpv.ch

SBPV – Schweizerischer Bankpersonalverband
Beethovenstrasse 49
8002 Zürich
Tel. 0848 000 885
info@sbpv.ch
www.sbpv.ch

**Kapers – Gewerkschaft
des Kabinenpersonals**
Dorfstrasse 29a
8302 Kloten
Tel. 043 255 57 77
info@kapers.ch
www.kapers.ch

**Szene Schweiz
Berufsverband
Darstellende Künste**
Kasernenstrasse 15
8004 Zürich
Tel. 044 380 77 77
info@szeneschweiz.ch
www.szeneschweiz.ch

**Transfair – Personalverband
Service Public**
Hopfenweg 21
3000 Bern 14
Tel. 031 370 21 21
info@transfair.ch
www.transfair.ch

Angestellte Schweiz
Martin-Disteli-Strasse 9
4601 Olten
Tel. 044 360 11 11
info@angestellte.ch
www.angestellte.ch

Hotel & Gastro Union
Adligenswilerstrasse 29/22
6006 Luzern
Tel. 041 418 22 22
info@hotelgastrounion.ch
www.hotelgastrounion.ch

**Kaufmännischer Verband
Schweiz**
Reitergasse 9
8021 Zürich
Tel. 044 283 45 45
info@kfmv.ch
www.kfmv.ch

**SBK – Schweizer Berufsverband
der Pflegefachfrauen
und Pflegefachmänner**
Choisystrasse 1
3001 Bern
Tel. 031 388 36 36
info@sbk-asi.ch
www.sbk.ch

**Schweizerischer
Hebammenverband**
Geschäftsstelle
Frohburgstrasse 17
4600 Olten
Tel. 031 332 63 40
info@hebamme.ch
www.hebamme.ch

AHV-Ausgleichskassen

Die aktuellen Adressen aller Ausgleichskassen finden Sie auch unter
www.ahv-iv.ch → Kontakte

1 Ausgleichskasse des Kantons Zürich
SVA Zürich
Röntgenstrasse 17
8087 Zürich
Tel. 044 448 50 00

2 Ausgleichskasse des Kantons Bern
Chutzenstrasse 10
3007 Bern
Tel. 031 379 79 79

2.38 Ausgleichskasse des Kantons Bern – AHV- Zweigstelle Stadt Bern
Bundesgasse 33
3011 Bern
Tel. 031 321 61 11

2.49 Ausgleichskasse des Kantons Bern, Stadt Biel und Umgebung
AHV-Zweigstelle Biel
Zentralstrasse 60
2501 Biel
Tel. 032 326 19 41

2.66 Ausgleichskasse des Kantons Bern – AHV-Zweigstelle Staatspersonal
Münstergasse 45
3011 Bern
Tel. 031 633 44 38

3 Ausgleichskasse Luzern
Würzenbachstrasse 8
6006 Luzern 15
Tel. 041 209 00 01

4 Sozialversicherungsstelle Uri
Dätwylerstrasse 11
6460 Altdorf
Tel. 041 874 50 20

5 Ausgleichskasse und IV-Stelle Schwyz
Rubiswilstrasse 8
6438 Ibach
Tel. 041 819 04 25

6 Ausgleichskasse IV-Stelle Obwalden
Brünigstrasse 144
6061 Sarnen
Tel. 041 666 27 50

7 Ausgleichskasse Nidwalden
Stansstaderstrasse 88
6371 Stans
Tel. 041 618 51 00

8 Sozialversicherungen Glarus
Burgstrasse 6
8750 Glarus
Tel. 055 648 11 11

9 Ausgleichskasse Zug
Baarerstrasse 11
6300 Zug
Tel. 041 560 47 00

10 Ausgleichskasse Fribourg
Impasse de la Colline 1
1762 Givisiez
Tel. 026 305 52 52

11 Ausgleichskasse des Kantons Solothurn
Allmendweg 6
4528 Zuchwil
Tel. 032 686 22 00

12 Ausgleichskasse Basel-Stadt
Wettsteinplatz 1
4001 Basel
Tel. 061 685 22 22

13 SVA Basel-Landschaft
Hauptstrasse 109
4102 Binningen
Tel. 061 425 25 25

14 SVA Schaffhausen
Oberstadt 9
8201 Schaffhausen
Tel. 052 632 61 11

15 Sozialversicherungen Appenzell Ausserrhoden
Neue Steig 15
9100 Herisau
Tel. 071 354 51 51

16 Ausgleichskasse Appenzell Innerrhoden
Poststrasse 9
9050 Appenzell
Tel. 071 788 18 30

17 Sozialversicherungs-anstalt des Kantons St. Gallen
Brauerstrasse 54
9016 St. Gallen
Tel. 071 282 66 33

18 Sozialversicherungs-anstalt des Kantons Graubünden
Ottostrasse 24
7000 Chur
Tel. 081 257 41 11

19 SVA Aargau
Kyburgerstrasse 15
5001 Aarau
Tel. 062 836 81 81

20 Sozialversicherungszentrum Thurgau
St. Gallerstrasse 11
8500 Frauenfeld
Tel. 058 225 75 75

21 Istituto delle assicurazioni sociali
Via Ghiringhelli 15a
6501 Bellinzona
Tel. 091 821 91 11

22 Caisse cantonale vaudoise de compensation AVS
Rue des Moulins 3
1800 Vevey
Tel. 021 964 12 11

23 Ausgleichskasse des Kantons Wallis
Avenue Pratifori 22
1950 Sion
Tel. 027 324 91 11

37 Ausgleichskasse Schweiz. Elektrizitätswerke
Bergstrasse 21
8044 Zürich
Tel. 044 265 53 32

38 Ausgleichskasse Panvica
Talstrasse 7
3053 Münchenbuchsee
Tel. 031 388 14 88

40 Ausgleichskasse
Arbeitgeber Basel
Viaduktstrasse 42
4002 Basel
Tel. 061 285 22 22

43 Ausgleichskasse Verom
Ifangstrasse 8
8952 Schlieren
Tel. 044 253 93 02

44 Caisse de compensation
Hotela
Rue de la gare 18
1820 Montreux
Tel. 021 962 49 49

46 Ausgleichskasse
GastroSocial
Buchserstrasse 1
5001 Aarau
Tel. 062 837 71 71

46.3 GastroSocial
Cassa di compensazione
Succursale Lugano
Via Gemmo 11
6900 Lugano
Tel. 091 960 30 00

48 Ausgleichskasse
Aargauische Industrie und
Handelskammer
Entfelderstrasse 11
5000 Aarau
Tel. 062 837 18 58

51 Caisse de compensation
de l'industrie horlogère
Av. Léopold-Robert 65
2301 La Chaux-de-Fonds
Tel. 032 910 03 83

51.3 Caisse de compensation
AVS de l'industrie horlogère
Place Neuve 4
1211 Genève 11
Tel. 022 807 00 90

51.4 Ausgleichskasse der
Uhrenindustrie
Rue Centrale 46
2501 Biel/Bienne
Tel. 032 328 80 10

51.5 siehe Nr. 51.7

51.7 Ausgleichskasse
der Uhrenindustrie
Mühlestrasse 14
2540 Grenchen
Tel. 032 655 29 60

51.10 Caisse de compensation
de l'industrie horlogère
Rue du Temple-Allemand 47
2301 La Chaux-de-Fonds
Tel. 032 344 46 15

55 AHV-Ausgleichskasse
des Thurgauer
Gewerbeverbandes
Th. Bornhauser-Str. 14
8570 Weinfelden
Tel. 071 622 17 22

59 Caisse de compensation
Cicicam
Rue de la Serre 4
2001 Neuchâtel
Tel. 032 722 15 00

60 Ausgleichskasse Swissmem
Pfingstweidstrasse 102
8037 Zürich
Tel. 044 388 34 34

**61 Caisse de compensation
Node AVS**
Rue de Malatrex 14
1201 Genève
Tel. 022 338 27 27

**63 Ausgleichskasse
Berner Arbeitgeber**
Murtenstrasse 137a
3008 Bern
Tel. 031 390 23 23

**65 Ausgleichskasse
Zürcher Arbeitgeber**
Siewerdtstrasse 9
8050 Zürich
Tel. 044 315 58 00

**66 Consimo –
Ausgleichskasse 66 SBV**
Sumatrastrasse 15
8042 Zürich
Tel. 044 258 82 22

**66.1 Caisse de compensation
des entrepreneurs vaudois**
Rte Ignace Paderewski 2
1131 Tolochenaz
Tel. 021 619 20 00

**66.2 Caisse de compensation
du Bâtiment Agence de Genève**
Rue de Malatrex 14
1201 Genève
Tel. 022 949 19 19

**66.3 Cassa di compensazione
della Società Svizzera
Impresari Costruttori**
Viale Portone 4
6501 Bellinzona
Tel. 091 825 66 76

69 Ausgleichskasse Transport
Murtenstrasse 137a
3008 Bern
Tel. 031 390 23 19

**70 AHV-Ausgleichskasse
der Migros-Betriebe**
Wiesenstrasse 15
8952 Schlieren
Tel. 044 276 47 77

**71 Ausgleichskasse
Handel Schweiz**
Schönmattstrasse 4
4153 Reinach

74 Ausgleichskasse Albicolac
Könizstrasse 117
3001 Bern
Tel. 031 300 20 60

78 AHV-Kasse Milchwirtschaft
Wyttenbachstrasse 24
3000 Bern 22
Tel. 031 384 31 30

79 Spida AHV-Ausgleichskasse
Bergstrasse 21
8044 Zürich
Tel. 044 265 50 50

**81 Ausgleichskasse
Versicherung**
Wengistrasse 7
8004 Zürich
Tel. 043 336 50 00

**87 Ausgleichskasse Gewerbe,
Handel und Industrie
Graubünden/Glarus**
Steinbockstrasse 8
7002 Chur
Tel. 081 258 31 41

88 AHV-Kasse SCHULESTA
Wyttenbachstrasse 24
3000 Bern 22
Tel. 031 340 61 61

**89 Ausgleichskasse für das
schweizerische Bankgewerbe**
Ankerstrasse 53
8026 Zürich
Tel. 044 299 77 00

95 AHV-Ausgleichskasse Exfour
Malzgasse 16
4052 Basel
Tel. 061 206 00 00

**98 Ausgleichskasse Gärtner
und Floristen**
Ifangstrasse 8
8952 Schlieren
Tel. 044 253 93 00

99 Ausgleichskasse Promea
Ifangstrasse 8
8952 Schlieren
Tel. 044 738 53 53

101 Ausgleichskasse Holz
Murtenstrasse 137a
3008 Bern
Tel. 031 390 23 23

103 Ausgleichskasse Agrapi
Thunerstrasse 55
3005 Bern
Tel. 031 356 30 56

104 Ausgleichskasse Schreiner
Ifangstrasse 8
8952 Schlieren
Tel. 044 253 93 01

**104.1 AVS delle
falegnameriemobili e industria
del legno**
Via Gemmo 11
6903 Lugano
Tel. 091 967 37 55

**105 Ausgleichskasse des
Schweizerischen Gewerbes**
Brunnmattstrasse 45
3001 Bern
Tel. 031 379 42 42

**106 Caisse interprofessionnelle
AVS FER CIAV**
Rue de St-Jean 98
1211 Genève 11
Tel. 022 715 34 44

106.1 siehe 106

**106.2 Caisse de compensation
AVS FER CIFA**
Case postale 352
1701 Fribourg
Tel. 026 350 33 45

**106.3 Caisse
interprofessionnelle
AVS FER CIGA**
Rue de la Condémine 56
1630 Bulle 2
Tel. 026 919 87 40

**106.4 Caisse
interprofessionnelle
AVS FER CIAN**
Av. du 1er Mars 18
2001 Neuchâtel
Tel. 032 727 37 00

**106.5 Caisse de compensation
AVS/AI – FER CIAB**
Chemin de la Perche 2
2900 Porrentruy
Tel. 032 465 15 70

**106.7 Caisse de compensation
AVS FER VALAIS**
Place de la Gare 2
1951 Sion
Tel. 027 327 20 90

107 AHV-Ausgleichskasse
Geschäftsinhaber Bern
Wyttenbachstrasse 24
3000 Bern 22
Tel. 031 384 31 41

**109 Caisses sociales
de la CVCI**
Av. d'Ouchy 47
1006 Lausanne
Tel. 021 613 35 11

**110 Caisse AVS de la
Fédération patronale vaudoise**
Route du Lac 2
1094 Paudex
Tel. 058 796 34 00

**111 Caisse de compensation
Meroba**
Case postale 264
1211 Genève 12
Tel. 022 702 03 04

**111.1 Caisse de compensation
Meroba Lausanne**
Rue du Maupas 34
1000 Lausanne 9
Tel. 021 647 24 25

**111.2 Caisse de compensation
Meroba Sion**
Rue de la Dixence 20
1950 Sion
Tel. 027 327 51 11

**112 Ausgleichskasse
Gewerbe St. Gallen**
Lindenstrasse 137
9016 St. Gallen
Tel. 071 282 29 29

**113 AHV-Kasse
Coiffure Esthétique**
Wyttenbachstrasse 24
3013 Bern
Tel. 031 340 60 80

**114 Ausgleichskasse der
Wirtschaftskammer**
Baselland
Viaduktstrasse 42
4002 Basel
Tel. 061 285 22 22

**115 Ausgleichskasse
Privatkliniken**
Murtenstrasse 137a
3008 Bern
Tel. 031 390 23 22

**116 Caisse de compensation
AVS agricole Agrivit**
Av. des Jordils 1
1001 Lausanne
Tel. 021 966 99 99

**117 Consimo –
Ausgleichskasse
Swisstempcomp**
Sumatrastrasse 15
8042 Zürich
Tel. 044 258 84 75

Aufsichtsbehörden für die berufliche Vorsorge
(Pensionskasse)

Aufsichtsbehörden des Bundes:

Bundesamt für Sozialversicherungen
Abt. berufliche Vorsorge
Effingerstrasse 20
3003 Bern

Eidg. Finanzdepartement
für Vorsorgeeinrichtungen
des Bundes

Bundesamt für Verkehr
für Vorsorgeeinrichtungen
der Eisenbahn- und
Transportunternehmungen

Bundesamt für Privatversicherungen
für Vorsorgeeinrichtungen,
die der Versicherungsaufsicht
unterstellt sind, z.B. private
Versicherungsgesellschaften

Kantonale Aufsichtsbehörden über die Pensionskassen:

AG
BVG- und Stiftungsaufsicht
Aargau (BVSA)
Seit 1.1.2018 auch zuständig
für Stiftungen im Kanton
Solothurn
Schlossplatz 1
5000 Aarau
Tel. 062 544 99 40

AI und AR
siehe SG

BE
Bernische BVG- und
Stiftungsaufsicht (BBSA)
Belpstrasse 48
3000 Bern 14
Tel. 031 380 64 00

BL und BS
BVG- und Stiftungsaufsicht
beider Basel (BSABB)
Eisengasse 8
4001 Basel
Tel. 061 205 49 50

FR
siehe BE

GE
Autorité cantonale
de surveillance des fondations
et des institutions
de prévoyance
Rue de Lausanne 63
1211 Genève 1
Tel. 022 907 78 78

GL
siehe SG

GR
siehe SG

JU
siehe VD

LU
Zentralschweizer BVG- und
Stiftungsaufsicht (ZBSA)
Bundesplatz 14
6002 Luzern
Tel. 041 228 65 23

NE
siehe VD

NW und OW
siehe LU

SG
Ostschweizer BVG- und
Stiftungsaufsicht
Poststrasse 28
9001 St. Gallen
Tel. 071 226 00 60

SH
siehe ZH

SO
siehe AG

SZ
siehe LU

TG
siehe SG

TI
siehe SG

UR
siehe LU

VD
Autorité de surveillance LLP
et des fondations de Suisse
occidentale
Westschweizer Kantone
registrierte
Vorsorgeeinrichtungen
Av. de Tivoli 2
Case postale 5047
1002 Lausanne
Tel. 021 348 10 30

VS
siehe VD

ZG
siehe LU

ZH
BVG- und Stiftungsaufsicht des
Kantons Zürich (BVS)
Stampfenbachstrasse 63
8090 Zürich
Tel. 058 331 25 00

Schlichtungsstellen für Gleichstellungsfragen

Jeder Kanton hat Schlichtungsstellen, die bei Verdacht auf eine Verletzung des Gleichstellungsgesetzes von den Streitparteien angerufen werden können. Das Schlichtungsverfahren ist kostenlos. Die Schlichtungsstelle berät die Parteien und versucht eine Einigung herbeizuführen. Schlichtungsstellen haben nur einen Vermittlungsauftrag. Können sich die Parteien nicht einigen, muss die Klägerin ihre Ansprüche innert drei Monaten vor Gericht einklagen.

AG
Schlichtungsstelle für
Gleichstellungsfragen
Laurenzenvorstadt 9
5001 Aarau
Tel. 062 835 57 33

AI
Schlichtungsstelle
Gleichstellung von Frau
und Mann
Departementssekretariat
Volkswirtschaft
Marktgasse 2
9050 Appenzell
Tel. 071 788 96 60

AR
Schlichtungsstelle bei
Diskriminierung im Erwerbsleben
Landsgemeindeplatz 7c
9043 Trogen
Tel. 071 343 65 26

BE
Schlichtungsbehörde
Bern-Mittelland
Effingerstrasse 34
3008 Bern
Tel. 031 635 47 50

BL
Schlichtungsstelle für
Diskriminierungsstreitigkeiten
im Erwerbsleben
Bahnhofstrasse 3
4410 Liestal
Tel. 061 552 66 56

BS
Kantonale Schlichtungsstelle
für Diskriminierungsfragen
Utengasse 36
4005 Basel
Tel. 061 267 85 22

FR
Bureau de l'égalité
hommes-femmes et de la famille
Rue de la Poste 1
1701 Fribourg
Tel. 026 305 23 86

GE
Bureau de la promotion de
l'égalité entre femmes et
hommes et de prévention des
violences domestiques
Rue du 31-Décembre 8
1207 Genève
Tel. 022 388 74 50

GL
Schlichtungsstelle nach
Gleichstellungsgesetz
Rathaus
8750 Glarus
Tel. 055 646 60 12

GR
Schlichtungsstelle für
Gleichstellungssachen des
Kantons Graubünden
c/o Regionalgericht Plessur
Theaterweg 1
7000 Chur
Tel. 081 257 59 00

JU
Bureau de l'égalité entre
femmes et hommes de la
République et Canton du Jura
Rue de la Préfecture 12
2800 Delémont
Tel. 032 420 79 00

LU
Schlichtungsbehörde
Gleichstellung
Zentralstrasse 28
6002 Luzern
Tel. 041 228 65 60

NE
Office de la politique familiale
et de l'égalité
Escalier du Château 6
2002 Neuchâtel
Tel. 032 889 61 20

NW
Schlichtungsbehörde in
Zivilsachen
Rathausplatz 9
6371 Stans
Tel. 041 618 79 80

OW
Schlichtungsbehörde Obwalden
Wohn- und Geschäftshaus City
Poststrasse 10
6060 Sarnen
Tel. 041 666 61 77

SG
Schlichtungsstelle für
Klagen nach dem
Gleichstellungsgesetz
Engelgasse 2
Marktplatz
9004 St. Gallen
Tel. 071 222 77 52

SH
Schlichtungsstelle bei
Diskriminierungen im
Erwerbsleben
Herrenacker 26
8201 Schaffhausen
Tel. 052 632 75 18

SO
Kantonale Schlichtungsbehörde
für die Gleichstellung
von Frau und Mann
Oberamt Region Solothurn
Rötistrasse 4
4502 Solothurn
Tel. 032 627 75 27

SZ
Kantonale Schlichtungsstelle
bei Diskriminierungs-
streitigkeiten im Erwerbsleben
Unterdorfstr. 12
8808 Pfäffikon
Tel. 055 415 36 00

TG
Schlichtungsstelle nach
Gleichstellungsgesetz
Sekretariat
Hiltenbergstrasse 1
8360 Eschlikon
Tel. 071 971 14 84

TI
Ufficio di conciliazione
in materia di parità dei sessi
c/o Segreteria Divisione della
giustizia
Palazzo Governativo
6500 Bellinzona
Tel. 091 814 32 30

UR
Schlichtungsstelle nach
Gleichstellungsgesetz
Bahnhofstrasse 43
6460 Altdorf
Tel. 041 875 22 90

VD
Tribunal de prud'hommes
de l'arrondissement de
Lausanne
Palais de justice de Montbenon
Allée Ernest Ansermet 2
1014 Lausanne
Tel. 021 316 69 00

Tribunal de prud'hommes
de l'arrondissement de La Côte
Route de Saint-Cergue 38
1260 Nyon
Tel. 022 557 52 20

Tribunal de prud'hommes
de l'arrondissement de La Broye
et du Nord vaudois
Rue des Moulins 8
1401 Yverdon-les-Bains
Tel. 024 557 60 30

Tribunal de prud'hommes
de l'arrondissement de
l'Est vaudois
Rue du Simplon 22/
Cour-au-Chantre
1800 Vevey
Tel. 021 557 12 54

VS
Dienststelle für
Arbeitnehmerschutz
und Arbeitsverhältnisse
(DAA)
Rue des Cèdres 5
1950 Sion
Tel. 027 606 74 01

ZG
Schlichtungsbehörde
Arbeitsrecht
c/o Kantonsgerichtskanzlei
Aabachstrasse 3
6300 Zug
Tel. 041 728 52 00

ZH
Schlichtungsbehörde nach
Gleichstellungsgesetz
Sekretariat
Wengistrasse 30
8036 Zürich
Tel. 044 248 30 30

Rechtsberatung und Vermittlung eines Anwalts

Diese Stellen vermitteln Anwältinnen und Anwälte, die auf das Arbeitsrecht spezialisiert sind.

Demokratische Juristinnen und Juristen der Schweiz DJS
Schwanengasse 9
3011 Bern
Tel. 078 617 87 17
Fax 031 312 40 45
Mail: info@djs-jds.ch
Im Internet ist die Liste der DJS-Anwälte abrufbar unter
www.djs-jds.ch

Schweizerischer Anwaltsverband SAV/FSA
Marktgasse 4
3001 Bern
Tel. 031 313 06 06
www.sav-fsa.ch

Rechtsauskunft Anwaltskollektiv
Kernstrasse 8
8004 Zürich
Tel. 044 241 24 33
(Mo–Fr 13–18 Uhr)
Bei Bedarf ist auch eine telefonische Rechtsauskunft möglich
(Beratung 70 Franken, Dauer max. 30 Minuten).
Sprechstunden:
Mo–Fr 12.30–18.30
nach Voranmeldung
www.anwaltskollektiv.ch

Permanence Juridique SA
Rue de la Terrassière 9
1207 Genève
Tel. 022 735 81 83

Stichwortverzeichnis

12
Adressen

12
Adressen